大学学科地图丛书

丛书总策划	周雁翎
社会科学策划	刘　军
人文学科策划	周志刚

大学 学科地图 丛书

经济学与管理学系列

A GUIDEBOOK FOR STUDENTS

福利经济学学科地图

高启杰　陈招娣　编著

图书在版编目(CIP)数据

福利经济学学科地图/高启杰,陈招娣编著. —北京:北京大学出版社,2021.11
(大学学科地图丛书)

ISBN 978 – 7 – 301 – 32609 – 1

Ⅰ. ①福⋯　Ⅱ. ①高⋯ ②陈⋯　Ⅲ. ①福利经济学—高等学校—教材
Ⅳ. ①F061.4

中国版本图书馆 CIP 数据核字(2021)第 204549 号

书　　　名	福利经济学学科地图 FULI JINGJIXUE XUEKE DITU
著作责任者	高启杰　陈招娣　编著
责 任 编 辑	刘　军
标 准 书 号	ISBN 978 – 7 – 301 – 32609 – 1
出 版 发 行	北京大学出版社
地　　　址	北京市海淀区成府路 205 号　100871
网　　　址	http://www.pup.cn
电 子 信 箱	zyl@ pup. pku. edu. cn　新浪微博:@ 北京大学出版社
电　　　话	邮购部 010-62752015　发行部 010-62750672　编辑部 010-62767346
印 　刷　 者	河北滦县鑫华书刊印刷厂
经 　销　 者	新华书店
	730 毫米×1020 毫米　16 开本　18.25 印张　303 千字 2021 年 11 月第 1 版　2021 年 11 月第 1 次印刷
定　　　价	60.00 元

未经许可,不得以任何方式复制或抄袭本书之部分或全部内容。
版权所有,侵权必究
举报电话: 010-62752024　电子信箱: fd@ pup. pku. edu. cn
图书如有印装质量问题,请与出版部联系,电话: 010-62756370

谨以此书纪念福利经济学诞生一百周年

大学学科地图丛书
编写说明

"大学学科地图丛书"是一套简明的学科指南。

这套丛书试图通过提炼各学科的研究对象、概念、范畴、基本问题、致思方式、知识结构、表述方式,阐述学科的历史发展脉络,描绘学科的整体面貌,展现学科的发展趋势及前沿,将学科经纬梳理清楚,为大学生、研究生和青年教师提供进入该学科的门径,训练其专业思维和批判性思维,培养学术兴趣,使其了解现代学术分科的意义和局限,养成整全的学术眼光。

"大学学科地图丛书"的作者不但熟谙教学,而且在各学科共同体内具有良好的声望,对学科历史具有宏观全面的视野,对学科本质具有深刻的把握,对学科内在逻辑具有良好的驾驭能力。他们以巨大的热情投入书稿的写作,对提纲反复斟酌,对书稿反复修改,力图使书稿既能清晰展现学科发展的历史脉络,又能准确体现学科发展前沿和未来趋势。

近年来,弱化教学的现象在我国大学不断蔓延。这种倾向不但背离了大学教育的根本使命,而且直接造成了大学教育质量的下滑。因此,当前对各学科进行系统梳理、反思和研究,不但十分必要,而且迫在眉睫。

希望这套丛书的出版能为大学生、研究生和青年教师提供初登"学科堂奥"的进学指南,能为进一步提高大学教育质量、推动现行学科体系的发展与完善尽一份心力。

北京大学出版社

前　言

2020年是福利经济学诞生一百周年。福利经济学是研究社会经济福利的经济学理论体系,侧重分析福利的影响因素,研究增进福利的途径,探索福利评价标准和政策方案评价。自从英国经济学家阿瑟·塞西尔·庇古(Arthur Cecil Pigou,1877—1959)于20世纪20年代创立福利经济学理论体系以来,福利经济学经历了不同的发展阶段。第二次世界大战以后,福利经济学出现了很多新的理论与学派,一方面表明国家可以通过政府干预调节价格和产量,实现资源的合理配置;另一方面又显示人为地改善分配状况和增进福利的措施似乎是徒劳的。更为重要的是,许多研究表明人们的幸福感并未随着收入的增加而提升。如何运用福利经济学的理论与方法系统、深入、科学地分析社会发展和现实生活中许多看似矛盾的现象,在当今社会显得日益重要。

虽然福利经济学早在一百年前就已成为经济学的一个重要分支,而且现在越来越受重视,但是由于福利经济学具有实证和规范的双重属性,涉及的学科、理论和概念极其广泛、复杂,因此初学者往往对福利经济学的很多内容感到困惑。为有助于初学者掌握福利经济学的概貌、全景,应北京大学出版社之约,作者编写了《福利经济学学科地图》,以为该学科的学科指导。作为学科指南,本书系统全面地介绍了福利经济学的学科发展历史、基本理论与流派、重要概念、研究方法、学科前沿、代表学者、经典文献、学术期刊与学术团体等内容,希望使读者对福利经济学的基本框架和学科全貌有基本的了解。

本书作者为中国农业大学人文与发展学院高启杰教授和江西师范大学政法学院教师陈招娣博士。全书由高启杰设计写作框架与思路。其中,第一章、第二章、第三章、第七章、第八章由高启杰负责编写,第四章、第五章、第六章由陈招娣负责编写。本书在编写过程中得到了很多人员的协助,具体如下:王彦杰参与了第一章、第七章和第八章部分资料收集和文字整理工作;杨瑞参与了第二章、第三章和第七章部分资料收集和文字整理工作;王哲参与了第三章、第七章资料收集和部分文字整理工作;张沐参与了第七章部分文献介绍的文字整理工作;崔乾慧参与了第八章部分资料收集工作;敖勇斌和熊非凡参与了第四章、第五章和第六章部分文字校对工作。作者对以上人员付出的劳动表示感谢!此外,作者还要感谢北京大学出版社和刘军编辑为本书出版提供的机会和帮助。

限于作者的时间和水平,书中难免存在不足,敬请读者提出宝贵的意见。

作者

2020 年 8 月

目　　录

第一章　福利经济学学科综述 …………………………………… 1
　第一节　福利经济学的产生与发展 …………………………… 1
　第二节　福利经济学的思想基础 ……………………………… 12
　第三节　福利经济学研究的主要内容与特点 ………………… 18

第二章　福利经济学基本理论 …………………………………… 29
　第一节　旧福利经济学的基本理论 …………………………… 29
　第二节　新福利经济学的基本理论 …………………………… 33
　第三节　后福利经济学的主要理论 …………………………… 49
　第四节　简要评述 ……………………………………………… 66

第三章　福利经济学重要概念 …………………………………… 69
　第一节　与福利含义相关的基本概念 ………………………… 69
　第二节　与福利测度相关的重要概念 ………………………… 76
　第三节　与福利影响因素相关的重要概念 …………………… 85

第四章　福利经济学研究方法 …………………………………… 102
　第一节　福利经济学基本研究方法 …………………………… 102
　第二节　福利经济学研究方法的特征 ………………………… 118

第五章　福利经济学学科前沿 …………………………………… 128
　第一节　贫困与反贫困 ………………………………………… 128

  第二节　教育与教育投资 …………………………………… 139
  第三节　养老与养老保险制度改革 …………………………… 152
  第四节　住房与住房制度改革 ………………………………… 162
  第五节　生态环境保护与环境治理 …………………………… 168

第六章　福利经济学代表学者 ……………………………………… 179
  第一节　旧福利经济学代表学者 ……………………………… 179
  第二节　新福利经济学代表学者 ……………………………… 182
  第三节　后福利经济学代表学者 ……………………………… 194

第七章　福利经济学经典文献 ……………………………………… 204
  第一节　旧福利经济学经典文献 ……………………………… 204
  第二节　新福利经济学经典文献 ……………………………… 218
  第三节　后福利经济学经典文献 ……………………………… 235
  第四节　福利经济学其他重要文献 …………………………… 259

第八章　福利经济学学术期刊与学术团体 ………………………… 262
  第一节　福利经济学学术期刊 ………………………………… 262
  第二节　福利经济学学术团体 ………………………………… 271

第一章 福利经济学学科综述

福利经济学是从福利的视角对经济体系的运行进行研究的经济学科,需要运用一定的价值判断标准对稀缺资源配置的效果进行评价,对某一经济体系的运行如何影响社会福利做出判断。[①] 因此,福利经济学是一门研究不同经济状态的社会合意性的学科。[②] 福利经济学主要探讨三大问题:如何合理配置资源以实现最大效率;如何改善收入分配以促进社会公平;如何优化公共选择以增进社会福利。

第一节 福利经济学的产生与发展

福利经济学作为经济学的一个分支,20世纪初产生于英国,随后在美国等国得到广泛传播。福利经济学的出现,一方面是西方资本主义国家社会经济矛盾和阶级矛盾激化的结果,另一方面也反映了人们对人类社会发展目标认知的改变。

从19世纪70年代开始,到第一次世界大战结束,这一时期西方资本主义国家已经基本完成了由自由竞争的资本主义阶段向垄断资本主义阶段的过渡,但各资本主义国家也相继出现了经济发展不均衡的现象。

20世纪初,号称"日不落帝国"的英国在工业产能方面被美国和德国超越,逐步丧失了工业和贸易方面的世界垄断地位。第一次世界大战是西方资本主义国家之间经济发展不平衡和各种矛盾激化的结果。战争不但没有从根本上解决问题,而且加剧了资本主义社会的矛盾。

俄国十月革命的胜利,使整个资本主义世界陷入了经济和政治的全面

---

① 厉以宁,吴易风,李懿:《西方福利经济学述评》,北京:商务印书馆,1984年版,第1页。
② 郭伟和:《福利经济学》,北京:经济管理出版社,2001年版,第9—10页。

危机。此时,垄断资产阶级需要有新的辩护方式。在英国,贫富不均现象及其引致的社会问题也日益严重,一些思想家开始将建立社会福利的标准概念作为目标,促使经济学研究侧重于社会政策,从而促成了福利经济学的产生。

随着经济和社会的发展,人类社会发展目标也随之变化。纵观人类文明史,可以把人类社会发展大致分为五个阶段。[①] 人类社会发展目标的历史演进如表1-1所示。

表1-1　人类社会发展目标的历史演进

阶段	阶段简称	核心思想
第一阶段	朴素的社会发展阶段	以自然为中心,屈从、顺应和崇拜自然,与自然和谐相处。
第二阶段	农业文明阶段	通过农耕技术革新来提高生产率,满足基本的物质生活需求,解决温饱问题。
第三阶段	工业文明前期阶段	单纯以经济增长为目标,积累人类物质财富。
第四阶段	工业文明后期阶段	注重经济与社会协调发展,发展目标逐步呈现多元化。
第五阶段	知识文明阶段	以人为本,强调人的自由发展;强调人与自然和谐相处,认同生态文明多样性;人类自身追求已从单纯追求物质转变为更加追求快乐与幸福。

在历史的发展长河中,虽然地域、民族、宗教及社会制度等有所不同,但人们对人类社会发展目标的定义和阐述有很多共同之处,即把个人的发展、尊严和需求满足作为首要目标。经济发展是满足个人需求从而获得幸福的手段。个人对福利的判断具有主观性和差异性,社会福利是以个人的主观评价为基础的。这样看来,围绕福利评价和增进等问题的研究从来就没有停止过,由此推动了福利经济学的产生与发展。

一、福利经济学的产生

福利经济思想的产生和福利经济学概念的提出包括萌芽时期、霍布森

[①] 高启杰等:《福利经济学:以幸福为导向的经济学》,北京:社会科学文献出版社2012年版,第1—4页。

时代以及正式提出福利经济学概念的庇古时代。

（一）福利经济学的萌芽时期

1601年,英国颁布的《伊丽莎白济贫法》(The Elizabeth Poor Law)以法律形式将救济贫困由私人义务(宗教机构、同业行会)转变为社会公共责任,并规定了救济贫民的福利措施。这些措施实施以后,人们对《济贫法》所规定的扶贫原则进行了认真的思考,形成了否定社会救济制度的福利经济思想。

亚当·斯密(Adam Smith,1723—1790)被誉为"经济学之父"。斯密对经济学做出的贡献主要有经验理性、个人主义视角和处理资源合理配置的工具性市场等。他构建了以效率为核心的经济学体系,奠定了古典经济学的基础。斯密虽然没有建立福利经济学体系,但提出了福利经济思想。

由于社会需求随着经济发展有所变化,按照斯密的"效率、公平与自由共存"的范式,学者们相继提出了相关的经济学理论。

英国经济学家托马斯·罗伯特·马尔萨斯(Thomas Robert Malthus,1766—1834)认为,贫困不是社会问题,而是个人问题,本质是贫困人口过度增长的结果。他认为消除贫困的关键在于遏制人口的增长。

英国经济学家大卫·李嘉图(David Ricardo,1772—1823)以马尔萨斯的"人口论"为基础,认为工人贫困是工人自身的问题。李嘉图指出《济贫法》对工人工资进行管制,是与收入分配的基本法则背道而驰。和立法者的善良愿望恰恰相反,它并没有改善穷人的生活状况,而是同时恶化了穷人和富人的生活状况,不是使贫者富,而是使富者贫。

法国经济学家让·巴蒂斯特·萨伊(Jean-Baptiste Say,1767—1832)认为,个人之所以能够得到满足,主要是因为自由所带来的放任、调节和竞争,国家不会让社会处于全面经济危机和大范围失业的困境中,所有愿意工作的人都可以有工作。他认为贫穷和懒惰之间存在联系。

德国官房学派的约翰·海因里希·冯·尤斯蒂(Johann Heinrich von Justi,1717—1771)是最早提出"福利国家"思想的学者,他认为"福利国家"可以通过国家的行政权力来实现,财政支出是社会福利的基础。

德国历史学派的弗里德里希·李斯特(Friedrich List,1789—1846)从民族利益角度主张政府干预,通过实施保护主义政策,增加国民财富,提高国民福利。国家干预主义思想不但为德国制定福利保障法律提供了理论基础,而且成为现代"福利国家"论的理论渊源。

德国新历史学派的代表人物古斯塔夫·冯·施穆勒(Gustav von Schmoller,1838—1917)、维尔纳·桑巴特(Werner Sombart,1863—1941)、阿道夫·瓦格纳(Adolf Wagner,1835—1917)等人认为政府职能很重要,政府可以制定税收政策对社会财富进行再分配,并通过颁布法令等多种措施进行社会改良,以增进整个社会的福利。

英国经济学家阿尔弗雷德·马歇尔(Alfred Marshall,1842—1924)在1890年出版了《经济学原理》,西方主流经济学开始重视效率研究。马歇尔认为应该关注人类的需求,提出了"消费者剩余"概念。意大利经济学家维弗雷多·帕累托(Vilfredo Pareto,1848—1923)于1896年提出了"帕累托最优"理论。帕累托认为效用是不可计量的,但可以根据人们对商品的偏好程度进行排序。马歇尔的弟子约翰·梅纳德·凯恩斯(John Maynard Keynes,1883—1946)认为经济问题退居次要地位的日子并不遥远,精神和智慧的较量也将不再重要,取而代之的是生存、人类关系、创造等问题,这为凯恩斯提出国家干预主义奠定了基础。

社会福利制度由社会救济发展到国家主导的社会保险,并继续向外扩展。同时,经济学、政治学等学科也更加注重对社会福利问题的研究,形成了颇具特色的福利经济学和福利国家论。福利经济学和福利国家论之间存在一定的关系,但不能简单将两者画等号。福利国家论内容广泛,论点庞杂,它的中心思想是:资本主义国家应当成为福利国家,或者已经成为福利国家。福利经济学则是资产阶级庸俗经济学的一个分支,主要研究福利概念以及福利变动的原因和后果,它的某些论点成为福利国家论的重要依据。[1]

(二)霍布森时代

19世纪末,西方资本主义发展从竞争阶段走向垄断阶段,加速了社会阶

---

[1] 厉以宁,吴易风,李懿:《西方福利经济学述评》,北京:商务印书馆,1984年版,第162页。

级的分化。在这一背景下,一部分重视社会实践的学者开始对古典经济学提出质疑和批判,典型代表人物是英国经济学家约翰·阿特金森·霍布森(John Atkinson Hobson,1858—1940),他被称为"福利经济学的直接先驱者"。他认为经济学研究的核心问题应该是社会福利问题,即以最小的人类成本,换取最大的人类效用,从而获得最多的福利。他提倡国家干预经济和制定改良主义政策,以实现"最大社会福利"。

虽然霍布森的经济学说包含福利思想,但由于他倾向于分配和社会两方面的制度改革,他的理论处于非主流的地位。霍布森在《工作和财富》一书中创造性地提出了"边际主义",并对边际效用论和边际生产力理论提出了质疑,认为其概念和结论存在缺点。霍布森对福利经济学的产生做出了一定的贡献,但是并没有构建完整的福利经济学体系。他被认为是"非正统的"经济学家,主流经济学家完全忽视了他的观点,他只是得到了凯恩斯的承认,所以他的学说对福利经济学的影响相对有限。

(三)庇古时代

1920年,英国经济学家阿瑟·塞西尔·庇古出版了《福利经济学》一书,这标志着福利经济学的正式诞生,庇古被称为旧福利经济学的创始人和主要代表人物。庇古提出的福利经济学并不是凭空出现的,之前的功利主义哲学观、国家政策干预论、边际效用价值论与消费者剩余等理论,为其福利经济学学说奠定了理论基础。

庇古建立了一个完整的福利经济学理论体系,对福利概念和政策应用进行了全面的阐述,使福利经济学正式成为经济学的一门独立分支学科,这在西方经济学说史上具有里程碑式的意义。自此,"福利经济学"一词开始广泛流行,庇古也被称为"福利经济学之父"。

二、福利经济学的发展

关于福利经济学发展阶段的划分,学术界存在不同的看法。一般可以将福利经济学发展分为前福利经济学和后福利经济学两个时期。前福利经济学也可称为传统福利经济学,包括旧福利经济学和新福利经济学两个阶段,后福利经济学也可称为现代福利经济学。本书将福利经济学的发展分为三个阶段,即旧福利经济学阶段、新福利经济学阶段和后福利经济学阶段。

(一) 旧福利经济学阶段

福利经济学最早是以英国哲学家杰里米·边沁(Jeremy Bentham,1748—1832)的功利主义哲学为基础的。边沁提出了"效用"概念,在他看来,效用就是快乐和幸福的指数,所有人都希望自身的效用可以达到最大,人们生活的目的就是让自己开心、快乐、幸福。

19世纪末,西方经济学家们普遍认为阿尔弗雷德·马歇尔《经济学原理》一书提出的"消费者剩余"概念是福利经济学的重要分析工具。第一次世界大战结束后,20世纪20年代英国的失业率不断上升,经济周期波动频发,贫富差距增大,社会矛盾日益凸显,促使经济学家们正式研究福利经济问题。

大多数学者认为旧福利经济学以基数效用论和人际效用可比较性为前提,代表人物为英国经济学家庇古。庇古认为效用可以衡量个人福利,社会福利就是把所有的个人效用加总起来,即国民收入越高越平均,社会福利就会越大。庇古对福利经济学发展的贡献主要体现在以下几个方面。

(1) 庇古指出一般福利和经济福利是两个概念。他认为福利经济学应该侧重于研究经济福利,提出了国民收入极大化和收入均等化的概念,并发现经济福利的主要影响因素是国民收入总量的大小和社会成员的收入分配情况。他支持把主观福利概念和国民收入联系在一起,社会福利的大小不仅取决于国民收入的总量大小,还受到国民收入分配结构的影响,趋于平均的国民收入分配方式会使得社会福利最大化。

(2) 庇古以基数效用为基础对福利经济学中的效用进行测量。用基数(1,2,3,……)表示效用的大小,对效用有很重要的意义。例如,不同的商品组合产生的效用,不但可以排序、数值计量,还可以加总求和得出总效用。庇古认为商品的效用可以通过价格来体现,也就是说,效用可以用个人为了得到幸福或满足需求而支付的货币量来衡量。

(3) 庇古在"外部经济"学说的基础上提出了"外部性理论"。外部性又称为溢出效应、外部影响或外部经济,指一个人或另一群人的行动和决策使另一个人或一群人受损或受益的情况。市场作用是通过公平竞争和资源自由转移来体现的,最终达到经济资源在各个部门最优配置的目的。庇古利用边际分析法分析了市场作用,发现当边际私人净产品和边际社会净产品一致时,即边际私人收益和边际社会收益、边际私人成本和边际社会成本两组指标均相等时,就达到了资源最优配置标准。只有政府适当地干预市场,才可以消除外部性。

(4)庇古认为在特定的时间内,消费者对其他商品的购买数量保持不变时,消费者得到的某一商品的效用,随着消费数量增加而递减,简称"边际效用递减规律"。庇古认为按照边际效用递减规律,要想增加福利,就应该先增加国民收入总量和实现收入均等化。因为同等数量的货币对于不同的人群而言,效用是不一样的,货币给富人带来的边际效用较小,相反给穷人带来的边际效用较大。所以,庇古支持国家利用转移支付的方式促使收入均等化,从而缩小贫富差距,增加社会整体福利。政府可以从富人那里征税用于社会公共事业,或者偏向于低收入人群支出,以实现增加社会福利的目的。

(二)新福利经济学阶段

人们通常把庇古的福利经济学称为旧福利经济学。20世纪30年代,莱昂内尔·罗宾斯(Lionel Robbins,1898—1984)、尼古拉斯·卡尔多(Nicholas Kaldor,1908—1986)、约翰·希克斯(John R. Hicks,1904—1989)、提勃尔·西托夫斯基(Tibor Scitovsky,1910—2002)、保罗·萨缪尔森(Paul A. Samuelson,1915—2009)等人对旧福利经济学提出了质疑,批判庇古把价值评价带入经济学,导致福利经济学的发展方向产生疑问,即:福利经济学应该是向实证经济学发展还是向规范经济学发展?

莱昂内尔·罗宾斯认为,经济学和伦理学是完全不同的两门学科,不应该交叉融合,经济学中不应该引入价值判断。他认为经济学中得出的规范性结论,基本上均归功于基数效用的使用,效用的可计量性和个人之间效用对比性是不能成立的,这样,福利经济学的主张就无法体现科学性。所以,经济学研究中应该使用序数效用,尽量不使用基数效用。

约翰·希克斯、提勃尔·西托夫斯基等人与罗宾斯的观点有所不同,认为福利经济学仍然是有用的,并开始对福利标准进行研究。他们认为应该把价值判断从福利经济学中剔除,并以边际效用序数论为基础进行实证研究,福利经济学的核心问题是交换和生产的最优条件,即效率问题,而不是把福利经济学的研究重点放在收入分配上。

1938年,亚伯拉姆·伯格森(Abram Bergson,又名 Abram Burk,1914—2003)在《福利经济学某些方面的重新论述》中认为,卡尔多和希克斯不应该把实证和规范、效率和公平等问题分开,并提出了社会福利函数的新方向。之后,萨缪尔森又对社会福利函数进行了论述,创立了福利经济学的社会福利函数论学派。

第二次世界大战结束后,美国经济学家肯尼斯·约瑟夫·阿罗(Kenneth Joseph Arrow,1921—2017)对伯格森、萨缪尔森等人提出的社会福利函数进行了修正。在1951年发表的《社会选择与个人价值》一书中,阿罗提出了"阿罗不可能性定理",即根据"少数服从多数"原则,个人偏好次序经过汇总之后推出社会偏好次序是不可能的。该定理源于18世纪法国思想家马奎斯·德·孔多塞(Marquis de Condorcet,1743—1794)的"投票悖论"。新福利经济学对福利经济学发展的贡献主要如下。

(1) 建立序数效用假设和无差异曲线分析的理论框架。序数效用论为分析社会福利问题提供了一个新思路:对个人的偏好进行排序,只需要两组商品的偏好关系就可以做出决策。福利经济学家们把序数效用论和埃奇沃斯盒形图(Edgeworth box)的无差异曲线联系在一起,通过把消费者的偏好、能力、商品属性描述成曲线图,借助预算线(收入—价格线)与无差异曲线相切确定消费者的均衡点,并提出收入效应和替代效用,推导出需求曲线。

(2) 提出帕累托最优与一般均衡理论。帕累托最优是指任何一个特定的状态,假定在资源配置做出变动后,至少有一个人的福利是增进的,同时没有人的福利是减少的,就可以认为这种变化是最优的。新福利经济学家们以埃奇沃斯盒为工具,推导出生产、交换、生产与交换的最优条件,提出了一般均衡理论。一般均衡理论分析市场之间的依存关系,讨论经济结构的调节方向。该理论认为,市场上所有商品的需求和供给相等时,市场就实现了一般均衡。

（3）提出补偿原则与社会福利增进问题。西方经济学家认为帕累托最优标准要求过于严格，当个人状态好坏不一时，其福利不能评价。这表明帕累托最优标准难以在现实生活中广泛推行应用，应该对其进行改进，于是卡尔多、希克斯、西托夫斯基等人提出了福利的补偿标准。卡尔多补偿标准认为，商品的市场价格不稳定，会影响社会成员的福利状况，但只要社会整体福利得到的大于失去的，就证明整体社会福利是增进的。希克斯补偿标准认为，如果受损者不能贿赂或补偿受益者反对改革，那么，这种改革则是一种有效率的改进，强调评价社会整体福利时应该注重长期观察。西托夫斯基的"双重标准检验原则"认为，只有当一项政策变化提高了社会整体福利，同时再恢复到政策变化之前不会增加社会整体福利，政策变化才是可行的。李特尔补偿标准认为，福利标准有三个：一是是否满足"卡尔多—希克斯"补偿标准；二是是否满足西托夫斯基补偿标准；三是是否满足收入再分配合理标准。黄有光的分组补偿检验认为，假如同一小组内所有人的福利都减少了，表明分组补偿检验与卡尔多—希克斯—西托夫斯基检验一致；假如一个小组的成员只有一个人，表明分组补偿检验与帕累托标准一致。

（4）提出社会福利函数与阿罗不可能性定理。社会福利函数打破了经济福利的局限性，对可能影响个人福利水平的因素赋予数值，使其成为可计量的变量纳入一般函数中，构建完整的社会福利计量模型。但在阿罗1951年提出"阿罗不可能性定理"之后，被认为是发布了福利经济学的"讣告"，社会福利函数受到了严重的挑战。阿罗不可能性定理的提出，让经济学家对福利经济学中的社会选择问题展开了深入研究，并尝试寻找避免得出消极的不可能性结论的方法。

综上，1938年和1939年西方一些著名的经济学家如卡尔多、希克斯、伯格森等人，相继发表了一些重要的论述，对旧福利经济学进行了补充和修正。之后，萨缪尔森、伊恩·李特尔(Ian Malcolm David Little，1918—2012)、西托夫斯基、阿罗等一批新福利经济学家涌现出来，到了20世纪50年代，西方经济学家在质疑和吸收庇古为代表的"旧福利经济学"思想的基础上形成了较为完整的"新福利经济学"理论。①

(三) 后福利经济学阶段

20世纪50年代,由于"阿罗不可能性定理"的影响,福利经济学的整体研究处于停滞状态。经过十几年的停滞期之后,20世纪70年代福利经济学又开始快速发展,主要研究方向有"非福利主义"和"社会选择理论"等,相应地也形成了福利主义和非福利主义两大流派。

在"阿罗不可能性定理"提出之后,有学者在此基础上提出了新的不可能性定理。1970年,阿玛蒂亚·森(Amartya Sen,1933—)提出了"帕累托自由不可能性定理",也被称为"森的帕累托自由悖论"。森认为帕累托标准与自由主义是不能结合的,帕累托最优侧重于衡量社会效率,而自由主义崇尚个人自由,虽然两者都是人们可以接受的标准,但两者存在矛盾,不能同时成立。肯普和黄有光在1976年提出了"肯普-黄的不可能性定理",该定理有两个命题。第一个命题是:在一组很弱的假设条件下,只根据个人排序不可能推导出一个实值社会福利函数。第二个命题是:给定偏好的弱多样性,不存在能够同时满足强帕累托原则和匿名性且仅排序性的社会排序。②

阿玛蒂亚·森认为经济学和伦理学之间存在契合性,经济学中的一般均衡理论可以为道德哲学提供经济思想,伦理学中的道德哲学可以为主流经济学提供思想基础。森对主流福利经济学提出了质疑,他的依据是福利经济学的完全理性假设和以效用为基础的社会福利函数。在新福利经济学中,帕累托效率的实现是借助效用计算的,假如将利益用效用以外的其他标准来表示,福利经济学第一定理和福利经济学第二定理是不可能成立的。

---

① Nicholas Kaldor, "Welfare Propositions of Economics and Interpersonal Comparisons of Utility?", *The Economic Journal*, Vol. 49, No. 195, 1939, pp. 549–552; Tibor Scitovsky, "A Note on Welfare Propositions in Economics", *The Review of Economic Studies*, Vol. 9, No. 1, 1941, pp. 77–88; Abram Burk[Bergson], "A Reformulation of Certain Aspects of Welfare Economics", *The Quarterly Journal of Economics*, Vol. 52, No. 2, 1938, pp. 310–334; S. Subramanian, "Distribution, Welfare, and Some Elements of Social Choice Theory", In: *Inequality and Poverty, Springer Briefs in Economics*. Springer, Singapore. https://doi.org/10.1007/978-981-13-8185-0_7, 2019, pp. 19–23.

② 姚明霞:《阿罗定理之后的福利经济学的发展趋势》,载《经济学动态》2004年第12期,第69—70页。

在福利经济学中,只有功利主义确立了不可替代的崇高地位,帕累托效率才可以成为绝对标准。个人福利的好坏,既决定于自身的效用,也取决于其他人的效用。主观能动性强调超越功利主义的价值观,福利经济学取得主观能动性的方式应该是自由。森认为自由是有价值的,有利于提高效率,把"无用"自由剔除是不影响效率的,但会降低人的可行能力,间接降低了个人福利。①

20世纪90年代开始,黄有光陆续出版了《经济与快乐》《金钱能买快乐吗?》和《社会福祉与经济政策》等多本著作,将福利经济学重新定义在功利主义的快乐、幸福上。黄有光自称是旧福利经济学的复兴者,学术界称其学说为"快乐经济学"。黄有光在《经济与快乐》一书中提到,"经济学者虽然偏好诸如'偏好'等较客观的概念,但较主观的概念如'快乐'才是更重要的,因为快乐才是人们的终极目的"。② 黄有光认为,福利经济学研究应该以获得幸福感为核心,从贫困、富有、经济增长、婚姻、信仰、文化水平、就业、生活环境等方面分析和评价了影响个人快乐的因素,并提出了关于增进社会福利的一些建设性意见。黄有光的研究为社会福利增进研究提供了新的思路,也让更多的福利经济学家认识到引入主观价值判断的重要性。

除了森和黄有光之外,还有凯尔文·兰开斯特(Kelvin John Lancaster,1924—1999)、阿尔伯特·赫希曼(Albert Otto Hirschman,1915—2012)、弗农·史密斯(Vernon Lomax Smith,1927—)、安格斯·迪顿(Angus Deaton,1945—)等人从不同角度对福利经济学进行了研究。③

美国经济学家凯尔文·兰开斯特和理查德·李普西(Richard George Lipsey,1928—)认为,在一个经济系统中,假如帕累托效率的三个条件中,有一个约束条件,两个满足条件,就不是最优状态。黄有光把次优条件和最优条件相比较后,发现当最优条件受到制约时,次优条件又要考虑信息成本和管理费用等必要性支出,并提出了"第三优理论"。

---

① 〔印度〕阿玛蒂亚·森:《以自由看待发展》,任赜、于真译,北京:中国人民大学出版社2002年版,第525页。
② 黄有光:《经济与快乐》,大连:东北财经大学出版社2000年版,第131页。
③ R. G. Lipsey and Kelvin Lancaster, "The General Theory of Second Best", *The Review of Economic Studies*, Vol. 24, No. 1, 1956, pp. 11–32; Daniel Kahneman and Angus Deaton, "High income improves evaluation of life but not emotional well-being", *Proceedings of the National Academy of Sciences of the United States of America*(*PNAS*), Vol. 107, No. 38, 2010, pp. 16489–16493.

1970年，德国发展经济学家阿尔伯特·赫希曼出版了《退出、呼吁与忠诚：对企业、组织和国家衰退的回应》一书，试图把政治权利和个体行为结合起来，创立效率和公平的一般范式。

诺贝尔经济学奖获得者弗农·史密斯提出了实验性的市场检验方法，并证明"理性人假设"的公平和个人福利之间存在相关性。阿莫斯·特沃斯基（Amos Tversky，1937—1995）和丹尼尔·卡内曼（Daniel Kahneman，1934— ）在1979年提出了"前景理论"（Prospect Theory），也译为"展望理论"。他们认为人的选择偏好存在情景依赖性，不存在相同的偏好。

自由福利理论可以有效地解决经济伦理问题，为国民经济管理提供了新的思路。弗里德里希·奥古斯特·冯·哈耶克（Friedrich August von Hayek，1899—1992）把自由视为实现效率和公平的工具，构建了新兴福利经济学体系，为国民经济兼容公平和效率提供了新的思路。

诺贝尔经济学奖获得者安格斯·迪顿以"收入与福祉之间的关系"为主题，结合健康、年龄、收入等因素，把公平和效率结合起来。迪顿认为功利主义会加重不均衡现象，减损社会福利；在分配权重时，"罗尔斯主义"更加倾向于社会的弱势成员，这会损害社会整体效率。

纵观后福利经济学的发展，可以发现福利主义和非福利主义选择并没有确切的结论，但福利经济学与行为经济学、实验经济学、政治学、管理学等学科相互交叉融合，推动福利经济学家开展更广泛的研究，也帮助人们更好地认识社会福利。

第二节 福利经济学的思想基础

福利经济学的思想基础主要在经济思想源泉、社会福利思想渊源和哲学思想基础中得到体现。

一、福利经济学的经济思想源泉

福利经济学的经济思想源于"经济学之父"亚当·斯密的"看不见的手"和"经济人"假设。

在福利经济学中,经济资源的有效配置要求存在一个完全竞争和一般均衡的市场环境和体系。这一市场体系中,任何商品的价格和边际成本都相等,所有生产要素的价格和边际产品的价值也都相等。当所有的生产者以自私自利为目的追求利润的最大化,而所有的消费者以自私自利为目的追求效用最大化,此时,整体经济处于最优状态。

1776年,亚当·斯密出版了《国富论》,为市场制度体系奠定了坚实的理论基础,并从三个视角来解释各个理论要素之间的嵌存关系,构建市场制度的理论体系。亚当·斯密在《国富论》中提出,一是所有人都是商人,社会就是市场。在社会发展过程中,所有人都要依靠在市场上等价交换商品才可以生存下去。这样看来,每个人都是商人,存有私心,天生会受到利益的驱使,利己主义就会显现出来,也被称为"经济人"。二是劳动用来评价商品交换的价值。商品的价格不会因人的意志而变化,在市场上,会按照公允价值进行交易,俗称"现实价格"。人们也将更加关注商品交换中的利益是否对等。三是劳动分工等同于社会普遍富有。分工是社会发展的必然要求,可以让劳动者提高产出量,对劳动资源进行合理配置,加速社会资源的流通,提高社会普遍富有水平,增加社会福利。亚当·斯密以利己主义为前提,以"人性—交换—分工"为主线,构建了整个古典经济学理论框架。

二、福利经济学的社会福利思想渊源

福利经济学的社会福利思想源于英国社会改良主义经济学家霍布森提出的"最大社会福利"思想。

以庇古为代表的旧福利经济学的核心思想,大部分仍是以亚当·斯密的古典经济学为理论基础,但是庇古在政府干预收入分配方面的学说和亚当·斯密截然不同。亚当·斯密主张"看不见的手",对国家的作用和动机提出了质疑。他认为国家的职能受少部分人的多数利益引导,而忽略了大部分人的少数利益,会导致政府资源可能得不到有效配置,工作效率低下。亚当·斯密在《国富论》第五篇"论君主或国家的收入"中对国家的义务进行了定义。一是国防费方面:保护整个国家和社会,不受其他国家和群体的侵犯。二是司法经费方面:设立公平公正的司法部门来保护个人,不使社会中的任何人受到其他人的伤害。三是公共工程和公共机关的费用方面:在便利社会商业、青年教育设施和不同年龄段人民的教育方面，建设公共工程和公共设施，并对其进行维护。四是维持君主尊严的费用。所以，在政府作用方面，前文提到的庇古支持的"把富人的部分收入转移给穷人边际效用会更大"和"政府干预国民收入分配均等化"等学说和斯密主张的上述学说明显不同。

英国经济学家霍布森的"最大社会福利"思想对庇古的福利经济学思想影响很大。霍布森在1902年出版了《帝国主义》，在该书中提到，当竞争的资本主义进入垄断市场时，"看不见的手"调控下的垄断资本主义状态会被打破，暴露出各种问题，经济学家应该思考这些问题，并提出政府如何修正的相应对策。因此，霍布森主张政府全面干预经济，并提出"国家社会主义"思想。政府不但要干预收入分配，还要干预生产、税赋、公共医疗及公共养老等公共事业，调节个人和整体社会的利益关系，达到"最大社会福利"的目的。霍布森还提出了一系列社会保障政策，例如对失业人群进行救济和个人劳动工资进行评议等。霍布森认为经济学研究的核心问题就是"社会福利"，"看不见的手"支配下的市场和谐状态并不存在于垄断资本主义阶段，资本主义存在剩余价值，而剩余价值是占有别人的劳动所得，这种分配是不平等的，束缚了生产力的发展。国家全面干预经济的"国家社会主义"思想认为，不管是分配还是生产都在政府干预的范围之内，主张通过税赋、建立公用事业等手段实现"最大社会福利"。

三、福利经济学的哲学思想基础

福利经济学的哲学思想基础主要有功利主义哲学观、保守主义哲学观、自由主义哲学观、公平正义哲学观和社群主义哲学观。

（一）功利主义哲学观

功利主义哲学观是指个人在追求自身的最大效用和幸福时，不考虑行为的动机和方式，只追求结果，主要代表人物为英国社会学家和哲学家杰里米·边沁。边沁的功利主义包含两个原理。一是功利原理或幸福最大原理。边沁认为追求幸福是人的天性。社会由个人组成，社会仅仅是一个假想团体，所以，社会幸福是个人幸福的总和。这样看来，社会利益只能以最大多数人的最大幸福为标准,而判断个人行为和政府政策的标准只能是功利原理,即增加幸福的行为应予以肯定,减少幸福的行为应予以否定。二是自利选择原理。边沁认为每个人是否幸福只有自己最清楚,每个人是自身是否幸福的最好判断者。每个有理性的人都为自身谋求幸福最大化是人性的某种倾向,政府应依据功利原则最低限度地行使权力,即只限于保护自由和财产安全,除此之外不做任何干涉,经济上实行自由放任政策。功利原理认为,人类的行为活动是寻找幸福,增进快乐。边沁认为,个体不受约束地追求个人利益,就会实现社会整体的利益,也就是最大多数人的最大幸福。自利选择原理认为,所谓快乐、幸福和痛苦,每个人是独立的、理性的,应该最清楚明白,自己评价的幸福才是最准确的。

功利主义哲学观的"最大多数人的最大幸福"原则,不仅是衡量人的道德标准,也是政府部门制定法律法规的标准。边沁认为个人可以从整体利益中获取自己的幸福,即少数人可以从日益增多的社会幸福中分享利益。边沁认为每个人自己最了解自己的痛苦和快乐,不仅清楚地知道自己的幸福是什么,还知道如何让自己幸福,所以,个人趋利避害是正当的,不应该受到任何阻碍,国家也不应该干预私人经济活动。

边沁的功利主义受到了许多经济学家、思想家和政治家的追捧,例如詹姆斯·穆勒、约翰·穆勒、威廉·斯坦利·杰文斯和马歇尔等。他们所认同的功利主义哲学思想和社会改良思想对庞古的影响较大。庞古认为人类追求自身福利的最大化是人的本性,个人福利最大化构成社会福利最大化,这实际上就是以功利主义作为福利经济学的哲学思想基础。

(二) 保守主义哲学观

保守主义哲学观侧重于维护社会现状和自然历史,反对激进的社会革命,反对人为创造的社会乌托邦,主要代表人物为爱尔兰政治家埃德蒙·伯克(Edmund Burke,1729—1797)。保守主义哲学观认为,人的社会属性是由家庭、邻居、社交群体等组成,反对人为创造社会乌托邦,也反对绝对化的个人观。因此,保守主义哲学认为社会和个人不是刻板的组成,社会是一个有机的整体,并赋予了个人存在的意义。保守主义不仅反对极端个人主义和极端自由主义的个人快乐主义的人生意义,而且也反对集体理性主义的人生意义,倒是支持个体周围人际关系和社会群体组织给予个人的生存意义。

许多思想家认为保守主义与消极的自由主义相一致。保守主义哲学观认为个体的理性不是无穷的,国家不应该一味地强调个体理性,应该遵循自然规律,在发展的过程中,只有逐步尝试、发现错误、适当改变之后的制度才能称得上是最优制度。

(三) 自由主义哲学观

自由主义哲学观是以个人主义为出发点,以人类天生利己为基本假设,以个人自由和权力为依据,强调个人自由的活动,把自身价值摆在第一位。其主要代表人物为法国经济学家弗雷德里克·巴斯夏(Frédéric Bastiat,1801—1850)。自由主义认为个人的幸福一定程度上取决于法治权力保障(经济自由和政治自由)、个人相对自由及其他自由权。自由主义反对独裁专制,崇尚法治和支持保护人的自由权利。

自由主义哲学观是一种自我价值的评判,缺乏必需的社会分析的观念资源,也就是说只强调过程不重视结果,只追求人的自由,不重视结果的公平与公正,这也是它被称为"无社会理论的政治理论"的原因所在。自由主义哲学观解释不了经济自由、权力自由和个人自由的地区发生饿死人的现象。另外,实际上国家已经成为提供基础教育、医疗、社会保险、公共交通等公共服务的主体。

(四) 公平正义哲学观

公平(Fair)是指参与人具有相同的权力和衡量标准。公平的意义在于,当权力和标准不一致时,占据优势的一方会对弱势的一方进行侵害。正义(Justice)在西方的理解中是指每个人得到的都是其应该得到的或者是不侵犯其他人的合法正当权益。公平和正义虽然概念有所不同,但两者的本质均是保障个人权益,使人得其应得。第二次世界大战结束之后,美国政治哲学家约翰·罗尔斯(John Bordley Rawls,1921—2002)在1971年出版《正义论》,把公平和正义结合在一起,也就是公平正义的哲学观。

公平正义哲学观以公平为起点,通过一系列的逻辑分析,得出"自由优先权"的要求。除此之外,该理论还重视社会和经济的不平等安排问题,保障最弱者的最大权益,并以机会均等为原则,把不平等和不同行业、不同职位、不同阶层的个体联系在一起。

(五) 社群主义哲学观

社群主义又称为社区主义,是20世纪80年代以来影响力较大的西方社会批判自由主义的政治思潮之一。社群主义哲学观的基本假设是从个人—社会中确立自己,主要代表人物为美国学者迈克尔·桑德尔(Michael J. Sandel,1953—)。社群主义哲学观主要有两个特征:一是侧重于自我的社会情境性,认为个体在传统的社会文化中获得自我理解和善的观念;二是反对个人主义,反对把社会政治分析中的变量设置为个人,认为个人的属性是由其所在的社群决定的。

社群主义认为人性是由自然的社会文化传统中的社群关系组成的,反对人性是天生的理性自我思考。人的身份认同不可能是天生存在的独立个体,而是随着社会关系的演化而改变。人不是把社群当成一个谋取私利的工具,而是在社群之中发生情感。

关于人类社会的发展,不同的哲学流派有着不同的目标定位,追求的社会福利和幸福概念也有所不同,体现出人类社会发展过程中的多元化。人类社会发展的目标主要存在两个基本特征。

(1) 发展目标的差异性。不同时期、地区、社会制度下的发展目标存在不同。人类的发展目标是多元化的,幸福观也呈现多样性,不同人对幸福生活的理解存在差异。

(2) 发展目标的共同性。由于"人性"的同质性,人类社会发展目标有共同之处,即把个人的全面自由的发展、个人的尊严和个人的需求满足放在首位(终极目标);个人的需求满足以物质文化产品的生产发展为条件,经济发展是手段而不是目的;承认个人福利的主观性、个人主观判断的差异性,社会福利是以个人的主观评价为基础的。

人类社会发展的终极目标是要满足社会成员的各种需要,从而提升人们的福利水平与幸福感受。大多数发达国家的经济增长与发展阶段表现为:规模增长型→质量进步型→创新福利型。现阶段,我国经济增长向质量进步型兼创新福利型转变,一方面提高经济增长质量,提升企业、产业、区域、国家的创新能力与竞争力,建设创新型国家;另一方面创造人们幸福生活的机会与平台,尽可能地提升人们的生活质量和幸福感。换句话说,炫耀物质财富的时代正在远去,崇尚自由幸福的时代初露端倪。[①]

第三节 福利经济学研究的主要内容与特点

福利经济学作为经济学的一门分支学科,主要研究福利评价的理论体系,具有独特的研究内容和特点。

一、福利经济学研究的主要内容

福利经济学研究的内容涉及社会福利测度和影响因素、资源配置效率、收入分配理论、市场机制与政府干预的评价、公共选择理论等,以下几个方面尤为重要。

(一)福利的评价标准

福利经济学以获取最大的社会经济福利为目标,对市场经济运行进行评价和分析。那么,不同的经济状况应该用怎样的标准衡量福利的好坏呢?西方福利经济学的评价标准主要有效率与公平两种。公平与效率相互依存,关系着人类的生存状况。处理好公平与效率之间的关系,不仅有助于提升效率,也有助于实现公平,增进社会福利。

1. 效率标准

"效率"一词有两种解释,一种是资源使用效率,另一种是资源配置效率。简单来说,效率可以表述为两种资源能够按照一定的比率交换,或者形容要素投入与产出之间的关系。当下,被普遍接受的评价福利好坏的标准是帕累托标准。帕累托效率是福利经济学中接受程度最高的评价标准,实现社会福利最优即帕累托效率需要满足三个条件:交换的最优条件、生产的

[①] 高启杰等:《福利经济学:以幸福为导向的经济学》,北京:社会科学文献出版社2012年版,第225页。

最优条件、生产与交换的最优条件。

除了帕累托标准外,效率标准还有以庇古为代表的基于基数效用的福利标准,在帕累托效率基础上改进的卡尔多补偿标准、卡尔多—希克斯补偿标准、西托夫斯基补偿标准、李特尔补偿标准和黄有光分组补偿标准等。

2. 公平标准

公平是指按照同一标准评价某个人或某件事,强调的是一种正当性。福利经济学中提到的公平,更加强调其哲学意义,比如经济公平和社会公平、结果公平和过程公平等。福利经济学的公平理论很多,其中福利主义的公平原则主要有庇古的功利主义、折中主义、平均主义等;非福利主义的公平原则主要有诺齐克的公平理论、嫉妒平衡的公平理论、森的公平理论等。公平的评价标准主要有:贫困指数;美国统计学家洛伦兹(Max Otto Lorenz, 1876—1959)提出的洛伦兹曲线;意大利经济学家科拉多·基尼(Corrado Gini,1884—1965)提出的基尼系数;森提出的"森贫困指数"等。

(二)福利的影响因素

影响福利的因素有很多。例如可以按照市场主体来区分福利的影响因素,其中个人福利的影响因素有收入和财富、劳动和就业、消费和储蓄、社会环境和自身资源等,社会福利的影响因素有社会结构、社会环境、资源配置、分配制度、社会文明、社会不确定性等,这些都是福利经济学的研究内容。为了深入分析福利的影响因素,福利经济学更加关注资源配置效率的影响因素。

完全竞争市场可以实现帕累托效率,但在现实生活中市场经济存在垄断、外部效应、公共物品、信息不对称等现象,会对社会福利产生影响。

1. 垄断对社会福利的影响

垄断对福利的影响主要表现在静态效率损失、动态效率损失和寻租成本等方面。在垄断市场上,因为商品价格比边际成本高,厂商会选择高价格低供给,就会出现市场供不应求的现象,此时消费者剩余减少的量大于生产者剩余增加的量。消费者剩余的净损失和生产者剩余的净损失之和为静态效率损失,通常可以利用哈伯格三角形对其进行解释。生产者依据最大化原则,追求企业价值最大化,把部分资源用于获得、保护或者打破垄断,而不是生产和服务;同样,消费者依据最大化原则,把部分资源用于反对垄断,而不是消费。这会导致寻租成本增加,造成社会资源的浪费。

2. 外部效应对社会福利的影响

根据不同的分类标准,外部效应可分为正外部效应和负外部效应、生产的外部效应和消费的外部效应、可耗尽外部效应和不可耗尽外部效应、代内外部效应与代际外部效应、竞争条件下的外部效应和垄断条件下的外部效应等。市场经济下,依据"看不见的手"学说,借助商品按照价格进行交换的形式,把社会资源配置给消费者和生产者。在交易时,两者均没有考虑可能会给其他市场主体带来的影响,不能准确地反映出自身的边际成本或效益,没有把消费和生产过程中产生的外部效应合并计算到成本或收益中,因此,不管是正外部效应还是负外部效应,都会影响市场资源配置的效率,影响社会福利。

3. 公共物品对社会福利的影响

因为公共物品的消费具有外部性,只依赖市场自身不可能实现公共物品的帕累托效率,需要借助国家干预来进行配置。公共物品对社会福利的影响可以从局部均衡和一般均衡中看出。局部均衡方面,在公共物品交易的过程中,寻找生产者供给和消费者需求的均衡点,或者公共物品的边际成本等于所有消费者的边际收益之和,就可以得出公共物品供给的最优数量,增进社会福利。一般均衡方面,依据帕累托效率中交换的最优条件可知,消费者双方进行自由交换,最终达到均衡。均衡状态下两种商品的边际替代率对每个人来说都是一样的,商品的配置达到帕累托最优,实现了福利的最大化。

4. 信息不对称对社会福利的影响

经济学理论中的完全信息假定与现实经济中的信息不符。实际上,交易双方获得的信息是不对称的,影响价格机制的作用,降低资源配置的效率,进而导致"市场失灵"。信息不对称可分为事前不对称性和事后不对称性,分别用逆向选择模型和道德风险模型来研究。因为交易双方特点不同,产生的交易类型也可能不同,加之获取信息的成本相对较高,所以不可能消除不同质量商品之间的外部性,而外部性的存在必然会减损社会福利。同时,委托人难以有效地监督代理人的行为,代理人可能会谋取私利,给委托人带来损失,最终导致社会整体福利减少。

(三)市场机制与政府干预的评价

市场机制可以有效配置资源,达到人们经济利益最大化的目的,可以兼顾效率和公平,增加社会福利。但只要有市场就会存在竞争、垄断等,市场可能会出现失灵的情况,因此,政府需要适当地干预市场。

1. 市场机制

(1)市场机制与市场均衡

市场经济是通过市场配置社会资源的经济形式。市场机制是指资源在市场上通过自由竞争与自由交换来实现配置的机制,主要由市场价格机制、供求机制、竞争机制和风险机制等构成。在经济学中,市场可以分为完全竞争市场和非完全竞争(垄断竞争、寡头、垄断)市场,市场均衡分为一般均衡和局部均衡。

(2)市场经济的合意性

经济学中常用经济合意性(Economic Desirability)来表达经济中的某种现象、趋势或者政府政策是可取的和令人满意的,即其符合经济发展规律,与市场主体追求利益最大化或者价值最大化的目标相一致,有助于增强宏观政策的有效性、提高经济运行效率和增进社会福利。[①] 市场经济的合意性可以从局部均衡和一般均衡过程得到诠释。

(3)福利经济学基本定理

福利经济学基本定理包括福利经济学第一定理和福利经济学第二定理。

福利经济学第一定理认为,只要是完全竞争达到的均衡状态,就是帕累托最优状态。该定理认为市场经济在符合帕累托效率条件时,信息成本较低,只依据市场上的单一个体分散决策就能够实现帕累托最优。

福利经济学第二定理认为,从任何一个社会公认的公平自愿初始分配

---

① 闵远光:《利率平滑操作的宏观微观合意性:理论、机制及应用》,上海:上海交通大学,2009年,第5页。

状态(起点)开始,只有借助竞争性市场机制才能够实现帕累托最优。该定理认为可以把效率和分配分开考虑,所有的帕累托标准都能够获得市场机制的支持,市场机制是公平的,不管是什么样的分配状态,都可以使用竞争市场来实现帕累托最优。

2. 政府干预

在现实生活中,不完全竞争、外部效应、公共物品及不完全信息等原因会导致市场失灵,即市场机制无法使资源配置达到最优状态,无法实现社会经济福利最大化目标。因此,帕累托最优在现实生活中难以实现。同时福利经济学第二定理也指出效率和分配问题可以分开讨论,这为政府干预提供了理论基础。

(1) 政府干预的原因

市场不是万能的,会出现市场失灵或市场失效的现象。为了维持市场的经营秩序和健康发展,政府会通过特殊的手段进行干预。主要原因如下。第一,市场经济竞争均衡符合帕累托效率的前提条件过于苛刻。现实生活中帕累托效率的条件难以满足,需要政府予以干预,尽可能地提高资源的配置效率。第二,收入分配不均等。收入分配差距过大,会增加贫富差距,影响社会治安和稳定,作为现代民主、法治、文明的政府,应该采取合适的措施对社会收入进行再分配,增进社会整体福利。第三,宏观经济波动引发经济周期问题。宏观经济波动会造成社会资源严重浪费、人民生活质量下降,不利于社会稳定,因此,政府应该尽可能地减少经济周期性的波动。第四,优效品消费不足。优效品是指个人做出决策时,因为没有遵循自身最大利益的原则,被政府部门强迫其消费的商品。政府应该采取措施干预个人喜好,多鼓励消费优效品,增进社会福利。第五,其他原因,如公民海外安全保障、企业境外投资权益保障、国家和民族尊严等。

(2) 政府职能

政府干预发挥的职能主要体现在以下几方面。第一,减轻收入分配不公平。市场自身不可能解决收入分配的公平问题,政府应该把"公平"作为一个目标,进行收入再分配,把收入差距缩小到社会能够接受的范围内,保证社会稳定,增进社会福利。第二,调控宏观经济。宏观经济失衡往往是因为微观经济的市场失效,政府应该根据经济的运行状况,合理地使用货币政策、财政政策和法律手段对经济进行干预,保证社会的消费、就业和通货膨胀等民生问题的妥善解决。第三,优化公共物品的资源配置。受公共物品、外部效应、信息不对称、垄断等影响,市场不能合理地配置资源,政府部门可以采用公共事业投资、公共产品免费提供、补贴外部正效果、打破垄断等方式,保障市场公平竞争,提高社会经济效益。第四,保障国家尊严和公民境外权益。经济全球化让世界各国的联系越来越紧密,国家之间的竞争也愈发激烈,境外投资也越来越普遍,政府必须通过外交手段和法律法规保障国家的尊严和公民境外投资的基本权益不受侵犯。

(3)政府干预的方式

政府主要采用惩罚和奖励的方式,借助税收、财政支出、管制等工具进行干预。第一,税收。税收具有强制性、无偿性和固定性。国家通过税收,旨在组织国家财政收入、调节经济和监督经济,合理调节分配资源,增进社会福利,这是财务分配活动的第一个阶段。第二,财政支出。财政支出是指政府对财政收入分配和使用的过程,是财务分配活动的第二个阶段。第三,管制。管制一般分为经济管制和社会管制。例如,当商品价格过高或过低时,提示生产主体及时调整供给结构;出台法律法规保障市场平稳运行。

(4)政府干预的评价

政府干预就一定可以克服市场失灵从而保障市场经济的有效运行吗?答案并不肯定。由于政治决策的复杂性和政策实施的复杂性,政府干预也不一定能够实现帕累托效率。因此,福利经济学要研究政府干预的效果、政府失灵现象及其原因和对策。政府在干预的过程中,要重视社会公平,提供公共物品时应该关注绝大多数人的社会利益。

(四)公共选择理论

公共选择理论可以帮助我们深入理解政府干预过程及其效果。公共选择理论又被称为"新政治经济学""政治的经济学",可以看作是政治学和经济学的桥梁。人们常常通过民主决策的政治过程来决定公共物品的需求与供给,寻求把个人选择转化为社会选择的机制,运用政治决策方式配置社会资源,这些都离不开公共选择。

在公共选择理论出现之前,政治学和经济学是相互独立的,公共选择理论出现之后,将两者紧密地联系在一起。公共选择理论认为,不管是经济市场,还是政治市场,都需要人做出决策。如果同一主体在政治市场中是利他主义者,在经济市场中是利己主义者,就可能出现政治家依靠政治市场的权力,在经济市场中获得利润,实现个人利益最大化。

公共选择是在一定的标准和规则下政治个体互相作用的结果。公共选择理论特别注重研究那些与政府行为有关的集体选择问题。按照现代民主制的运行方式,可以把公共选择划分成直接民主中的公共选择和代议民主中的公共选择两种。公共选择规则主要有一致同意规则、多数同意规则、否决投票规则等。

除了投票决策规则分析外,公共选择理论还要研究政府决策的成本效益以及最佳政府运行规模等问题,这涉及选民、官僚、利益集团等不同主体的行为分析。

公共选择理论在有关制度改革与政策制定中的运用主要体现在提高政治产品的效率、规范政治市场的秩序和提升政治民主的价值。①

1. 提高政治产品的效率

政治产品是指国家为了保证经济发展和社会正常运行而提供的公共物品。因为政治家也是经济人,追求的目标是预算规模最大化,以此来获得政治资本和升迁的机会。公共选择理论有助于提高政府部门的宏观调控能力,降低直接经济干预,加强对公共物品的管理,实现公共产品供给的多元化,打破政府垄断,提高公共产品的质量和效率。

2. 规范政治市场的秩序

在政治市场中,选民在做出决策时,用选票代表自己的偏好。但一般情况下,最终做出政治决策的是集体,而不是个人。受到信息不对称、委托—代理问题、代议制民主的缺点等影响,政治市场的不确定性较大。可以依靠法律法规对政治市场进行管理,使公共服务更加规范化、公开化和程序化,禁止政治市场的"垄断"行为,防止政府失灵。

---

① 黎海波:《公共选择理论与政府改革的"选择"》,载《陕西行政学院学报》2010年第1期,第19页。

3. 提升政治民主的价值

政治合法性和有效性的标准之一就是民主。公共选择理论从政府经济人假设和政治交易理论视角分析政府失灵的原因,并提出关于民主化和平民化的对策,有助于民主制度的完善和实施。例如,政府经济人假设一定程度上缩小了官员和民众之间的社会地位差距;政治交易理论对权威性和专制性进行淡化,将政治过程平民化,从而提高大众的参与度和民主性。

二、福利经济学的主要特点

福利经济学作为经济学的一个分支,与传统的经济学及分支学科相比,既有共同点,又有鲜明的特色。

(一) 具有规范和实证的双重属性

福利经济学重视以价值标准来评价经济行为的"优"或"劣",或者判断政策的"应该"或"不应该",表明它具有规范性;同时,经济学家认为,可以通过影响社会福利的因素来评价决定福利的因素"是什么"或"不是什么",表明它具有实证性。所以,福利经济学的属性既有规范性,也有实证性,具有双重性;既可以通过价值判断评价福利的状况,也可以通过对影响社会福利的因素进行实证分析得出有关结论。

经济学界对于如何区分实证经济学和规范经济学的问题,仍然存在争议。有经济学家认为经济学的研究领域应该是实证经济学,规范经济学属于一种道德标准的探讨,并不是科学。但也有经济学家认为,不管是实证经济学还是规范经济学,都属于经济学家的研究范围。对于福利经济学而言,它既认可实证经济学对市场经济的有益性,也从规范研究方面提出论据,强调道德判断的重要性,并以此作为政府经济政策在伦理方面的根据。[1]

福利经济学的分析方法主要采用主观性与客观性的结合、局部均衡与一般均衡的结合、个人主义与集体主义的结合、实证与规范的结合、定性与定量的结合、逻辑学与伦理学的结合、演绎与归纳的结合等。也有福利经济学学者认为,可以根据以往的经验得出和证明哪些是可以影响福利的因素,

---

[1] 厉以宁、吴易风、李懿:《西方福利经济学述评》,北京:商务印书馆1984年版,第19页。

哪些不是影响福利的因素。

同时，福利经济学也被称为是"规范经济学"的典型代表，它认为应该以独立的消费者、生产者和市场行为的视角，评价个体的福利，再把所有个体福利进行加总来表示社会整体福利。也有一些福利经济学者认为，福利经济学应该是在固定的社会价值判断标准下，分析市场上社会经济资源配置和福利两者之间的关系以及相关的政策与制度，评价市场经济运行机制，改进社会整体福利。

（二）在边际效用价值论基础上提出福利概念与理论

福利经济学的基础是庸俗政治经济学的价值理论。美国经济学家罗森贝在《社会福利的衡量》一书中指出，"福利经济学是一种应用科学，它按照一种单独的目标，即社会的经济福利，从实证或纯粹经济学那里集合一些重要的理论关系"。[①] 经济学家们认为福利经济学的产生和发展离不开功利主义哲学观和边际效用价值理论。

从经济学的发展历史来看，福利经济学是边际效用价值理论的延续，因为商品的效用和价值，可以根据边际效用价值理论来判断。经济学家们认为，在完全竞争市场中，人们依据自身的收入和偏好自由选择消费，得到心理和生理的最大满足，也就是效用最大化；企业可以依据产品的价格和成本进行生产，实现利润最大化。这表明合理配置经济资源取决于人们的偏好和自由选择。

从分析方法来说，福利经济学一般采用经济学中的长期、静态、微观分析方法。长期分析是指所分析的时间期限可以满足生产者通过价格来调整成本，使边际成本等于价格，生产者可以将产量最大化，并得到正常利润；或者指所分析的时间期限可以使新加入的生产者和退出的生产者相等，所有生产者都只能得到正常利润。静态分析是指消费者偏好和生产技术是一定的，分析消费者的最大满足、生产者的最大产量和最大利润，其前提是个人偏好和生产技术保持不变。微观分析的研究对象是个人、生产者、单个市场等，对交换、生产、分配和消费等活动进行分析。福利经济学家认为通过边

---

① 厉以宁、吴易风、李懿：《西方福利经济学述评》，北京：商务印书馆1984年版，第20页。

际效用价值论、最大化原则、分析方法和道德概念的应用,可以直接得出所需要的福利经济学理论。

福利经济学家在边际效用价值论的基础上,提出了一些检验标准和专有术语。例如,把人们的喜好称为"偏好",把人们的满足程度和主观幸福感等称为"福利标准",把社会福利达到最优状态称为"福利最优状态",把实现帕累托效率的条件称为"生产最优条件""交换最优条件"和"生产与交换最优条件"等。

(三)依据价值标准和福利理论评判经济政策

福利经济学重视规范性研究的目的,不只是在理论层面得出福利学说,更是为政府制定政策提供参考。大多数的社会政策都是为解决一定的社会问题服务的。福利经济学在制定社会政策时,需要重视社会目标,并以此作为指导原则。经济学家们认为社会目标是假定的,并不是由经济理论分析和经验决定的。所以,福利经济学在假定社会目标时,要考虑让绝大多数人能够接受。

福利经济学从总体效率或总体福利出发,分析资源配置、收入分配等如何影响社会福利,提出实现社会福利最大化的政策方案或改革措施。此外,福利经济学使人们能够理性地考察不同经济状态下社会福利的增减变动,以说明现实经济制度与政策是否合意。

福利经济学在政策研究上的应用,主要体现在资源的合理配置方面,包括价格政策、生产政策、税收政策、对外贸易政策等。福利经济学和制定政策存在怎样的关系呢?第一,福利经济学家会依据所得出的理论原则,为政府和利益集团提供政策方案。例如,利用提出实现帕累托效率的生产最优条件,为企业提供生产建议,同时也评价政府在社会资源配置方面的政策是否可行;利用提出的收入再分配原则,评价政府在税收、公共物品、基础设施建设等方面的政策效果是否满意等。第二,福利经济学家从理论上提出一般原则,作为政府制定政策的指导原则。例如,福利经济学家提出的收入再分配一般原则,并没有提出具体的政策,这就为政府制定任何有利于特定利益集团的收入分配政策提供了余地。第三,福利经济学家依照所得出的理论原则,对适合特定利益集团的现行政策提供新的理论支撑,以加强现行政策的推行。[①] 例如,福利经济学可以采用新的方式对自由贸易政策或保护贸易政策进行辩护:福利经济学家们认为,自由贸易政策可以使资源配置达到最优,提高经济效率,增进社会整体福利;或保护贸易政策能够增加民族利益,增进个人福利,实现福利的最优状态。

---

① 厉以宁、吴易风、李懿:《西方福利经济学述评》,北京:商务印书馆1984年版,第25页。

第二章 福利经济学基本理论

福利经济学的学术史可追溯到1920年,当年英国经济学家阿瑟·塞西尔·庇古出版了《福利经济学》。该书以杰里米·边沁的功利主义哲学为基石,强调人的本性,将追求幸福视作人类行为的根本动机。本章从福利经济学发展的三个阶段对福利经济学的主要理论进行梳理。

第一节 旧福利经济学的基本理论

"福利"这一概念从庇古开始使用,随着时代的变迁呈现出不同的内涵。庇古的福利经济学注重价值判断与人性关怀,在经济理论体系中占据着重要位置。在理论上,庇古关于广义的社会福利的论述使得福利分析第一次超越纯经济学的分析框架上升到政治经济分析范畴;在实践上,庇古以基数效用论为基础,提出财富从富人到穷人转移分配可以增进社会总福利的观点,这为公平的财富分配提供了主流的经济学依据。

福利经济学是建立在边沁等人的功利主义伦理哲学基础之上的。边沁认为:"功利是指任何客体的这样一种性质:由此,它倾向于给利益相关者带来实惠、好处、快乐、利益或幸福,或者倾向于防止利益相关者遭受损害、痛苦、祸患或不幸。"[①]在边沁看来,决策和行为会影响人们的幸福感,功利主义是判断这一影响对错的原则或标准。合乎功利主义的决策和行为有增进个人或社会幸福的倾向,是对的且应该采取的决策和行为。实现最大多数人的最大幸福是边沁的社会理想。

阿尔弗雷德·马歇尔的"消费者剩余"概念被西方经济学家们视为福利

---

① 〔英〕杰里米·边沁:《道德与立法原理导论》,时殷弘译,北京:商务印书馆2000年版,第58页。

经济学的重要分析工具。马歇尔从消费者剩余概念推导出政策结论,政府对收益递减的商品征税,得到的税额将大于失去的消费者剩余;用其中部分税额补贴收益递增的商品,得到的消费者剩余将大于所支付的补贴。马歇尔的消费者剩余概念和政策结论对福利经济学的兴起产生了重要作用。但直到20世纪20年代前后,经济学家们才将福利经济问题作为紧迫而重要的社会问题来研究。当时,英国经济的周期性波动伴随着失业等不良经济现象时常发生,加上第一次世界大战的影响,使本就十分严重的贫富悬殊的社会问题更加突出。

以凡勃伦(T. B. Veblen,1857—1929)、康芒斯(J. R. Commons,1862—1945)等为代表的旧制度学派认为市场机制存在较为严重的自由放任的现象,而经济上的自由放任直接导致市场的混乱无序状态,因此他们反对自由放任政策,主张依靠国家力量来调节经济秩序。正是在这样的背景下,经济学研究趋向于以提升社会福利为目标,福利经济学应运而生。当时,庇古对自由放任的理想主义进行了激烈的批评,认为国家应出面校正生产外部性以防止出现边际私人净产值与边际社会净产值相背离的现象,并由此创立了福利经济学。庇古也因此被西方经济学界奉为"福利经济学之父"。

一、庇古的国民收入与经济福利理论

旧福利经济学的主要代表人物是庇古,他以边沁的功利主义为基础,建立了自己的福利经济理论体系,致力于寻求测定和改善社会福利的方法。

(一)福利的要素是意识形态

庇古认为福利的要素是意识形态或者说意识形态之间的关系。[①] 福利是人们对享受、满足或效用的心理反应或主观评价。一个人的福利可能源于物的占有,或者其他原因,如知识、情感、欲望等。庇古将其分析局限于经济福利,并通过边际效用分析法来衡量经济福利。如果一个人欲望稳定,持有一种商品越多,那么根据边际效用递减规律,持有人每增加一个单位的持有量所获得的效用就越来越小,直至为零。

---

① 〔英〕阿瑟·塞西尔·庇古:《福利经济学》,金镝译,北京:华夏出版社2017年版,第10页。

(二)国民收入总量愈大,经济福利愈大

一个国家的全部经济福利是个人经济福利的总和,经济福利和国民收入这两个概念是对等的。庇古认为应当通过优化资源在生产中的配置,使国民收入总量达到最大。要增加国民收入总量,就要增加社会产品量;要增加社会产品量,就必须使生产资源在各个部门中的配置达到最优,否则就不能最大限度地增加国民收入量。庇古提出边际私人纯价值和边际社会纯价值的概念,指出在完全竞争条件下,通过对生产资源的自由转移,边际私人纯价值和边际社会纯价值是趋于相等的。两者完全相等就是实现或检验生产资源的配置是否最优,国民收入是否最大,进而社会经济福利是否达到最大的标准。

(三)国民收入分配愈均衡,经济福利愈大

庇古认为国民收入增加而不减少穷人在其中占有的绝对份额,或者使穷人占有绝对份额增加而不减少国民收入,都一定会增加经济福利。关于国民收入的变动,他认为任何引起国民收入份额变动的因素,如果并不同时引起国民收入量的减少和分配不均等化程度的下降,都意味着经济福利的增加。① 基数效用论认为商品的边际效用是递减的,富人持有的商品量大于穷人,则富人的边际效用小于穷人。依据边际效用递减规律,庇古提倡收入均等化,即把富人的收入一部分转移给穷人,转移的方式主要有四种,即自愿转移、强制转移、直接转移、间接转移。

二、基数效用与经济福利理论

庇古的福利经济学着重研究促进经济福利的因素,强调在追求公平与效率的同时要加强政府干预,这不仅关系到社会的命运,还涉及所有人的价值和利益。

---

① 〔英〕阿瑟·塞西尔·庇古:《福利经济学》,金镝译,北京:华夏出版社2017年版,第525页。

(一) 基数效用和经济福利

庇古认为福利可以置于较大或较小的范畴之内。经济学所要研究的是可以用货币计量的那部分社会福利即经济福利。基数效用是福利判断的核心,关系到个体福利加总成社会福利的问题和社会福利的排序问题,是研究社会福利的基础。基数效用有3个假设前提:(1) 不同个体具有相同的享受能力;(2) 效用可用基数衡量;(3) 人与人之间的效用可以比较。即效用可以被测量与加总求和,也可以进行人际比较,各个人的效用总和也就是全社会的经济福利。用国民收入来表示全社会的经济福利,国民收入总量愈大,经济福利就愈大。国民收入分配愈是均等化,经济福利就愈大。

(二) 资源最优配置

社会发展依赖于生产资源的合理配置。只有实现了资源的有效配置,经济才会健康持久运转,这不仅提升了当代人的福利,而且有利于子孙后代的发展。资源最优配置的标准是边际私人纯价值与边际社会纯价值相等。人都是利己的,在经济活动中仅考虑自己的利益而忽略对他人及子孙后代的影响,导致了资源配置的低效率,因此,政府应充分调节资源的开发与利用,优化资源在生产中的配置,使国民收入达到最大,促进经济福利良性发展。

(三) 外部性理论

外部性问题是福利经济学研究的另一重要领域。庇古运用边际分析法,从社会资源最优配置出发,正式提出和建立了外部性理论。庇古将外部经济理论与社会福利增进问题联系在一起,从福利经济学的角度系统地研究外部性问题,提出边际私人纯价值和边际社会纯价值会出现背离的现象,并进一步指出仅仅依靠自由竞争,国民收入量不能达到最大,强调国家干预经济的重要性。当然,庇古仍然坚守自由竞争的信念,认为实现最优配置的基本机制仍是市场自由竞争,国家干预经济主要通过税收、财政补贴或立法等手段,纠正市场配置资源失效,达到最大国民收入量。

外部性问题不利于资源合理配置,造成了一定程度的福利损失。因此,如何进行社会效益、公共效益、环境效益、社会成本、环境成本等的度量成为福利经济学的热点研究问题,科斯定理为外部性问题的解决提供了一条可靠途径。

第二节　新福利经济学的基本理论

20世纪30年代,庇古的福利经济学受到英国经济学家莱昂内尔·罗宾斯等人的批判。罗宾斯认为,经济学和伦理学的结合在逻辑上是不可能的,经济学不应涉及价值判断的问题。他还认为,经济学中具有规范性质的结论都来自基数效用的使用,但效用可衡量性和个人间效用可比较性不能成立,福利经济学的主张和要求没有科学根据,因此,经济学应该避免使用基数效用,而应当使用序数效用。

英国经济学家尼古拉斯·卡尔多、约翰·希克斯、提勃尔·西托夫斯基等人对福利标准或补偿原则继续进行探讨。他们主张把福利经济学建立在边际效用序数论的基础之上,而不是建立在边际效用基数论的基础之上;主张以实证研究取代价值判断;主张把交换和生产的最优条件作为福利经济学研究的中心问题,反对研究收入分配问题。与罗宾斯不同的是,他们认为福利经济学仍然是有用的。

由此,庇古的福利经济学被称作旧福利经济学,卡尔多、希克斯、西托夫斯基等人建立在维弗雷多·帕累托理论基础上的福利经济学被称作新福利经济学。① 新福利经济学家们所依据的帕累托理论,是由意大利经济学家帕累托在19世纪末研究资源配置时提出来的。帕累托早在研究瓦尔拉斯的边际效用主义思想时就发现,效用实际上是不可计量的;他同时指出人们虽不能计量效用,但还是对物品各有偏好,即可根据其偏好或物品对其重要性排序。显然,如果用帕累托的标准来衡量,庇古把福利经济学建立在基数效用上,这是一个缺陷。所以,新福利经济学一直主张序数效用论,认为只能用序数表示效用水平的高低。新福利经济学的主要经济理论包括以下几个

---

① S. Subramanian, "Distribution, Welfare, and Some Elements of Social Choice Theory", In: *Inequality and Poverty, Springer Briefs in Economics*. Springer, Singapore. https://doi.org/10.1007/978-981-13-8185-0_7, 2019, pp. 19–23.

方面。

一、序数效用论

序数效用概念由帕累托提出后,被希克斯加以采用和发展,成为新福利经济学的理论基础。序数效用论认为效用作为一种心理现象无法计量,也不能加总求和,效用之间的比较只能通过顺序或等级来进行。序数效用论用消费者偏好的强弱来表示满足程度的高低。偏好有三个特点,即完备性、反身性和传递性。效用是主观的,是对于愿望的满足,因此效用具有不可比较性。这使得序数效用论使用无差异曲线、预算线作为分析工具。

(一)边际替代率

边际替代率的概念由希克斯提出,是指在维持效用水平不变的前提下,消费者增加一单位某种商品的消费数量时所需放弃的另一种商品的消费数量。边际替代率衡量了无差异曲线的斜率,也反映了人们的边际支付意愿。

例如有两种商品——铅笔和蛋糕,消费者基于偏好,可以有不同的组合以实现同等程度的满足。如一个单位的铅笔和六个单位的蛋糕,两个单位的铅笔和三个单位的蛋糕,三个单位的铅笔和两个单位的蛋糕,四个单位的铅笔和一个半单位的蛋糕。这个例子可转化为表2-1所示的情形。

表2-1 铅笔和蛋糕的消费组合

组合	A	B	C	D
铅笔	1	2	3	4
蛋糕	6	3	2	1.5

从组合A到组合D,每增加一个单位铅笔,需要减少的蛋糕数就越少;反之,从组合D到组合A,每减少一个单位铅笔,需要增加的蛋糕数就越多。这种规律被称为边际替代率递减。随着一种商品(铅笔)消费数量的逐步增加,消费者想要获取这种商品(铅笔)的欲望就会递减,从而消费者为了多获得一单位的这种商品(铅笔)而愿意放弃的另一种商品(蛋糕)会越来越少。

（二）无差异曲线

无差异曲线是序数效用论的一种分析工具，是用来表示消费者偏好相同的两种商品的所有组合的曲线。根据表 2-1 绘制的无差异曲线如图 2-1 所示。

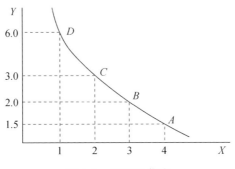

图 2-1　无差异曲线

无差异曲线具有以下特征。第一，同一坐标平面上的任何两条无差异曲线之间，有无数条无差异曲线。第二，距离原点越远的无差异曲线比离原点近的无差异曲线效用水平高。第三，同一坐标平面上的任何两条无差异曲线都不会相交。第四，无差异曲线是向右下方倾斜的，且凸向原点。

（三）预算线

由于稀缺性的普遍存在，消费者的欲望不可能都得到满足，消费者效用最大化是有条件的。消费者能够得到的商品组合，一方面取决于消费者货币收入的多少，另一方面取决于商品价格的高低。

预算线又被称为预算约束线、消费可能线或价格线，表示在消费者的收入和商品的价格给定的条件下，消费者的全部收入所能购买的商品的各种组合。假如消费者收入为 6 元，且把全部收入用来购买铅笔和蛋糕，铅笔和蛋糕的价格分别为 1 元和 2 元，则消费者可选择六个单位铅笔而不买蛋糕，或三个单位蛋糕而不买铅笔，或两个单位铅笔与两个单位蛋糕。在收入和价格的限制下，消费者购买铅笔和蛋糕的组合可连接为一条直线，如图 2-2 所示。

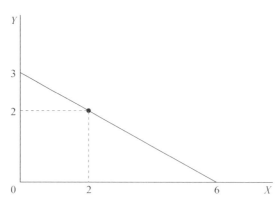

图 2-2　预算线

(四) 序数效用论和基数效用论的异同

效用是商品和服务给消费者带来的满足程度,围绕效用是否可加的争论,产生了两种相互联系而又相互区分的理论:序数效用论和基数效用论。

序数效用论和基数效用论的区别主要体现在以下几点。第一,假设不同。序数效用论认为效用只能排序,只可用序数(第一,第二,第三……)来表示;基数效用论认为效用可度量,用基数(1,2,3……)来表示,也可比较和加总。第二,分析工具不同。序数效用论通过无差异曲线和预算线反映出来,基数效用论使用边际效用即在预算约束下求效用值的最大化作为工具。第三,均衡条件的表达方式不同。序数效用论的均衡条件为:$MRS_{XY} = MU_X/MU_Y = P_X/P_Y$,即两种商品的边际替代率等于两种商品的价格之比;基数效用论则通过 $MU_i/p_i = \lambda$,即每一单位货币所购买的任何商品的边际效用相等。

序数效用论和基数效用论的联系主要体现在以下几点。第一,序数效用论和基数效用论均假设消费者是理性的,有一定收入,把消费者的行为视为在既定收入条件下追求效用最大化的过程。第二,二者都以边际效用理论为基础,认为商品的价值或价格是由商品带给消费者的边际效用大小决定的。第三,这两种理论都是从人的主观愿望或者心理想法出发,缺乏深层次的经济因素。

(五) 从序数效用得到的福利概念

根据序数效用论的假设,新福利经济学家指出,人们得到的最大满足,不是达到最大的满足总量,而是达到最高的满足水平。基数效用论认为边际效用是递减的,由于富人持有的货币量大于穷人,则前者的效用小于后者。如果把一单位货币从富人手里转移到穷人那里,社会的效用就会增加。序数效用论明显不认同这种观点,富人和穷人从不同收入得到的满足或效用是无法比较的。罗宾斯称:"相对效用递减的规律不能为那种认为从富人向穷人的转移将增加社会满足总量的观点辩解。"[1]新福利经济学家正是依据序数效用论,得到了社会福利的概念,即"社会福利取决于组成社会的各个人的福利,而不取决于其他"。[2] 新福利经济学强调"福利"是一切社会成员的福利,主张通过提高效率增进社会福利。

二、帕累托最优

帕累托最优(Pareto Optimality)是指资源分配的一种理想状态,即假定固定的一群人和可分配的资源,从一种分配状态到另一种状态的变化中,在没有使任何人境况变坏的前提下,使得至少一个人变得更好。由帕累托最优可以推论出:如果改变社会资源的配置可以使每个人的处境都变得比以前更好,或者在其他人的处境没有变坏的前提下至少使一个人的处境变得比以前更好,这时的社会资源配置就还没有达到最佳状态,就应该改变社会资源的配置。如果资源重新配置确实使某些人的效用水平在其他人的效用水平不下降的情况下有所提高,这种重新配置就称为帕累托改进。帕累托最优标准为研究社会经济的最优状态创造了条件。新福利经济学家们借助埃奇沃思盒,分别推导出消费者均衡条件、生产者均衡条件,并创立了一般均衡理论,进而引申出自由竞争和自由贸易能自动实现资源最优配置即社会福利水平最优状态的结论。帕累托最优意味着社会经济福利达到了最佳化,为此,就必须满足以下三个条件。

---

[1] 〔英〕莱昂内尔·罗宾斯:《经济科学的性质和意义》,朱泱译,北京:商务印书馆2000年版,第141页。
[2] 厉以宁、吴易风、李懿:《西方福利经济学述评》,北京:商务印书馆1984年版,第83页。

第一,交换的帕累托最优条件。这是指消费者之间商品的最优分配:对于任意两个消费者,任意两种商品之间的边际替代率必须相同,这时两个消费者的效用都达到最大化。第二,生产的帕累托最优条件。这是指生产者之间投入的最优配置:在两个生产者使用两种生产要素生产不同产品的情况下,这两个生产者的任何两种投入之间的边际技术替代率必须相同,这时,两个生产者的产量都达到了最大化。第三,交换和生产的帕累托最优条件。这是指行业间的投入配置和消费者之间的商品比重都达到最优状态,即任何两种商品之间的边际替代率必须与任何生产者在这两种商品之间的边际产品转换率相等。

在此基础上,福利经济学家将帕累托最优条件概括为:当市场上达到交换的帕累托最优、生产的帕累托最优以及同时达到交换和生产的帕累托最优时,整个经济就达到帕累托最优状态,社会福利就达到最高的满足水平。

三、补偿原则

帕累托最优的标准在现实生活中很难达到。一项经济政策的制定可能引起生产、消费、分配和交换的变化,使某些人的处境改善一些,而另外一些人的处境变坏一些。因此,西方福利经济学家们认为帕累托标准太苛刻,不具有普遍应用性,应该予以改进和修补。于是,许多人提出了福利标准问题如福利的补偿问题,对最优标准提出了许多补充。

(一) 卡尔多补偿原则

卡尔多于1939年在《经济学的福利命题与个人之间的效用比较》一文中提出了"虚拟的补偿原则",将其作为检验社会福利的标准。[1] 卡尔多认为,市场价格总是在变化的,价格的变动肯定会影响人们的福利状况,即很可能使一些人受损,另一些人受益,但只要总体上来看收益大于损失,这就表明总的社会福利增加了,简言之,卡尔多的福利标准是看变动以后的结果是否得大于失。由此看来,卡尔多补偿原则是一种假想的补偿,它使帕累托

---

[1] Nicholas Kaldor, "Welfare Propositions of Economics and Interpersonal Comparisons of Utility?", *The Economic Journal*, Vol. 49, No. 195, 1939, pp. 549–552.

最优标准变得宽泛了。

在图2-3中,横、纵坐标分别表示A、B两个人的效用,Q^1、Q^2分别代表两条不同的效用可能性曲线。效用可能性曲线表示当一人效用水平确定时,另一人可得到的最大效用水平。假设Q^1的q^1点为初始状态,经过某种变化达到Q^2的q^2点上,由于受益者A可以通过补偿受损者B,使q^2沿着新的效用曲线达到q^1右上方的r^2点,这意味着受益者可能通过补偿受损者,使其达到更高的满足程度,说明这种变化是一种有效率的改进。

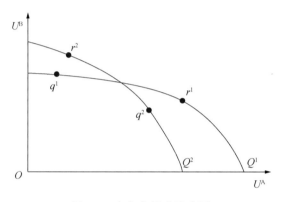

图2-3　卡尔多标准示意图

(二)希克斯补偿原则

希克斯在《消费者剩余的复兴》一文中提出了相似的补偿标准,如果受损者不能贿赂或补偿受益者反对改革,那么,这种改革则是一种有效率的改进,即希克斯补偿标准。希克斯补偿标准和卡尔多补偿标准是一个问题的两个方面,卡尔多标准是通过一种改革发生后受损者是否能获得补偿进行判断,而希克斯补偿标准是假定改革进行后预测受损者"贿赂"受益者是否阻止了改革、是否会退回到改革前的状态进行判断,二者只是分别针对改革变化进行的正过程和反过程来进行判断,具有很强的相似性。因此,二者常被统称为"卡尔多-希克斯"补偿标准。

在图2-4中,横、纵坐标分别表示A、B两个人的效用,Q^1、Q^2分别代表两条不同的效用可能性曲线。初始状态为Q^1的q^1点,经过某种变化,从状态q^1转移到曲线Q^2的q^2点。由于不存在任何的补偿可以使q^1沿着原来的

效用曲线达到 q^2 的右上方,那么就意味着受损害者 A 不可能在变革不发生的时候放弃既得利益,以贿赂受益者 B 使其达到更高的满足程度而放弃改革,所以,这种变化仍然是有效率的。

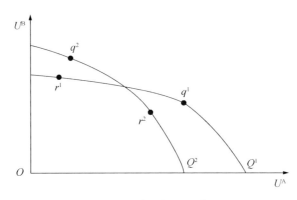

图 2-4 希克斯标准示意图

(三) 西托夫斯基补偿原则

基于卡尔多补偿原则和希克斯补偿原则的缺陷,西托夫斯基认为同时通过了卡尔多补偿标准和希克斯补偿标准的检验,才算是一种效率改进,进而得出社会福利是否改善的结论。[①] 因此,西托夫斯基标准也被称为双重检验标准。然而,西托夫斯基标准、卡尔多标准、希克斯标准这三种补偿标准均会产生逻辑矛盾,其主要原因是缺乏关于收入分配的价值判断标准,即忽略了改进后受益者与受损者之间的收入分配关系是否合理。

在图 2-5 中,横、纵坐标依旧表示 A、B 两人的效用,Q^1、Q^2、Q^3、Q^4 代表 4 条不同的效用可能性曲线。从 Q^1 的 q^1 点变化到 Q^2 的 q^2 点是有效率的,但从 Q^2 的 q^2 点变化到 Q^1 的 q^1 点就不是一个改进。因为从 q^2 点经过改革至少可以在 q^1 点的右上方找到一点(如 r^2 点)情况好于 q^1 点,从 q^1 点经过再分配无法在 q^2 点的右上方找到一点情况好于 q^2 点。此外,对从状态 Q^1 变化至状态 Q^2,从状态 Q^2 到状态 Q^3,从状态 Q^3 到状态 Q^4,从 Q^4 状态到状态 Q^1,连续使用西托夫斯基标准进行判断,结果都是一种改进,而连续改进的

[①] Tibor Scitovsky, "A Note on Welfare Propositions in Economics", *The Review of Economic Studies*, Vol.9, No.1, 1941, pp.77–88.

结果却是回到了起点。因此，重复应用西托夫斯基标准导致矛盾。

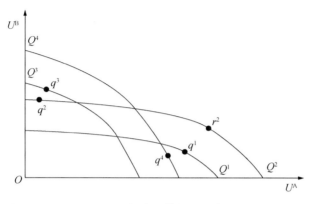

图2-5　西托夫斯基标准示意图

（四）李特尔补偿原则

李特尔指出，卡尔多标准、希克斯标准和西托夫斯基标准只是一种潜在的改进，只关注效率问题，有意回避收入分配问题。因此，李特尔提出三重检验标准，兼顾效率与分配问题。只有这样，才能使增加福利的标准成为充足的标准。

李特尔标准是：第一，卡尔多—希克斯标准满足了吗？第二，西托夫斯基标准满足了吗？第三，任何再分配都是适当的或都是糟糕的吗？李特尔认为，上述第一条和第二条是判断福利是否增加的必要条件，第三条是充分条件。李特尔的三重标准被不少经济学家赞为具有"稳定的富于常识的素质"。

李特尔反对将效率与公平单独考虑的观点，认为同时考虑效率问题和分配问题，可以克服以上三种补偿标准易陷入改进循环的弊端。如图2-6所示，考虑状态 S^1 到状态 S^2 的变化，假如有另外一种状态 T^1，T^1 好于 S^1，且从 T^1 到 S^2 是一种帕累托改进，则 S^2 优于 S^1，即 S^1 变化到 S^2 是一种有效率的改进。综合来看，李特尔标准比以上三种补偿标准要完善一些，但它并未解决效率和分配之间的关系问题。

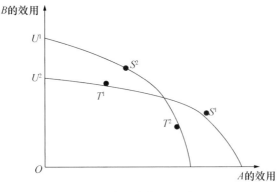

图 2-6　李特尔标准示意图

（五）黄有光的分组补偿原则

黄有光在《社会福祉与经济政策》一书中提出了分组补偿检验原则。该检验把人群进行分组，分别进行补偿检验。分组标准视情况而定，例如，通常可以按照收入的多少把人群划分为高、中、低三大收入群体（组）。如果在同一组内，人们的福利水平都下降了，表明分组补偿检验和卡尔多-希克斯-西托夫斯基检验一致。如果某一组仅由一人组成，则表明分组补偿检验标准与帕累托标准一致。黄有光将收入分配问题融入补偿标准中，是一个重要的尝试，但分组补偿检验仍然没有取得突破性进展。

四、社会福利函数

亚伯拉姆·伯格森在《福利经济学某些方面的重新论述》一文中提出社会福利函数研究的方向。[1] 他认为卡尔多、希克斯、西托夫斯基等人的补偿理论把实证与规范问题、效率与公平问题之间的联系割裂开来的企图已彻底失败。继伯格森之后，保罗·萨缪尔森进一步论述了社会福利函数理论。社会福利函数理论融入了价值判断，试图弥补帕累托标准的不足，逐渐成为福利经济学理论的重要组成部分。

---

[1] Abram Burk, "A Reformulation of Certain Aspects of Welfare Economics", *The Quarterly Journal of Economics*, Vol. 52, No. 2, 1938, pp. 310–334.

社会福利函数理论最突出的贡献在于将消费、分配、劳动、资本、制度等诸多影响因素抽象为各种变量纳入一般函数中,建立了较为合理的社会福利模型。在社会福利函数存在的条件下,可以通过效用可能性曲线与无差异曲线的切点确定社会的最优状态,即达到社会福利最大化的状态。经济效率是社会福利最大化的必要条件,合理分配是社会福利最大化的充分条件。如果赋予这一函数特定的性质,例如福利主义等,最终的社会排序就可以得到。社会福利函数是社会所有个人福利的加总,国家的福利建立在每个公民的满意程度之上。社会福利函数的具体表达方式如下。

(一)功利主义的社会福利函数

如果一个社会强调效用总和而非社会成员间的分配,那么,其社会福利函数可通过公式(2.1)来表示:

$$W(x) = \sum_{i=1}^{H} u_i(x) \quad (2.1)$$

其中,x代表商品的消费数量,$u_i(x)$代表各个社会成员的效用水平,$W(x)$代表社会福利水平,是社会所有个人的效用水平的函数。有时公式(2.1)被称为边沁福利函数或古典效用主义函数,这一公式比较一般的形式是加权的效用和福利函数,如公式(2.2)所示:

$$W = \sum_{i=1}^{H} a_i u_i \quad (2.2)$$

其中,权数$a_1,\cdots,a_n$表示每个经济行为人的效用在社会福利中的重要程度。

(二)贝尔努利-纳什社会福利函数

如果一个社会强调社会成员间的分配和平等问题,那么,其社会福利函数可通过公式(2.3)来表示:

$$W = \prod_{i=1}^{H} u_i \quad (2.3)$$

广义贝尔努利-纳什社会福利函数如公式(2.4)所示:

$$W = \prod_{i=1}^{H} (u_i)^{a_i} \quad (2.4)$$

乘法型的社会福利函数更加注重收入分配的公平。当社会成员的效用总量给定时，分配越是公平，社会福利越大；反之，分配不均，则社会福利越小。

(三) 罗尔斯社会福利函数

如果一个社会更加关注社会上状况最差的那部分人的生活状况，那么，相应的社会福利函数可通过公式(2.5)来表示：

$$W = min(u_i) \quad i = 1,2,\ldots,n \tag{2.5}$$

公式(2.5)说明社会福利唯一地由境况最差的个人效用来决定。

(四) 伯格森-萨缪尔森社会福利函数

伯格森-萨缪尔森社会福利函数(B-S 社会福利函数)是所有社会福利函数中最一般的形式，可通过公式(2.6)来表示：

$$W_x = f(U_1(x), U_2(x), \ldots, U_n(x)) \tag{2.6}$$

这里 U_i 为第 i 个人的效用函数。这一函数可以写成具体的社会福利函数，包括上述所有社会福利函数形式，如加法边沁函数形式、连乘贝尔努利函数形式。

五、阿罗不可能性定理

(一) 阿罗不可能性定理

伯格森、萨缪尔森等人提出的社会福利函数是基于社会所有成员的个人偏好次序已知的情况下，通过一定程序把不同的个人偏好次序归纳成为单一的社会偏好次序。肯尼斯·约瑟夫·阿罗对社会福利函数继续进行研究，在1951年出版的《社会选择与个人价值》一书中提出，个人偏好是复杂多样的，在自由民主的条件下通过投票的方式不可能把所有个人的偏好集中起来，形成合乎理性的社会偏好，即不可能存在适用于所有个人偏好类型的社会福利函数。这就是著名的"阿罗不可能性定理"。

例如，假设三个人分别是 A、B、C，面临三个选择 X、Y、Z。其中，A 表现出来的偏好是 X 优于 Y，Y 优于 Z；B 的偏好是 Y 优于 Z，Z 优于 X；C 的偏好是 Z 优于 X，X 优于 Y。按照多数人投票规则，社会对于 X 和 Y 的排序为 X 优于 Y，对于与 Y 和 Z 的排序为 Y 优于 Z，此时，按照偏好的传递性公理，社会对于 Z 和 X 的偏好关系应该为 X 优于 Z。但按照多数人投票规则，社会应该偏好 Z 胜于 X。此时，社会偏好关系出现了矛盾。

（二）阿罗不可能性定理的条件

阿罗不可能性定理的条件包括两个方面，一方面是关于个人和社会排序的条件，另一方面是关于制度的合理化条件。

1. 个人和社会排序的条件

社会至少包含两个社会成员，社会排序是在所有成员个人偏好次序的基础上对不同选择进行排序。个人和社会排序需要满足的公理为：

（1）完备性：对于任何两个可比较的选择 X 和 Y，要么 X 优于 Y，要么 Y 优于 X，要么 X 和 Y 是无差异的。这表明社会成员能够做出选择。

（2）传递性：对于任何三个可比较的选择 X、Y、Z，假如社会成员认为 X 至少与 Y 一样好，Y 至少与 Z 一样好，那么，社会成员就会认为 X 至少与 Z 一样好。

2. 制度的合理化条件

假定有一个程序可以从个人顺序中推导出社会顺序，必须满足如下条件：

（1）个人自由选择：个人偏好为社会选择的基础，在所有可以考虑的选择方案当中，各社会成员至少对其中的三种选择方案可作逻辑上许可的顺序安排。

（2）社会价值与个人价值呈正向联系：社会排序随着个人价值判断的变化而同方向变化，或者至少不是反方向变化。如果某一选择方案在所有人的选择顺序中地位上升或者保持不变，那么在其他条件不变的情况下，这一方案在社会选择的地位也会上升或者至少不下降。

（3）无关选择的独立性：在某一特定条件下，社会所做出的选择只取决于该条件下个人对备选方案的排序。假设社会中有两种类型的个人偏好选择，且在这两种选择中，个人对 X 和 Y 的偏好是一致的，则在这两种选择下，社会对 X 和 Y 的偏好也完全一致。

(4) 公民的自主性：社会排序不应该是强加的。如果有两个不同的选择 X 和 Y，无论所有人的偏好如何变化，即使所有人都认为 Y 优于 X，社会也不会显示为 Y 优于 X，社会排序仍然是 X 优于 Y，这种社会排序就是强加的。该条件要求必须根据个人排序得出社会排序。

(5) 非独裁性：独裁意味着社会选择以某一权威人物的意志为意志而无视其他人的选择，即如果对于一组选择 X 和 Y，独裁者的偏好就是社会的偏好，只要独裁者认为 X 优于 Y，那么整个社会也会认为 X 优于 Y。社会福利函数不是独裁性的。

阿罗不可能性定理提出之后，整个西方福利经济学界受到了很大的震动。它使福利经济学家认识到新福利经济学存在严重缺陷。帕累托标准本身忽视社会成员之间的效用冲突或者利益冲突，如果出现效用冲突，则无法进行社会排序。

六、新旧福利经济学的对比分析

(一) 旧福利经济学的基本价值观

1. 强调对弱势群体的关怀

庇古认为，市场机制的自由运转并不一定会导致传统理论探讨所设想的那种社会福利最大化的"完美"结果，因为收入分配中自由竞争模式的假设与实际情况之间总是有较大的差异。他主张以人际可比较的基数效用假设和边际效用递减规律为基础，通过阐述一种理性的经济政策(收入均等化)使得社会福利最大化。庇古认为，货币收入的边际效用是递减的。社会总收入不变，但社会经济福利却由于穷人收入的提高而得到改善。

2. 强调分配均等

庇古认为影响经济福利的因素有两个：一是国民收入的总量，二是个人收入分配状况。他认为，社会经济福利等于一个国家的国民收入。以此为基础，他提出两个命题：国民收入总量愈大，社会经济福利就愈大；国民收入分配愈是均等化，社会经济福利就愈大。因此，要增加经济福利，在生产方面必须增大国民收入总量，在分配方面必须消除国民收入分配的不均等。

那么,在现代文明社会,如何使收入均等化呢?庇古的观点是:政府向富人征收累进所得税、遗产税,实行强制的转移支付,并将其用于改善社会福利,如失业养老、医疗补助等。他也强调福利措施不应当损害有钱人投资的积极性,否则社会投资就会减少。要改进社会福利,必须先做大蛋糕,增加国民收入。而增加国民收入的关键,就是要人尽其才,物尽其用,使资源得到最优配置。

3. 强调国家干预

尽管庇古强调通过市场来进行资源的优化配置,但是他也强调国家在这一过程中不能袖手旁观。在社会经济活动中,一些部门的边际私人纯产值大于边际社会纯产值,另一些部门的边际私人纯产值则小于边际社会纯产值,因此政府应当通过对前一类部门征税进行限制,并给后一类部门以津贴等来采取干预措施,以平衡私人利益和社会利益,促进其发展,增加福利。

(二)新福利经济学的基本价值观

1. 强调个人福利

在新福利经济学家看来,个人是自己福利的最佳判断者,个人福利的总和构成全部社会福利。"福利"是指社会上一切成员的福利,并且每个人的福利函数是互不依赖的,边际效用是不能衡量的,个人之间的效用也是无法比较的。他们主张不能用基数词表示效用数值的大小,只能用序数词表示效用水平的高低。帕累托改进被他们看作是增进社会福利,这一价值观与旧福利经济学的价值观是有较大差别的。

2. 强调经济效率

新福利经济学家认为福利经济学应当研究效率,而不应当像旧福利经济学那样只研究收入水平。他们认为,效率可以促进社会福利的最大化,因此,只有经济效率问题才是最大的福利问题。

3. 强调个人自由

新福利经济学是自由市场经济学的体现,它认为社会福利若想实现最大化,就应当确保个人的自由,一是个人选择的自由,二是社会收入分配机制能够确保个人收入的公平公正。因此,新福利经济学不主张政府干预,相反,政府的职责是确保每个人在市场中的自由,只有保障相当的自由程度,社会的资源才可以实现最优化配置,从而促进经济效率的最优化。个体在市场中对于福利效用的感受是无法精确衡量的,因此个人根据自己的感受自由地选择。

4. 回避分配

新福利经济学认为福利边际效用无法衡量,因此回避了如何具体分配的问题。当然,新福利经济学也尝试从经济效率里面勾勒出如何分配的构思,但这种构思因为缺乏必要的数据支撑而变得虚幻。新福利经济学同样弱化价值判断,但作为研究社会福利的学科,要想完全避免分配是不可能的。帕累托最优的条件存在多个,而要试图在多个条件之间精确地找到最优平衡,似乎目前还没有找到方法。

(三) 福利经济学的基本定理

新旧福利经济学都建立在自由竞争学说、边际效用价值学说和消费者自由选择学说的基础之上,试图回答如何进行资源配置和收入分配以提高效率和实现公平的问题,这在福利经济学的第一定理和第二定理中得到了体现。阿罗不可能性定理回答了是否可以通过民主投票的方式提升社会福利的问题,这形成了福利经济学第三定理。

1. 前提条件

第一,完全竞争市场。这主要包括:市场上有众多买者和卖者,所有人都是价格接受者;产品同质,产品之间可以相互替代;进入或退出市场是自由的;信息充分,买卖双方信息是完全对称的。第二,规模报酬不变或递减。规模报酬即在技术水平和生产要素价格不变的条件下,当所有投入要素按同一比例变动时产量变动的状况。第三,不存在外部效应、公共物品等市场失灵的情况。第四,交易成本可以忽略不计。第五,经济当事人完全理性。社会中的个人和企业都是以个人利益为中心。

2. 福利经济学第一定理

完全竞争的市场机制可以实现帕累托最优。福利经济学第一定理表明完全竞争市场可以促进资源合理配置以提升效率,即任何竞争均衡都处于帕累托最优状态。

3. 福利经济学第二定理

帕累托最优状态可通过完全竞争市场机制来实现。福利经济学第二定理表明市场经济的优越性,即市场经济可实现任何一种帕累托最优配置。同时强调政府不应对市场经济进行干预,政府干预会造成资源配置出现效率损失。

福利经济学第一和第二定理表明市场是有效率的,能够合理地利用与配置资源;政府应通过税收和转移支付等政策措施,对国民收入实行再分配,从而达到增进社会福利的目的。

4. 福利经济学第三定理

阿罗不可能性定理称为福利经济学第三定理。阿罗认为不可能构建出可确定最优社会分配方式的社会福利函数。个人利益与社会整体利益必然存在矛盾,不可能存在既满足所有个人利益同时也满足社会整体利益的可能性。阿罗经过严格证明发现:试图找出一套规则,从一定的社会状态的个人选择中推导出符合某些理性的社会选择顺序,是不可能实现的。在福利经济学范围内,还没有一个相对完美的方式来解决收入分配问题。

第三节　后福利经济学的主要理论

20世纪70年代,福利经济学在厘清阿罗不可能性定理的深层机理后,逐渐走出低谷,呈现出多元化发展的态势,代表人物主要有阿玛蒂亚·森、黄有光等。黄有光强调快乐感知,阿玛蒂亚·森强调自由。后福利经济学的发展主要在已有的研究基础上向深度和广度发展,注重主观价值的判断,后福利经济学研究表明完全的自由化、完全的效率化或完全的公平化并非人类追求的终极目标,幸福源自三者兼容性的实现;只有通过对个人效用和社会福利函数的系统了解,才能更好地兼顾效率、公平和自由。

在这一时期,部分学者向效用主义和基数效用理论回归,阿玛蒂亚·森等人揭示了阿罗不可能性定理形成的原因,说明了需要重新认识和评价新福利经济学取代旧福利经济学的功过。在缺乏其他信息的情况下,只使用序数效用提供的信息进行社会排序是不可能的,因为序数效用无法提供相对充分的人际比较方面的信息;而使用基数效用却可获得人际比较方面的充分信息,从而可以得出一定的社会排序。也有部分学者开始寻求福利经济学与其他学科的融合,如政府经济学、公共经济学、行为经济学、神经元经济学等,也有学者将研究方向转向非福利主义。

一、次优理论与第三优理论

福利经济学认为,垄断、外部性、公共产品和信息不对称等因素导致了"市场失灵"现象,市场的资源配置不可能达到帕累托最优。在现实经济中,整个社会的生产和流通都处于有缺陷的市场机制的控制之下,最优化只能趋近而不可能实现,生产与交换的最优条件及其结合成为一种偶发事件。

(一) 次优理论

李普西和兰卡斯特1956年在《次优的一般理论》一文中提出次优理论。[①] 垄断、外部效应、公共物品与信息不对称等导致市场失灵,无法使社会资源实现最优配置,即无法实现帕累托最优状态,此时所实现的最优结果通常被称为"次优",这一结论也相应地被称为"次优理论"。

李普西和兰卡斯特对次优理论进行了系统概括:(1) 当帕累托最优状态的实现条件出现约束性条件时,则最优状态被打破;(2) 若帕累托最优状态的某一实现条件无法满足,此时所能实现的最好结果就是次优状态;(3) 无法事先评价既有条件满足程度不同的经济系统;(4) 符合较多最优条件的经济系统不一定优于拥有较少最优条件的经济系统。

---

① R. G. Lipsey and Kelvin Lancaster, "The General Theory of Second Best", *The Review of Economic Studies*, Vol. 24, No. 1, 1956, pp. 11–32; Otto A. Davis and Andrew B. Whinston, "Welfare Economics and the Theory of Second Best", *The Review of Economic Studies*, Vol. 32, No. 1, 1965, pp. 1–14; Richard Dusansky and John Walsh, "Separability, Welfare Economics and the Theory of Second Best", *The Review of Economic Studies*, Vol. 43, No. 1, 1976, pp. 49–51.

次优状态比最优条件复杂得多,不易实现。它不仅取决于边际成本和边际替换率的比率,还取决于受约束部门与非受约束部门之间的产品的替代程度及一种产品生产成本增长时其他产品边际成本的影响。因此,当经济中出现市场失灵时,政府应采取合适的经济政策解决市场失灵带来的负效应,从而提高效率和福利水平。

(二) 第三优理论

考虑到最优和次优理论的局限性,黄有光提出了第三优理论。第三优理论将可利用信息量和行政费用纳入分析,且依据不同情况采取不同的原则,实行第三优政策。因此,第三优理论预期结果更为确定,是在第三优世界可以且应该采取的行动准则。第三优理论主要包括以下四个命题。

第一个命题是在最优世界里要采用最优法则。最优世界是指在完全竞争的市场机制下,且不存在垄断、外部性等市场失灵问题,此时,市场主体行为仅受资源约束和技术约束。在最优世界里,如果偏离最优法则,偏离程度越大,则社会福利损失越大。

第二个命题是次优世界要采用次优法则。次优世界是指市场主体除了面临资源和技术约束,还要克服垄断、外部性等问题。然而,与第三优世界相比,次优世界的信息获取成本可以忽略不计,或者说在次优世界信息是近似完全的。

第三个命题是当信息贫乏时,第三优世界采用最优法则,信息贫乏是指可利用的信息有限,难以进行有效决策,此时,很难计算出最优法则相对于次优法则的偏离方向和程度。

第四个命题是当信息不足时,第三优世界采用第三优法则。信息不足是相对于信息贫乏来说的,尽管信息不足,但是利用当前信息可以做出必要的判断。

次优理论和第三优理论表明,在现实生活中,所有部门均达到帕累托最优状态几乎是不可能的。而次优状态的实现条件更加复杂,忽略了行政支出和信息成本的重要性,不具有可行性。相比之下,第三优理论不仅综合考虑了更多的现实因素,如行政费用和可使用的信息量,而且允许最优条件出现扭曲,因此,第三优理论在资源配置过程中的指导性更强。次优和第三优理论作为帕累托最优在复杂的现实经济系统中的分析工具,具有一定的实证规范意义。

二、相对福利理论

相对福利经济学派是20世纪60年代从新福利经济学派中分化出来的一个分支。相对福利理论认为"福利"应与"快乐"或"幸福"相提并论,强调快乐与幸福才是经济、社会发展的最终目标。主要代表人物是理查德·伊斯特林(Richard A. Easterlin,1926—　)、杜森贝利(J. S. Duesenberry,1918—2009)、黄有光等。他们的主要观点如下。

(一)将福利定义为快乐

20世纪40年代,福利经济学家们开始对福利进行概念界定,认为福利等同于快乐。米香(Edward J. Mishan,又名 Ezra J. Mishan,1917—2014)于1968年在《社会科学百科全书》一书中把"福利"定义为快乐的同义词。艾考斯于1972年在《基础经济学》一书中提出,福利与快乐是一回事,经济的任务是致力于"福利",即致力于"人类的快乐"。① 快乐是一种愉悦的主观感受,因人而异。"最大多数人的最大化快乐"是霍布森的福利经济学理论的核心思想。人类所有行为的本质是追求快乐、避免痛苦。

(二)收入水平增加,福利水平不一定增加

伊斯特林于1974年在《经济增长是否改善了人类的命运?一些实证证据》一文中提出了"伊斯特林悖论",即收入增加并不一定导致快乐增加。② 在收入达到某一点以前,快乐随收入增加而增加,但超过那一点后,这种关

---

① 罗志如、范家骧、厉以宁等:《当代西方经济学说》(上册),北京:北京大学出版社1989年版,第397页。
② Gabriel Leite Mota, "Does Happiness Improve Welfare Economics a Lot?", In: Mariano Rojas. (eds) *The Economics of Happiness*, Springer, Cham. https://doi.org/10.1007/978-3-030-15835-4_6, 2019, pp. 129–156; Richard A. Easterlin. "Does economic growth improve the human lot? Some empirical evidence", In Paul A. David & Melvin W. Reder (eds.), *Nations and Households in Economic Growth: Essays in Honour of Moses Abramovitz*, New York: Academic Press, 1974, pp. 89–125.

系却并不明显。由相对福利理论可得到的政策含义如下:一是普遍提高国民收入的政策措施并不能普遍增加国民福利,二是缩小国民之间收入差距的政策措施也不能增加国民的福利,因为除非全体国民的生活水平完全一样,否则总有人感到不满足。

(三) 随着个人收入增长,个人的欲望也会随之增大

杜森贝利指出个体的收入和消费行为存在攀比效应。一个人随着收入的增长,并不一定会感到比过去快乐,他可能感到快乐,也可能感到更不快乐,关键在于相对于别人的收入是否有所增长。如果大家的收入水平都提高,甚至幅度高于自己,那么个人并不觉得自己的幸福感增加了。任何已被满足的欲望都创造着新的、未被满足的欲望,后者将带来新的烦恼,所以个人收入增长未必会带来快乐。由此得到的政策含义是欲望无止境,福利没有满足,不必为未来的福利政策目标和规划去操心,更不必为下一代设计社会的蓝图,因为下一代人有他们自己的评价标准。

(四) 非物质因素对福利水平有重要影响

收入确实是带来快乐的重要因素,但不是唯一因素。除了收入和消费等物质因素外,非物质因素会影响人们的快乐与幸福水平。20世纪90年代以来,黄有光重新围绕"快乐与幸福"这一传统命题进行福利经济学研究。黄有光认为"偏好"等相对客观的概念受到经济学者的偏好,但"快乐"才是更重要的,因为快乐才是人们的终极目的。黄有光以快乐感的获得为中心,从经济增长、贫富、婚姻、信仰、知识程度、环境、就业等多个视角探讨了影响人们快乐的因素。黄有光有关快乐经济学的研究,极大地拓展了社会福利研究的领域,使更多学者认识到主观价值判断对经济学研究的重要性。

这种理论对倡导自由竞争的传统经济理论形成了强有力的挑战。如果一个人的效用水平不仅由他的绝对消费量决定,更由与他人比较的相对消费量决定,任何一个人的消费都造成外部效果,传统经济学中人们追求绝对消费量之上的帕累托最优可能就不再是资源的最优配置。因为当需求超出生理需求上升至心理需求时,个人追求自身利益的自由往往会给他人造成损害,一个人的获益会导致另一个人的损失。

三、公平与效率交替理论

庞古、补偿论者、社会福利函数论者主张既要效率又要公平,阿罗指出这是一种空想,公平和效率二者不可兼得。阿瑟·奥肯(Arthur M. Okun, 1928—1980)根据税收的转移支付问题提出了著名的"漏桶"原理,即富人交纳了一美元的税款,实际上转移支付到穷人手中的钱数要远少于这些。据此,奥肯提出了公平与效率交替理论,认为公平与效率都有价值,且其中的一方对另一方没有绝对的优先权,当公平与效率发生冲突时,就应该达成妥协。[1] 奥肯认为,在某些特殊情况下,需要对市场竞争机制加以限制,但要适度;收入均等化措施需要保留一些,但不能过度。

如果一味强调经济规则的公平,片面追求效率,恰恰会导致竞争结果的不公平,甚至导致政治上实际权利的不平等;而一味追求分配结果的公平,势必损害人们追求效率的积极性,造成社会整体福利损失。因此,在经济"公平"与"效率"之间,有一种互为代价的"替换关系",难以两全。为了追求公平,就得牺牲效率;为了强调效率,就需要保持收入的差距。这一矛盾在福利经济学中被称为"公平与效率的交替"。

效率与公平之间既有矛盾性,又有一致性,二者之间是一种辩证统一的关系。

效率与公平的矛盾性主要表现为效率与收入分配公平的矛盾。机会公平是效率的内在要求,只有在机会公平的竞争条件下,才能促进效率的提高。但是,效率的提高必定会使收入差距扩大。一旦收入差距超出合理的限度,就会产生贫富分化,导致不公平。而收入差距不大,收入分配绝对公平,又不利于调动人们生产经营的积极性,不利于效率的提高。

四、宏观福利理论

福利经济学不仅涉及收入再分配、资源有效配置等微观经济学问题,也包含就业、社会需求等宏观福利经济问题。由于增长和发展存在差异性,如

---

[1] 〔美〕阿瑟·奥肯:《平等与效率:重大的抉择》,王奔洲等译,北京:华夏出版社1999年版,第90页

何评价国家总体福利改善、国家发展等成为福利经济学研究的突出问题。宏观福利理论的核心思想就是通过政府干预来调节价格和生产,以使社会资源合理配置。宏观福利理论的主要观点如下。

(一)强调政府干预

阿巴·勒讷(Abba Ptachya Lerner,1903—1982)在《统制经济学:福利经济学原理》一书中将经济调节过程分解成八个步骤,表现为:未充分就业,工资下降→其他生产要素价格也下降→生产要素价格同比例下降使产品价格下降→货币需求量下降→放款生息的货币增多→利息率下降→投资增加→失业减少,直至充分就业。这反映了市场机制的自动调节作用,但在社会经济运行的过程中,每一步都有可能发生障碍,使市场经济无法正常发挥作用,因此,勒讷从投资、消费、利息、就业之间的关系出发考察宏观福利经济问题。[①] 市场经济不仅无法自动导向充分就业,也不可能停止通货膨胀,因此,政府应积极承担起维持充分就业和防止通货膨胀的责任,保障社会利益。在经济调节过程中,政府应当使政府支出和私人支出的边际社会利益相等,不同赋税的边际社会成本相等。当总支出不足时,要增加支出,减少赋税,直到在充分就业条件下各种边际社会成本减少至彼此相等为止;当通货膨胀发生时,要减少支出,增加赋税,直到各种边际社会利益和各种边际社会成本又在一个更高的水平上彼此相等为止。这就是勒讷提出的政府调节(包括政府支出和税收)的福利经济原则。

(二)通货膨胀与失业的最优交替关系

通货膨胀与失业的最优交替涉及收益和成本的比较。收益即通货膨胀率或失业率降低带来的好处,成本即提高通货膨胀率或失业率造成的损失。最优交替是使收益增加大于成本增加的一种状态。政策制定者应当使通货膨胀和失业率二者都保持在合适水平上。

---

① 〔美〕A. P. 勒讷:《统制经济学:福利经济学原理》,陈彪如译,北京:商务印书馆2016年版,第281—284页。

托宾认为失业的成本要大于通货膨胀的成本①,未预期到的通货膨胀,和通货紧缩一样,都会带来不确定性的增加、不合意的财富再分配,造成经济的低效率和资源的不当配置。

(三) 通货膨胀对福利变动的影响

从福利经济学的角度来看,失业与通货膨胀对福利的影响是不一样的。卡尔·夏皮罗(Carl Shapiro,1955—)指出失业的后果主要是由一部分人承担,进而导致这部分人与其他人的收入差距呈扩大态势;通货膨胀影响的是绝大多数社会成员,对收入差距变动的影响甚微。在温和通货膨胀下,社会难以与失业共处,却可与通货膨胀共处;在超级通货膨胀下,经济停滞、失业增加,通货膨胀的损失将不可估量。

夏皮罗主要从以下三个方面来考察通货膨胀对福利变动的影响②。第一,通货膨胀对收入分配的效应。通货膨胀不利于靠固定货币收入维持生活的人,如签订长期合同以获取利息和收入的人、退休者和老人,而凭借变动收入维持生活的人,则从中受益,如通过利润获取收入的雇主。第二,通货膨胀对财富分配的效应。居民的净财产值是其资产值和债务值之间的差额,所以它受到通货膨胀的不利影响还是有利影响,主要取决于居民的资产结构和债务结构以及二者总额的比较。第三,通货膨胀对就业的效应。通货膨胀对就业和产量产生有利效应还是有害效应,取决于通货膨胀的程度及经济的变动情况。

(四) 通货膨胀对经济增长的影响

在福利经济学研究中,经济增长往往被视为国民福利的替代变量。关于通货膨胀对经济增长的影响,学者们意见不一。一些经济学家指出温和的通货膨胀有利于经济增长,当物价上升速度快于工资增长速度时,利润将增大,而利润的增大又会促进经济增长。另一些经济学家则指出温和的通

---

① 〔美〕托宾:《通货膨胀与失业》,载商务印书馆编辑部编:《现代国外经济学论文选(第一辑)》,北京:商务印书馆1979年版,第286—287页。
② 厉以宁、吴易风、李懿:《西方福利经济学述评》,北京:商务印书馆1984年版,第291—296页。

货膨胀对于经济增长的影响甚微,工会的存在使得工资的调整速度加快,则工资增长的速度与物价上升速度相差不大,利润也不会明显增加;若出现超级通货膨胀,正常的经济秩序将会被打乱,甚至出现经济停滞。当进一步深入分析通货膨胀对经济增长的影响时,如通过分析通货膨胀对储蓄的效应来探究其对经济增长的影响,仍存在两种对立的观点。因此,通货膨胀对经济增长的影响很难确定。

综合分析,通货膨胀不仅使收入分配本身发生变动,也会使财富发生再分配。在开放经济中,通货膨胀会导致国家失去竞争力,进而产生国际收支不平衡问题。通货膨胀条件下,既无效率又失去公平。因此,降低通货膨胀应该是政府经济政策的目标之一,这样可以减少与之相关的社会矛盾,降低可能会以恶性通货膨胀形式出现的价格上涨的风险。

(五) 政治周期理论

经济学家强调在研究宏观福利时要充分考虑政治周期的特点。所谓政治周期,即一个国家的经济波动与政策变动随大选变化而变化。临近大选时,增加开支,促进就业,力求收入均衡化,制造虚假繁荣。选举结束时,缩减开支,抑制通货膨胀,强调经济效率。

五、新奥地利学派的福利观

新奥地利学派支持"自由主义的市场经济",主张减少政府干预,捍卫个人自由。哈耶克认为,功利主义哲学无法清晰地向他人传播知识,对标准福利经济学的打击是毁灭性的,将福利经济学引入了歧途。[1] 哈耶克对新、旧福利经济学均持反对态度,认为二者在理论和实践上都存在严重弊端。主要原因是:第一,知识具有异质性,利用个人的私人知识是不大现实的;第二,无法获取资源配置效率的社会排序信息,更不可能将其加总为社会福利函数。在哈耶克看来,"贸易肯定是作为一种个人关系发展起来的"。[2]

哈耶克认为新、旧福利经济学都存在着核心错误。旧福利经济学的主

---

[1] 马旭东、史岩:《福利经济学:缘起、发展与解构》,载《经济问题》2018 年第 2 期,第 12 页。
[2] 〔英〕F.A.哈耶克:《致命的自负》,冯克利、胡晋华译,北京:中国社会科学出版社 2000 年版,第 44 页。

要缺点如下。第一,效用是一个相对主观的心理概念,其实际大小无法精准衡量。第二,即使对同一种商品而言,其效用会因时因地因人而发生变化。即不同人之间或同一个人在不同时间的效用难以进行比较。第三,边际效用递减规律缺乏有效的理论证明。第四,庇古的关注点在效用分配上,忽略了物质分配的直接影响。

新福利经济学的主要错误如下。第一,边际替代率递减规律同样缺乏有效的理论证明。第二,关注点在效率提升上,忽视了收入分配问题。第三,社会是由个体组成的有机整体,但并非具备行为能力的"行为人"。第四,提出"社会福利"的概念,社会福利意味着可以将个人福利合成为社会福利,但这种理论容易成为争论的焦点。

哈耶克维护自由竞争的市场机制,坚持协调是唯一的福利标准。哈耶克认为市场可以有效协调人们在"分散的知识、最优的无知和真正的错误"之间进行选择,从而尽可能避免在分散的知识和最优的无知条件下犯错误。在这种情况下,政府应该提供一个稳定的市场环境,制定有效的法律法规,加强信息方面的调控,增加市场的透明度;同时减少对市场的多方面调控,保持市场"自然的"秩序。哈耶克指出"社会福利"的两个标准为"事态的协调状态标准"和"检查并纠正存在失调的协调标准",协调不仅包括已经或正在实施的契约活动,也包括原本互相抵触但在纠正后趋于协调的活动。[①]

六、阿玛蒂亚·森的自由发展观

阿玛蒂亚·森是后福利经济学的重要代表人物。阿玛蒂亚·森不仅继承了亚当·斯密和约翰·穆勒的古典经济学理论,也实现了对主流经济学的突破。森基于可行能力的视角对自由进行了解读,认为自由是一种权利。森的自由发展观阐明了发展是涉及政治、经济、价值观念的综合过程,而人的实质自由是发展的最终目的和最终手段,这意味着要提高人们按自己意愿生活的能力。森的自由发展观是一种可持续发展观。

---

① 〔美〕伊斯雷尔·柯兹纳:《市场过程的含义》,冯兴元、景朝亮、檀学文等译,北京:中国社会科学出版社2012年版,第210页。

(一) 理论特征

阿玛蒂亚·森批判了"价值免谈"原则。"价值免谈"即主张把社会伦理、道德观念等价值判断排除出福利经济学的考察范围的观点。新福利经济学以效率为核心,忽略了公平等其他伦理学目标。阿玛蒂亚·森认为经济学与伦理学二者不仅相容且存在契合性,福利经济学应该认识到价值判断的重要性,综合道德伦理等多方面因素综合考量社会福利水平及其变化。他将福利经济学的关注点重新引回到"以人为本"的思想上来,主张建构面向实践的经济学与伦理学。

森提出"可行能力理论"以衡量福利水平,"可行能力是一个人可能实现的、各种可能的功能性活动的组合"。① 自由本身就是有价值的,当一个人拥有了真实的自由时,他就会运用自己的理性力量,积极地选择自己的生活方式。每个人都有实现活动的"潜能"或"能力",只有通过提升人的可行能力才能促使社会兼顾公平和效率。

(二) 核心内容

阿玛蒂亚·森主张经济学不应只关注总产出和总投入,经济增长只是手段,经济发展则意味着人们生活质量的提高以及个人自由和权利的扩展。森的自由发展观是"友善"的,从人的"真实自由"或"可行能力"审视发展,"发展本身可被看成是扩展人类一般自由的过程,所以扩展每一种自由必定对发展做出贡献"。② 在森看来,人的"真实自由"或"可行能力"是经济体发展的根本目的,而致力于提升或拓展"真实自由"或"可行能力"的社会政策与制度安排是推动社会发展强有力的手段。森主张的自由发展观的目标和手段都体现了友善的特点。

森认为,主流经济学家所倡导的发展模式和路径选择主要聚焦在要素资源的合理配置与经济结构调整上,忽略了人的真实自由和可行能力的扩展,这是一种"狭隘的发展观"。从本质上看,社会的发展或者社会福利水平

---

① 〔印度〕阿玛蒂亚·森:《以自由看待发展》,任赜、于真译,北京:中国人民大学出版社2002年版,第175页。
② 同上书,第37页。

的提高来自个人能力的培养与提高,而并非是财富或收入的增长及效率的提高。森的自由发展观为国民经济发展提供了新思路与新工具。

以自由为核心的发展学说成为福利经济学研究的新议题,开创了福利经济学理论研究的宽广领域。阿玛蒂亚·森揭示了导致阿罗不可能性定理的原因后进一步指出,新福利经济学采取的序数效用分析法存在致命的不足,即缺乏充分的有效信息进行社会排序[①];而基数效用可以提供充分有效信息进行人际效用比较,从而获得一定的社会排序。由此提出了新古典效用主义的社会福利函数,福利经济学开始向效用主义回归。

七、公共选择理论

公共选择理论是20世纪50年代以后詹姆斯·布坎南(James M. Buchanan,1919—2013)等人创立的一种不同于凯恩斯主义的新公共经济理论,其突出的特点是把政治决策的分析和经济学理论结合起来。公共选择理论从个人偏好与集体选择关系出发,分析社会总福利最大化的可达性;运用经济学原理分析政府决策方式和程序,探讨政府决策的成本效益以及最佳政府运行规模等问题。

(一)官僚行为分析

政治是一个经济学意义上的市场:供方是官僚,提供公共产品和服务;公众是需求方,购买市场上的公共产品和服务。官僚行为的突出特点是缺乏激励和竞争机制,缺乏敏感性,对公共物品的供给缺乏有效监督。

无论是在经济活动还是政治活动中,人都在追求效用最大化,这并不会因为其所处地位不一样而发生改变。官员追求的效用主要是权力、地位、声誉、工资等,这与财政拨款有直接联系。为此,官员致力于证明自己所在部门更为重要,需要更多的财政拨款,忽视了公共物品和服务的供给问题,造成了资源配置效率低下。

(二)利益集团行为分析

利益集团是具有相同嗜好的个人、群体为了实现共同目标自愿或者非

---

① Amal Sanyal, "Choice, Welfare and Measurement", *Social Scientist*, Vol. 11, No. 10, 1983, pp. 49-56.

自愿组织起来对公共政策施加影响的有组织的实体。① 利益集团通过参与公共决策,实现集团内部个体私人利益及集团利益的最大化。利益集团对社会福利的影响,主要体现在三个方面。第一是收入再分配效应。利益集团游说政府官员以鼓励他们改变法律和管制,影响社会收入再分配。立法机关同意修改法律时,相当于给一部人间接补贴,对另一部分人间接征税。第二是利益集团在施压、游说的过程往往通过寻租方式,给社会福利带来损失。第三是利益集团的自由竞争在某种程度上会提高经济效率。

(三) 投票决策规则分析

投票是把个人偏好转化为社会偏好的手段,公共选择是通过投票来进行的,包括一致同意规则和多数同意规则。一致同意规则实行一票否决制度,一项决策须经全体投票人完全同意才能通过。公共选择理论认为一致同意规则能够在兼顾选民偏好的基础上实现帕累托最优,但它存在决策成本过高、鼓励策略性行为、导致威胁和敲诈等问题,仅适用于少数比较重要的场合。在现实生活中,最常用的是多数同意规则,即要通过一个方案,必须要一半以上的人同意。但多数同意规则的投票结果可能不唯一,而且它在使一些选民的利益实现的同时也会损伤其他选民的利益。

布坎南的政府理论研究了市场经济条件下政府干预行为的局限性或政府失灵问题,这是公共选择理论的核心问题。所谓政府失灵,是指个人对公共物品的需求得不到很好的满足,公共部门在提供公共物品时趋向于浪费和滥用资源,致使公共支出规模过大或者效率降低,政府的活动并不总像应该的那样或像理论上所说的那样"有效"。

八、展望理论与国民幸福指数

行为经济学是介于心理学与经济学之间的一门交叉学科。行为经济学认为偏好不仅定义在个人的消费束上,而且应当定义在社会结果和其他个体的消费束之上,只有这样伯格森-萨缪尔森社会福利函数才具有社会福利

---

① 高启杰等:《福利经济学:以幸福为导向的经济学》,北京:社会科学文献出版社2012年版,第181页。

分析价值,即人们不仅关心自己的福利也关心其他人的福利,这一点在许多理论中都能得到确认。

(一) 展望理论

丹尼尔·卡内曼和阿莫斯·特沃斯基提出的展望理论把心理学研究和经济学研究结合在一起。展望理论与期望效用理论相似,主要研究人们在不确定条件下的决策行为。在不确定情形下,人们的判断会因为依照"倾向于观测小样本"形成的小数法则行事,或因为对于容易接触到的信息的熟悉和对主观概率准确性的盲目偏信,而导致决策行为系统性地偏离基本的概率论原理。同样数量的损失给人们带来的痛苦要大于同样数量的获得给人们带来的快乐,因此,至少不要让人们变得更差对于公共政策制定就非常重要。

展望理论的主要观点包括以下几点。(1) 参考点依赖。参考点由个体可方便地发现的比较点所决定,或者由问题本身所决定。即相对于某个参考点的收益和损失被认为是价值的承载者。这一参考点表明,不论风险多小,在风险性结果之间进行选择时,人们的行为方式是风险厌恶的。(2) 损失规避。价值函数在自变量的负值区域要比在正值区域更陡峭。从心理学的角度来看,人们对损失的痛恨程度往往大于收益所能带来的喜悦程度。(3) 递减的边际灵敏度。收益一侧为凹函数,而损失一侧为凸函数。随着收益和损失幅度的增加,收益和损失的边际价值下降。

由展望理论可得到的基本结论是:(1) 大多数人在面临获利的时候是风险规避的;(2) 大多数人在面临损失的时候是风险喜好的;(3) 大多数人对得失的判断往往根据参考点决定。

综上,展望理论把不确定条件下个人决策行为的研究向前推进了一大步。人在面临获利时,不愿冒风险;而在面临损失时,人人都成了冒险家。而损失和获利是相对于参照点而言的,改变评价事物时的参照点,就会改变对风险的态度。

(二) 国民幸福指数

萨缪尔森最早提出幸福指数的概念,认为幸福等于效用与欲望之比,效用越大,欲望越小,则人们的幸福感会越强。20 世纪 70 年代,不丹王国首次将幸福指数引入宏观领域中,创造性地提出了国民幸福总值,主张政府应关注人民幸福,致力于实现幸福最大化。相比于其他传统宏观指数,国民幸福指数体现的是人们对现实世界的感受和对幸福的期望程度。

丹尼尔·卡内曼和艾伦·克鲁格(Alan B. Krueger,1960—2019)提出了"国民幸福指数"。他们运用日重现法(DRM)对不同个体在一段时间对不同活动所得到的满足感进行排序,从微观个体的幸福体验来描述国民幸福感。基于所设定问题的框架,引导被测试者回想一段时间内快乐与幸福的状态,并对状态进行评估的方法,即为日重现法(DRM)。丹尼尔·卡内曼致力于衡量幸福感的研究,力求使国民幸福指数成为衡量国家发展水平的指标。

社会意识形态、经济发展水平、文化背景的不同使得人们对幸福的感知与理解也不同,当前国内外幸福研究侧重点也不同。国内学者多从社会健康、社会福利、社会文明、生态环境等层面展开研究。国民幸福指数是多方面因素共同作用的结果,是经济、社会、生态等多方面协调的综合成效,体现了以人为本的和谐发展观。

九、收入与情感福祉关系理论

安格斯·迪顿致力于收入与福祉之间的关系研究,认为福利研究应将收入、健康、教育等问题纳入社会福利,兼顾公平和效率。迪顿的福利研究反映了基数效用的特征,但他认为功利主义将使社会出现更严峻的不公平问题,进而导致社会福利减少。同时,迪顿肯定了社会福利函数在分析社会不公平问题时的重要性。

迪顿在与卡内曼合著的《高收入提高了生活评价但没有改善情感福祉》(2010 年)一文中比较系统地阐述了收入与福祉的关系。[①] 他们指出,作为主观幸福感的两个方面,情感福祉指的是一个人每天所经历的情感特征,即能够使人生活愉快或者不愉快所表现出来的高兴、紧张、悲伤、愤怒等情感的频率和强度;而生活评价指的是人们对自己生活的满意度。影响情感福

---

① Daniel Kahneman and Angus Deaton, "High income improves evaluation of life but not emotional well-being", *Proceedings of the National Academy of Sciences of the United States of America*(*PNAS*), Vol. 107, No. 38, 2010, pp. 16489-16493.

祉与生活评价的因素是不同的:收入和教育与生活评价是密切相关的,而健康、照顾、孤独相对更能反映出情感变化。前者对社会经济形态比较敏感,而后者对能够引起情感变化的环境比较敏感。一般而言,人们的生活质量在逐步上升,情感福祉虽然也有所上升,但幅度并不明显。但低收入会加剧因为离异、疾病和孤独等不幸带来的痛苦,从而影响了情感福祉。因此迪顿得出结论,钱多不一定能带来更多的幸福感,但钱少一定是与情感痛苦有关;高收入得到的是生活满意度,不是幸福本身;而低收入是与较低的物质生活和情感福祉相关的。

迪顿分析了世界各地的收入、健康和福祉之间的关系。他指出,人均GDP较高的国家,人们的生活满意度也比较高,而最贫穷国家的收入增加会使得生活满意度大幅度提高。如果对人均收入取对数,则全球范围内,平均生活满意度和人均GDP接近线性关系。除了一些收入非常高的国家外,对世界上大多数国家而言,生活满意度会随年龄的增加而递减。健康满意度也会随着年龄增长而递减,并且在中低收入国家比在高收入国家更显著。

十、神经元经济学视域下的社会福利函数

作为行为经济学的一个分支,神经元经济学是融合了经济学和神经科学的新型学科,旨在从自然科学的视角分析人的效用并构造社会福利函数。人类在做决策时会理性地考虑各种行为可能带来的满足感,这种决策过程中的理性在自然科学中是有神经基础的,而行为带来的满足感在经济学中可用效用衡量。神经元经济学研究成果证明了经济学家们理性观点的合理性。因此,要想更全面地理解人的经济行为,不仅需要经济学,而且需要结合神经科学的信息。

脑科学家发现大脑的神经运作过程实际上是受控过程与自动过程、认知过程和情感过程的统一。施耐德和谢弗林最早区别了受控过程与自动过程;扎荣茨区分了情感过程和认知过程。神经元经济学认为人类的决策行为是各子系统之间的互动,这种互动可能是合作的,也可能是竞争的。这些子系统也许能够给一个特定的决策任务更多的选择,因此,基于子系统的互动可以更好地理解人们的决策行为。

表 2-2　二维神经元功能

	认知(想要)	情感(喜欢)
受控过程(系统 2)	Ⅰ　当前价值的计算	Ⅱ　从情感经验到情感体验
自动过程(系统 1)	Ⅲ　控制手部的活动	Ⅳ　惊吓后的行为

如表 2-2 所示,神经元经济学研究发现,正常人的大脑中有认知过程和情感过程这两个信息加工系统。情感加工过程属于快速的人脑前期加工过程,认知过程是在有意识的思考之后的有逻辑的后期加工过程。这两个加工过程决定了人们在决策过程中的准确性和速度。不同子系统对决策行为的影响不同,神经元经济学视域下的福利应当充分考虑认知过程与情感过程以及受控过程与自动过程之间的互动关系。神经元经济学打开了"偏好"这一黑箱。在脑科学家看来,人类的决策过程与行为存在神经机理,偏好或效用不再是抽象的概念。神经元经济学使经济学研究从逻辑实证转向经验实证,从而更具科学性。

十一、社会福利经济学

社会福利经济学反对"理性人"的提法,从社会关系和个人权利的视角来理解作为经济活动主体的人;主张在政治、经济、文化和生态的动态交互作用中,理解社会发展的演变规律;纠正资产阶级主流经济学认为经济系统独立于社会、生态系统的思想,主张将经济增长作为发展过程而不是发展目的;强调在文化根基处理解经济现象,在生态环境承载力内实现较高的社会福利水平,以人类共同体视野建构超越资本主义与社会主义之对立的全新经济体系。[①]

社会福利经济学以福利价值论为基础。福利价值论是社会福利经济学理论的核心概念,它认为产品的价值与社会劳动生产率正向相关,取决于一个社会的生活福利水平。人们的生活水平越高、幸福感越强,他们制造的产品就越有价值,因为人们为了产品生产付出了更大的机会成本。经济发展的目的是实现人们对美好生活的向往,提升社会整体幸福感和福利水平。

---

① 李宪堂:《社会福利经济学的理念与构想:社会主义新经济学纲要》,载《聊城大学学报(社会科学版)》2018 年第 6 期,第 113 页。

因此，社会经济活动只有增加了国民的享受，提升了消费的水平时，才算增加了国民财富，增强了国家实力。

社会福利经济学重新阐述了社会主义的价值和理想。它主张要把民主权利落实到政治、经济的微观基础上，使人们成为社会发展过程的主体创造者，而非市场的被动消费者；它强调民主不仅是一种政治权利，更是一种生活方式，这意味着每个公民都能有效地参与对公共物品的管理，都能平等地享有维持人道尊严的基本生存资源；它强调社会主义制度的优越性在于克服市场的缺陷，管控资本的盲目力量。

社会福利经济学强化了集约发展的意识。它强调人类社会系统和生态系统健康、协调发展的重要性，主张解决生态资源消耗的无效率问题，提升社会发展质量，提供优质生态产品、优美生活环境，坚持走可持续发展之路。

第四节 简要评述

福利经济学历经从旧福利经济学到新福利经济学再到后福利经济学的发展，已成为经济学体系不可或缺的组成部分。福利经济学趋向于系统化，但通过梳理福利经济学的学术史，可以发现不同发展阶段的理论存在不同的贡献和局限性，基数效用论与序数效用论之间、社会福利函数理论与阿罗不可能性定理之间、公平与效率之间仍存在争论，故对其进行简要评述如下。

一、旧福利经济学阶段

庇古以"价值判断"为基础，开创性地提出了福利经济学理论。其贡献主要体现在：(1) 基于边际效用价值论，提出一套相对完整的福利概念及评价体系。(2) 将经济福利计量方法与国民收入理论有机结合，确立了用国民收入高低表示社会经济福利总水平。(3) 指出"收入均等化"有利于提高社会整体福利水平。(4) 将外部经济理论应用于社会福利问题研究。同时，庇古福利经济学存在以下局限性：(1) 福利的研究范围忽略了个人消费商品所获得的超出商品价格部分的效用满足，不利于社会福利问题的系统研究。(2) 社会经济福利不等于社会总福利，国民收入也并不等于社会总福利，单纯以国民收入增长促进社会福利增长的论断存在瑕疵。(3)庇古把政府维护社会经济秩序的作用想得过于理想化。

二、新福利经济学阶段

西方经济学家在旧福利经济学基础上进行了更深刻的解析、论证和批判,形成了新福利经济学。其主要贡献有:(1)序数效用论、无差异曲线与福利经济学新理论框架的建立。(2)提出帕累托最优标准与一般均衡理论。(3)研究补偿原则与社会福利增进问题。(4)提出社会福利函数与阿罗不可能性定理。与此同时,新福利经济学存在以下局限性:(1)帕累托最优判定标准过于严格,排斥在一部分人福利增加的同时另一部分人福利减少这一社会普遍现象。(2)在帕累托补偿检验的基础上,相继提出了卡尔多—希克斯标准、西托夫斯基双重检验标准、李特尔三重检验标准。三种补偿标准呈递进关系,后者是对前者的修正和补充,但是并没有较好地解决效率与分配之间的矛盾。

三、后福利经济学阶段

阿罗不可能性定理使福利经济学的发展进入了全新的领域,福利经济学的理论研究与实际应用呈现出多元化的特征。后福利经济学阶段的代表人物主要有阿玛蒂亚·森和黄有光等。阿玛蒂亚·森的显著贡献有:(1)专注于贫穷国家、低收入阶层的福利增进研究,提出了"贫困指数",致力于探寻贫穷背后的制度、政策、技术、伦理等深层次原因。(2)明确了通过个人偏好确定集体决策、保证社会状态排序具有公正性、社会决策能够真实反映个人偏好所需的条件。(3)提出个人权利框架,认为个人在某些私人生活范围内具有自由选择的权利,自由选择权不应受他人影响和干预,还认为"自由"是增进个人福利和社会福利的基本保证。黄有光的贡献主要有:(1)以快乐感的获得为中心,从经济增长与快乐、贫富与快乐、婚姻与快乐、信仰与快乐、知识程度与快乐、环境与快乐、就业与快乐等多个角度探讨和评判了影响个人快乐的多重因素,并就个人自我设计和国家政策选择提供了大量富有建设性的建议,极大地拓展了社会福利增进研究的视野,使更多学者认识到在经济学研究中引入主观价值判断的重要性。(2)提出第三优理论,提出了分组补偿标准则,主张高、中、低三大收入群体分别进行补偿检验。然而,这也未能从根本上解决效率与分配之间的矛盾。后福利经济学的局限性在于:(1)基数效用论与序数效用论之争尚无定论。(2)福利主义与非福利主义路线选择陷入两难。阿玛蒂亚·森认为福利主义有很大的局限性,而黄有光则是一个完全的福利主义者。

综上所述,福利经济学产生之初是基于一定的价值判断,研究资本主义市场经济应该如何运行的规范经济学。在一定程度上,它直接导致了资产阶级经济学界对社会主义经济制度的大论战。福利经济学以寻求"社会经济福利最大化"为目标,经历了旧福利经济学、新福利经济学到后福利经济学这三个发展阶段。旧福利经济学与新福利经济学具有不同的哲学基础,旧福利经济学以"公平"为核心,新福利经济学则强调"效率"。在这两个阶段,福利经济学理论相对而言比较系统。"二战"后,福利经济学发展呈现出多元化、复杂化的态势。福利经济学开始寻求与其他学科融合,与其他学科交叉的福利经济学理论不断涌现,极大地拓展了研究领域、视角和方法,从而能更好地描绘与分析真实的经济世界。阿玛蒂亚·森、卡内曼和迪顿三人分别在1998年、2002年和2015年获得诺贝尔经济学奖,一方面说明三人的理论贡献,另一方面也说明西方福利经济学已经发展成为整个西方经济学的重要组成部分,并且日益受到社会的关注,在经济学大家庭中的地位也越来越重要。纵观其发展历程,福利经济学主要围绕"公平与效率"展开研究。社会主义制度是讲求平等的,为了既能调动市场主体的积极性,又能保持社会稳定,我国应基于实际发展情况,运用福利经济学理论,建立和完善系统的福利经济政策与制度。

第三章 福利经济学重要概念

福利经济学是一门研究资源配置如何影响经济福利的学科,着重研究经济制度与政策在社会福利方面的效果,是依据一定的价值判断对现实经济状况的合意性进行评价的理论基础和分析工具。本章从福利含义、福利测度以及福利影响因素等视角,介绍福利经济学的重要概念。

第一节 与福利含义相关的基本概念

福利分为个人福利和社会福利。个人福利是指一个人对物质生活需要和精神生活需要的满足的一种心理反应,它可以视为"幸福"或"快乐"的同义词。社会福利是指个人福利的集合或社会全体成员的个人福利的总和。福利中能够用货币衡量的那部分是经济福利。

一、效用与偏好

(一)效用

效用是个人需要得到满足的主观感受,是人们消费时所产生的心理满足。效用与欲望不同,欲望是一种缺乏的感觉与求得满足的愿望,而效用是从消费物品或享受服务中所得到的满足程度,是对欲望得到满足的度量。效用有两种基本的测量方法,分别为基数效用和序数效用。

1. 基数效用

基数效用是指其大小可以用基数(1、2、3……)来表示的效用。基数效用论主张对效用进行赋值,认为效用具有可度量性和人际可比较性,可对比分析,也可加总求和。基数效用论采用边际效用分析法,认为商品和货币的边际效用是递减的,即商品和货币服从边际效用递减规律。基数效用理论在19世纪和20世纪初期的西方经济学分析中占据重要地位。

2. 序数效用

序数效用是用序数词(第一,第二,第三,……)来表示其相对水平高低的效用。序数效用论认为效用反映了消费者的偏好,是一种心理感受,不可赋值衡量,也不可加总求和。序数效用论采用无差异曲线分析法,认为对两种商品的取舍服从边际替代率递减规律,即在维持效用水平不变的前提下,消费者增加一单位某种商品的消费数量时所需放弃的另一种商品的消费数量是递减的。序数效用理论的提出与完善,为福利经济学的发展提供了新的研究范式。

(二)偏好

偏好是指消费者按照自己的意愿对可供选择的商品组合进行的排序。偏好是潜藏于人们内心的一种情感和倾向,引起偏好的感性因素多于理性因素。偏好有明显的个体差异,也呈现出群体特征。偏好关系具有下列公理。

1. 完备性

对于任何两个可比较的消费束 X 和 Y,要么 X 优于 Y,要么 Y 优于 X,要么 X 和 Y 是无差异的。这表明消费者能够对不同的消费束做出排序,进而做出选择。

2. 反身性

对于任一个消费束,$X \geq X$,即一个消费计划至少与它本身一样好。

3. 传递性

对于任何三个可比较的消费束 X、Y、Z,假设消费者认为 X 至少与 Y 一样好,Y 至少与 Z 一样好,那么,消费者就会认为 X 至少与 Z 一样好。

4. 单调性

假设一个消费束所包含的每种商品的数量至少与另一消费束的一样多,那么,这个消费束至少和另一个消费束一样好。

5. 凸性

两种消费束的加权组合比一种消费束更优,即对于所有的 $\lambda \in [0,1]$,

都有 $\lambda X + (1 - \lambda)Y \gtrsim Y$。

二、福利与社会福利

(一) 福利

福利是指个人生活的幸福满意程度,既包括物质生活的满足,也包括精神生活的满足。庇古曾把福利划分为经济福利和非经济福利,能否直接或间接通过货币来计算是其划分的标准。福利的大小在一定程度上可以用个人消费获得的效用量大小来衡量,当个人通过消费以满足需求时,满足感越强烈,幸福感越强,福利也就越大。

(二) 社会福利

从福利经济学的角度看,社会福利是个人福利的汇总,与政府提供的狭义福利截然不同。政府提供的社会福利一般是指国家或者政府在立法或政策范围内,为所有成员普遍提供旨在提高生活质量的资金和提升社会服务的社会保障制度。社会福利具有三个层面的含义,从最广泛的意义上说,社会福利是指一切改善和提高公民物质生活和精神生活的社会措施;从中观意义上看,社会福利基本上是社会保障的同义词;从微观角度来看,社会福利是社会保障的组成部分。[①]

(三) 效用、偏好与福利的关系

效用和偏好在经济学中被广泛用于表达甚至替代"福利"这一概念。效用是一种满足程度,一个人的福利是由效用构成的,而不同的效用水平代表不同的偏好水平。偏好在适当条件下可以用一个"连续"的效用函数表示,效用函数几乎是偏好的等价物。

效用是对个体消费时的满足程度的主观评价,而福利则主要侧重于对社会成员的生活状态进行评价。一般情况下,假设个人是自己福利的最好判断者,且个人总是趋向于福利最大化,个人效用与个人福利是等价的。在

---

① 李珍:《社会保障理论》,北京:中国劳动保障出版社2008年版,第10—11页。

下述几种情况下,效用与福利是偏离的。

1. 他人福利状况的影响

假设对于任何两个可比较的选择 X 和 Y,某人偏好 X 胜于 Y,但是他在 X 时不如在 Y 时快乐。他认为其他人可能在 X 时会更快乐,而这些人快乐了,他也快乐。但这样带来的快乐可能没有超过他在 X 时的痛苦。

2. 预见不完全

某人可能自认为在 X 时更快乐,所以偏好 X 胜于 Y。然而,结果却恰恰相反,他在 X 不如在 Y 时快乐。这可能是由于他自我认知不准确,无法清晰判断自己的偏好,也可能是由于事后结果不同于事前预见。

3. 非理性偏好

非理性偏好使人们做出不理智的选择。非理性偏好的形成主要包括两方面的原因。一是固执地坚持一些原则、习惯、习俗等。虽然原则、习惯、习俗等的形成有其一定的合理性,但长期固守这些原则、习惯、习俗可能会损害个人福利。二是过分恐惧危险或痛苦,或者过分追逐快乐。

三、幸福与主观幸福感

(一) 幸福与快乐

1. 幸福

幸福(Well-Being)是人们对生活状态的正向情感认知评价,是一种持续时间相对较长、对生活较为满足并希望长久保持的愉悦精神;幸福是人们认识到自己的需要得到满足以及理想得到实现时产生的一种情绪状态;幸福是人生恒久的快乐,而一个人恒久的快乐一般都是由理性指导、作为理想经过较长时间的努力奋斗才能实现的,因此,幸福是理想实现的一种快乐的心理体验。[①]

2. 快乐

快乐(Happiness)是欲望满足时所产生的愉悦体验,可以理解为幸福的

---

① 孙英:《幸福是什么》,载《伦理学研究》2003 年第 3 期,第 86 页。

一个维度,相比幸福更为容易得到。古希腊哲学家伊壁鸠鲁(Epicurus,公元前341—前270)认为,快乐是指身体无痛苦和心灵无纷扰。中国文学家钱钟书在阐释快乐时指出:快乐里的一个"快"字,预示着人世间一切乐事的飘瞥难留。黄有光在《福祉经济学》一书中提出幸福和快乐只有时间上的差别,幸福通常是指长期的快乐,而快乐通常指当前的"快乐"。他还认为人们的终极目标是快乐。因此,政府的政策应该把人民的长期福祉(快乐)极大化。

(二)主观幸福感

1. 主观幸福感的含义

主观幸福感(Subjective-Well-Being)的研究涉及心理学、社会学、经济学等多个学科领域。主观幸福感是指评估者根据自定的标准对生活质量的整体性评估,也是衡量人们生活质量的重要综合性心理指标,反映了人们的社会适应状态。主观幸福感因人而异,每个人对自己的生活质量都有不同的评价。在不同的领域,人们也使用一些相似的术语,如快乐、幸福、自我实现、成就感、生活满意度等,这些常被视为主观幸福感的同义词。

人们一般认为主观幸福感由情感维度、认知维度和过程维度这三个维度构成,涉及职业幸福感、社交幸福感、财务(经济)状况幸福感、健康状况幸福感和社会环境(社会贡献)幸福感这五大要素。[1]

2. 主观幸福感的特点

主观幸福感是个人所具有的一种独特的心理状态,具有三个显著的特点:(1)主观性,指评价者本人自定评价标准,而不是依据他人或外界的准则;(2)相对稳定性,指虽然主观幸福感会受到情境和情绪等因素的综合影响,但它是一个长期的生活满意度衡量标准,因此是一个相对稳定的值;(3)整体性,指主观幸福感是一种综合评价,它包括对情感反应的评估和认知判断。[2]

---

[1] 奚恺元、王佳艺、陈景秋:《撬动幸福》,北京:中信出版社2008年版,第9页。
[2] 吴明霞:《30年来西方关于主观幸福感的理论发展》,载《心理学动态》2000年第4期,第23页。

(三) 幸福指数

1. 幸福指数的含义

幸福指数(Well-Being Index, WBI)是衡量人们对自身生存和发展状况的幸福程度的主观指标数值,包含三个层面的内涵:(1) 从发展目标来看,幸福指数意味着"幸福"是社会发展的目标导向;(2) 从发展理念来看,幸福指数是对"GDP 主义"的扬弃;(3) 从考评手段来看,幸福指数是政府绩效评价的导向标准。

经济学家通常基于客观视角对幸福指数进行研究,将 GDP 视为经济福利的代理变量。但 GDP 核算存在如下缺陷:(1) 无法精确反映财富水平变化;(2) 无法反映经济发展对资源环境等的负面影响;(3) 无法反映非市场经济活动;(4) 无法全面反映社会福利状况。

2. 幸福指数的发展

各种新的幸福指数指标陆续被提出。例如,不丹国王吉格梅·辛格·旺楚克(Jigme Singye Wangchuck, 1955—)于 1972 年提出国民幸福总值(Gross National Happiness, GNH),GNH 主要包括政府善治、经济增长、文化发展和环境保护四大方面,通过社会健康指数、社会福利指数、社会文明指数、生态环境指数四个分项指标来衡量人们生活的幸福感。[①] 联合国开发计划署(UNDP)1990 年创建了人类发展指数(Human Development Index, HDI),通过人均国民收入、平均受教育年限、出生时预期寿命等来衡量各成员国居民的生活水平、知识水平及健康水平。

在当下研究中,有些学者认为幸福是一种主观感受,是一种积极的心理状态,不同的人对幸福感的理解和诠释不同,人们对自己是否幸福的评价取决于个体自定的标准,而不是以他人准则为依据。邢占军对主观幸福感测量量表进行了系统的研究,并且基于中国的文化传统和价值理念设计了中国城市居民的主观幸福感量表。[②]

---

① 蔺丰奇:《从 GDP 到 GNH:经济发展价值坐标的转变》,载《人文杂志》2006 年第 6 期,第 82 页。
② 邢占军:《中国城市居民主观幸福感量表的编制研究》,上海:华东师范大学,2003 年,第 35 页。

此外,一些研究者致力于通过主客观评价相结合来研究幸福指数。英国"新经济基金会"认为发展的目的是提升人类幸福,把资源环境消耗水平和人类平均寿命水平纳入经济社会发展的评估中,提出了"幸福星球指数"(Happy Planet Index,HPI)。具体来看,HPI 是一个国家的平均幸福年数(Average Happy Life Years,HLY)和人均生态足迹(Per Capita Ecological Footprint,EF)二者的比值。其中,平均幸福年数(HLY)是生活满意度和平均寿命的乘积。人均生态足迹(EP)是一定时期内一个国家或地区生态资源消耗及环境污染所需生物生产性土地的面积。HPI 是融合了主观幸福指数概念的社会发展评价指标,可以在一定程度上衡量生态资源投入转化为人们生活幸福的效率。

(四) 幸福和效用的关系

1. 幸福方程式

保罗·萨缪尔森用经济学术语描述苏格拉底的幸福观,将其通过幸福方程式表示为:幸福指数 = 效用/欲望。这就是萨缪尔森幸福方程式。萨缪尔森幸福方程式表明,幸福和效用成正比,和欲望成反比。即在效用既定的条件下,欲望越小越幸福;在欲望既定的条件下,效用越大越幸福。

萨缪尔森幸福方程式简明而形象地阐释了幸福和效用之间的关系。幸福是由心理活动而引发的感受体验,是一种纯粹的脱离物的心理感受,是人的积极情感和满意享受之感受的总和。而效用则可以理解为幸福的工具价值。效用和欲望相互作用,共同塑造了人们的主观幸福感评价。人类社会在注重"财富增长"的同时需要注重人的"欲望约束",这样才能得到社会的"最大化幸福"。

2. 效用与幸福的关系

在不同的历史阶段,效用具有不同的内涵。以边沁为代表的古典经济学家认为,效用实际上包含了幸福。边际效用学派强调效用是消费行为引致的主观感受,与满足、快乐、幸福等概念相似。自 20 世纪 30 年代起,伴随着序数效用论的发展,效用函数只是偏好序的另一种表达,仅具有序数意义,效用逐渐丧失了幸福的内涵。恢复效用的主观感受内涵,是福利经济学发展的方向之一。

在不同的发展阶段,效用与幸福的关系不尽相同。收入或财富的增加并不会使幸福感长期维持并延续,当物质财富达到一定程度时,生活满意度的边际收益呈递减趋势,人们开始追求更多的福利内容。一个国家或地区在经济发展中会存在一个点或一个阶段,即一个"门槛",超过这个"门槛",经济增长和福利水平的相关性会下降。①

第二节 与福利测度相关的重要概念

福利经济学经历了公平、效率到自由的发展历程,其本质是对不同经济状态的福利水平进行比较。效率与公平问题贯穿福利经济学的始终,效率与公平的最优组合是福利经济学所追求的基本目标。"二战"后,福利经济学的研究尤其重视公平和效率的实现途径,即自由。

一、效率

(一) 效率与经济效率

1. 效率

效率是市场经济的核心,是指资源在不同生产目的之间得到合理配置,以最大限度满足人们各种需要的状态。效率最初应用于工程方面,自20世纪初起,效率便开始应用于经济界和企业界,可以说,人类的一切活动都涉及效率问题。资源的稀缺性决定了任何一个经济社会都需要对资源进行有效配置,以使人类的需求得到最大满足或福利得到最大增加。

效率可分为以下两种基本类型:(1) 机械性效率:通常用投入产出之比表示,它强调以最少的投入实现产出最大化。机械性效率又被称为"技术效率"或"生产效率"。(2) 社会性效率:通常指在社会价值观的指导下对经济

---

① 诸大建、徐萍:《福利提高的三个"门槛"及政策意义》,载《社会科学》2010 第 3 期,第 32 页; Richard A. Easterlin. "Does Economic Growth Improve the Human lot? Some Empirical Evidence", In Paul A. David & Melvin W. Reder (eds.), *Nations and Households in Economic Growth*: *Essays in Honour of Moses Abramovitz*, New York: Academic Press, 1974, pp. 89-125; Gabriel Leite Mota, "Does Happiness Improve Welfare Economics a Lot?", In: Mariano Rojas. (eds), *The Economics of Happiness*, Springer, Cham. https://doi.org/10.1007/978-3-030-15835-4_6, 2019, pp. 129-156.

活动进行规范衡量,即效率必须与个人价值、社会价值、公共利益、平等自由等价值目标结合起来才有意义。

2. 经济效率

(1) 经济效率是社会经济运行效率的简称,是指在一定的经济成本的基础上所能获得的经济效益。

(2) 经济效率的层次:经济效率包括两个基本层次,一是宏观经济效率,一般多从制度效率、政府政策执行效率和宏观调控的效率等方面来衡量。其中,制度效率主要衡量既定的制度安排在整合资源、实现发展目标等方面所起的作用;政府政策执行效率主要衡量政府政策的制定是否得当,执行是否有效;宏观调控的效率主要衡量国家调节和市场调节是否相适应,是否符合经济发展的基本目标,是否推动社会朝着健康可持续方向发展。二是微观经济效率,侧重于分析微观经济主体,尤其是企业的要素分配及收入分配是否合理。其中,要素分配状况影响着企业的产出及管理效率,要合理配置各种资源在不同部门的使用,分出轻重缓急,以决定生产的最佳种类和数量;收入分配状况影响着人们的生产积极性和工作热情,进而影响产出效率。要采取激励措施调动人们的参与性,从而提升经济效率。

(3) 经济效率的判断标准:福利经济学通常采用帕累托最优标准来衡量资源的最优配置。当经济系统达到帕累托最优状态时,经济运行是有效率的;反之,当不满足帕累托最优状态时,经济运行则缺乏效率。

(二) 帕累托效率

1. 帕累托效率的含义

(1) 帕累托效率,又称帕累托最优,这一概念是由维弗雷多·帕累托1906年在《政治经济学教程》一书中首次提出。帕累托效率是指资源分配的一种理想状态,假定固有的一群人和可分配的资源,从一种分配状态到另一种状态的变化中,在没有使任何人境况变坏的前提下,使得至少一个人变得更好。

(2) 帕累托改进是指当存在帕累托无效率时,如果资源重新配置确实使某些人的效用水平在其他人的效用水平不变的情况下有所提高,这种重新配置就称为帕累托改进。

(3) 帕累托标准是指如果至少有一个人认为X优于Y,而没有人认为X劣于Y,则社会认为X优于Y。

2. 帕累托最优状态的实现条件

(1) 交换的帕累托最优

在交换方面,对于任意两个消费者A和B,任何两种商品X和Y的边际替代率相等,可用公式(3.1)来表示:

$$MRS_{XY}^A = MRS_{XY}^B \tag{3.1}$$

这是指消费者之间商品的最优分配,表示两个消费者根据各自对商品的偏好通过交换达到一种均衡状态。在这种均衡状态下,两个消费者不能再通过交换来增加各自的效用,或者在损害一方的情况下,增加另一方的效用,这时消费者的效用都达到最大化,交换停止,实现均衡,即任意两种商品之间的边际替代率相同,并都等于两种商品的价格比。

(2) 生产的帕累托最优

在生产方面,对于任意两种商品X和Y,任何两种生产要素L和K的边际技术替代率相等,可用公式(3.2)来表示:

$$MRTS_{LK}^X = MRTS_{LK}^Y \tag{3.2}$$

这是指生产要素的最优分配,表示在一定的技术条件下通过合理分配资源,使得社会生产的效率达到最大化的情况。这里效率最大化是指不能在减少一种商品生产的情况下增加另一种商品的生产。当生产者的不同要素投入之间的边际技术替代率相同时,产量达到最大化,实现了要素的最优配置。

(3) 生产与交换的帕累托最优

在生产和交换方面,任意两种商品X和Y的边际替代率必须等于它们的边际转换率,可用公式(3.3)来表示:

$$MRS_{XY}^A = MRS_{XY}^B = MRT_{XY} \tag{3.3}$$

这是生产和交换的一般均衡,表示当不同生产者的要素配置和消费者之间的商品分配都达到最优状态时,社会福利最大的情况。在这一点上,任何两种商品之间的边际替代率,均与任何生产者在这两种商品之间的边际产品转换率相同。

（三）市场均衡与福利经济学定理

1. 完全竞争与市场均衡

（1）完全竞争市场的特征：第一，商品具有同质性；第二，有大量的（假定无限个）主体；第三，主体之间没有任何协议；第四，厂商自由进入和退出市场；第五，对于价格具有完全信息。

（2）均衡分析法：假设外界条件（自变量）已知且固定不变，再研究达到均衡时的因变量应具备的条件。均衡分析可分为局部均衡分析和一般均衡分析。其中，局部均衡是指假定其他市场的状况不变，对单个市场或部分市场的供求与价格之间的关系和均衡状态进行分析。一般均衡是指在一个经济体系中，所有市场的供给和需要同时处于均衡状态，无数决策者所做出的无数最优化决策是可以和谐并存的。[①]

（3）竞争性均衡：在完全竞争市场中取得的均衡，消费者追求效用最大化，企业追求利润最大化。此时，所有消费者商品的边际效用与其价格的比率相等；企业生产的商品的边际成本与其价格比率相等；不同厂商所消耗生产要素的边际收益等于要素的边际成本。

2. 福利经济学基本定理

（1）福利经济学第一定理：只要是完全竞争达到的均衡状态就是帕累托最优状态。即竞争的市场机制可实现帕累托最优状态。

（2）福利经济学第二定理：从任何一个社会公认的公平的资源初始分配状态出发，要达到帕累托最优状态，都必须借助市场机制实现。即每一种具有帕累托效率的资源配置都可通过市场机制实现。

（四）消费者剩余和生产者剩余

1. 消费者剩余

消费者在交易中能感受到的经济福利，它等于买者的支付意愿减去买者的实际支付量，即买者的评价减去买者的支付，是量化了的消费者得到的

---

① 高启杰等：《福利经济学：以幸福为导向的经济学》，北京：社会科学文献出版社2012年版，第67页。

经济福利。

2. 生产者剩余

生产者在交易中能感受到的经济福利,它等于卖者卖出物品得到的收入减去生产成本,即卖者的收入减去卖者的成本,是量化了的生产者得到的经济福利。

3. 社会总剩余

衡量社会福利的重要指标,社会总剩余较大,说明某种政策或方案更有效率,它等于消费者剩余与生产者剩余之和。

二、公平

(一) 公平、公正和平等

公正、公平、平等这三个概念相似但不等同。公正、公平、平等是人类社会的基本价值追求,其中,公正是一个具有正价值取向的概念,是人们对真、善、美的理想追求,其应然性强;公平则要求日常生活应遵循同一标准,具有很强的工具性;而平等则更关注不同社会主体在社会生活的各个领域要享有同等的权益。公正是社会普遍认同的正义,高于公平、平等,公平、平等皆应以公正为导向。

1. 公平

居民能够不受任何自身条件以外条件的限制,在符合社会约定规则的前提下,对经济资源平均或接近平均占有、使用并获得收益。强调的是衡量标准的同一性,具有明显的"工具性"特征。

2. 公正

基于理想和价值的视角,反映了人们对社会政策或制度设计的理想追求。侧重社会的基本价值取向,强调的是一种正当性。

3. 平等

社会主体在社会关系、社会生活中处于同等地位,具有相同的发展机会,享有同等的权利,包括人格平等、机会平等和权利平等,更多的是一种理想状态。

在福利经济学中,公平、公正和平等之间常常并没有绝对的界限,而是将平等、公正都纳入公平衡量的标准之中。

(二)公平的衡量

1. 洛伦兹曲线

洛伦兹曲线是衡量一个经济社会收入分配公平程度的重要工具,通过它可以直观地看出一个国家收入分配的平等状况。它将社会成员按收入从低到高排列,从穷者到富者排列的人口百分比和与之相对应的收入百分比之间所呈现的函数关系构成了洛伦兹曲线。

2. 基尼系数

基尼系数是一个社会实际收入分配比例偏离总体平均分配状况的百分比,可用来准确、概括地反映一个社会的总体收入分配状况。0.4为警戒线,高于0.4则表示国民收入分配不公,财富差距较大。

3. 贫困指数

贫困指数是一种常用的衡量社会收入分配公平程度的指标,它等于处于贫困线以下的人口数占总人口的比例。计算贫困指数的关键,是要选择一个适当的收入水平为贫困线。

三、自由

从广义上来讲,自由指的是运动的无阻碍状态;狭义上来讲,自由是一个政治经济学概念,指的是人类能够按照自己的意志而行动,可以进行自我支配,并对自己的行为负责的状态。对于自由的定义,学术界存在着不同的看法,而其基本含义为不受限制。

(一)自由的基本含义

1. 西方自由主义的理解

西方自由主义理论从个人主义的角度出发,强调自由、平等、财产权是个人与生俱来的自然权利,将自由限定在人际关系之内,指的是一种不受他人武断意志强制的"人身自由"的状态。个人具有抉择的能力,个人是行动和道德主体,可以按自己的意志去追求更高的幸福。但自由不是为所欲为的,而是依赖于法律。法律没有限制自由的发展,而是保护了自由。

2. 社会主义核心价值观的自由

党的十八大报告从国家、社会及个人这三个视角提出了社会主义核心价值观。其中,"自由"体现了社会主义发展的价值追求。自由是人们独立自觉的活动,是对必然的认识和对客观世界的改造,是真善美的统一。它追求的是一种真实且理想的自由,是目的性和规律性的统一,是权利、义务与责任的统一,也是个人自由与社会自由的统一。[①]

(二)阿玛蒂亚·森的自由概念

1. 阿玛蒂亚·森的自由含义

阿玛蒂亚·森主张自由是人类追寻的最高价值,自由是一种实质性能力,即人们拥有可实现理想生活的可行能力(Capabilities)。换言之,自由是一种福祉,可通过可行能力反映出来。例如人们在饥荒中面临被饿死的威胁,是被剥夺了购买足够粮食的能力和实质自由。阿玛蒂亚·森认为,实质自由的重要性主要体现在以下两方面。

(1) 从评价性角度来看,经济增长只是社会进步的一部分,社会发展的本质是实现人们自由而全面的发展。社会发展状况需要从多个角度进行全面衡量,其根本性标准是人们是否真正拥有实质自由。

(2) 从实效性角度来看,实质自由有助于实现个人和社会的发展和进步。人们拥有更多的实质自由,不仅意味着人们有更多的选择权和可行能力去实现自我更全面的发展和进步,而且有助于提升人们互帮互助的能力以更多地影响其他人,从而实现社会进一步的发展。

2. 自由的可行能力解释

自由反映人们有可能实现的各种可能的功能性活动组合。可行能力是一种自由,是实现各种可能的功能性活动组合的实质自由,即实现各种不同

---

① 李万春、袁久红:《论社会主义核心价值观中的自由理念》,载《河海大学学报(哲学社会科学版)》2014年第4期,第19—20页。

的生活方式的自由。① 实质意义上的可行能力包含:(1) 避免出现饥饿、营养不良、疾病以及过早死亡而拥有的基本的可行能力;(2) 能够生活学习、享受政治参与等的自由。

3. 功能性活动

功能性活动是可行能力的基础,它指的是一个人在生活中能够成功地去做的事情或达到的状态,前者比如说看书、读报,后者比如说合群、身体健康等。

功能性活动和可行能力存在差异,功能性活动旨在追求一种我们有理由珍视的生活。可行能力强调的是人们主导自己生活的能力,人们可以自由地选择自己的生活方式。一个人的功能性活动组合反映了此人实际达到的成就,而可行能力集则反映了此人有自由实现的自由。

4. 自由的分类

阿玛蒂亚·森综合众多学者的意见,认为自由具有多元性,自由是实质自由与形式自由、积极自由与消极自由、自由的机会层面与过程层面的结合。

(1) 实质自由与形式自由

① 实质自由,从"实质性"的角度理解自由,把可行能力引入自由的概念。可行能力直接关注自由,是对实现有价值的功能性活动的自由的反映。一个重疾病人即便比通常人拥有更多的财富,但却可能拥有更少的可行能力,即实质自由。

② 形式自由,与真实不自由相比,具有历史进步性。在奴隶制关系下,劳动者不是作为单独个体而存在,是作为劳动能力存在,是属于他人的物。资本主义制度下的"形式自由"具有存在的合理性,劳动者有把劳动力出卖给某个特殊资本家的自由,可以做出更多的选择和行动。

(2) 积极自由与消极自由

① 积极的自由概念是根据理性的自我决定或自主性而规定的,它源于个体成为自己主人的愿望,泛指一个人做某事的自由。森将其称为"全面自

---

① 〔印度〕阿玛蒂亚·森:《以自由看待发展》,任赜、于真译,北京:中国人民大学出版社 2002 年版,第 62 页。

由",即个体有能力做这事或那事的自由,如接受良好的教育、营养,远离疾病等。

② 消极自由是指一个人不受他人、团体或国家的干涉做某事的自由,当消极自由遭到侵犯时,无法采取任何积极的措施来保护消极自由。单一的消极自由无法成为人们自由权利的保障。

(3) 自由的机会层面与过程层面

① 自由的机会层面强调人们追求自身期望目标的实际能力,而不关心其实现过程。

② 自由的过程层面强调人们可以自由地选择,在行动过程中没有遭受他人或团体干涉或阻止。

5. 自由的作用

阿玛蒂亚·森将自由的作用分为"建构性作用"和"手段性作用"两大类。①

(1) 建构性作用:自由本身具有价值,自由是人类一直以来的价值追求,自由的意义和重要性不需要其他的事物或者结果来彰显或验证。

(2) 手段性作用:人的真实自由是社会发展的根本目的,也是重要手段。自由的手段性作用主要体现为以下五方面。

① 政治自由:公民拥有参与政治生活、行使政治权利的自由。人们拥有政治自由时,其可行能力能够得到最大保障。

② 经济条件:人们所拥有的将经济资源运用于经济活动中的机会。人们支配经济资源的机会越多,社会权益越能得到保障和提升。

③ 社会机会:在教育、医疗卫生及其他方面进行的投资和安排,这些因素将直接且显著地影响社会发展状况和人们的生活质量。

④ 透明性保证:人们参与社会活动所需的信息,主要与信息的准确性、过程的公开透明性有关。

⑤ 防护性保障:为遭受突发性困难的弱势群体提供的社会保障,例如失业人群、贫困人群以及老、幼、病、残、孕人群等。

---

① 张人则、于含英:《发展就是扩展自由:阿玛蒂亚·森和他的〈以自由看待发展〉》,载《经济理论与经济管理》2002 年第 8 期,第 13 页。

第三节 与福利影响因素相关的重要概念

完全竞争市场可以实现帕累托效率,但在现实生活中,垄断、外部效应、公共物品与信息不对称等现象的出现使得社会资源无法达到最优配置,无法实现社会经济福利最大化的目标。

一、垄断

(一)垄断及其类型

1. 市场及其分类

(1)市场:通过买者与卖者相互作用共同决定商品或劳务的价格与数量机制。

(2)市场经济的运行机制:指市场价格的波动通过市场主体之间的利益竞争、市场供求关系的变化来调节经济运行的机制。

(3)市场经济体制:以市场机制作为配置社会资源基本手段的一种经济体制。这种经济体制的特点主要包括:在经济成分方面,经济活动的主体主要是产权排他性明确的企业组织;在经济决策方面,各经济主体依据市场行情自主地、分散地进行;在经济激励方面,实行同各经济主体的效率相联系的差异报酬。

(4)市场分类的标准:第一,市场上厂商的数量;第二,产品的差别程度;第三,单个厂商对价格的控制程度;第四,厂商进入或退出一个行业的难易程度。

(5)四种市场结构:完全竞争市场、独家垄断、垄断竞争、寡头垄断。

2. 垄断及其成因

(1)垄断:市场上只有一个销售者。完全垄断市场,也称为纯粹垄断市场,即整个行业只有一个厂商的市场结构。垄断厂商可以操控市场价格。完全垄断厂商的结构特征表现为:第一,市场上只有一个厂商;第二,产品不能相互替代;第三,厂商是价格决定者;第四,垄断厂商为使利润最大化实行差别定价;第五,其他厂商进入或退出该行业都极为困难。

(2) 垄断的根本原因是进入壁垒,即垄断者能在其市场上保持唯一卖者的地位,其他企业不能进入市场并与之竞争。

3. 垄断类型

(1) 厂商通过对某种商品生产资源的供给进行控制从而造成的垄断。

(2) 厂商拥有生产某种商品的专利权。

(3) 政府通过政策保护创造的行政垄断。

(4) 经济技术原因形成的自然垄断。

(二) 垄断对社会福利的影响

垄断对社会福利的影响主要体现在经济效率方面,它会导致各种非效率,使社会福利减损,主要表现在资源配置的无效率(静态效率损失)、资源运用的无效率(动态效率损失)和寻租成本三个方面。[①]

1. 静态效率损失

垄断市场中,价格高于边际成本,由于垄断导致高价格和低产量,导致了消费者剩余减少和生产者剩余增加,即资源配置无效率。

2. 动态效率损失

在垄断条件下,企业缺少外在竞争压力,则改变了行为原则,即由追求利润最大化变为追求安逸与享乐,缺乏创新的刺激,导致产品质次价高等,产品成本高于相应产量规模的最低成本,即资源运用的无效率。

3. 垄断引发的寻租成本

(1) 经济租:是指一种生产要素的最优收入超过要素机会成本的剩余,即生产要素的最大收益减去次优收益的差额。

(2) 寻租活动:人类社会中追求经济利益的非生产性活动,具体来讲是借助行政或法律手段来阻碍生产要素的自由流动与产品的自由竞争以维护或攫取既得利益。

(3) 政治创租:政府官员利用行政干预的办法来增进私人企业的利润,

---

① 郭伟和:《福利经济学》,北京:经济管理出版社2001年版,第53页。

人为创造租,诱使私人企业向他们进贡作为得到这种租的条件。

(4)政治抽租:指政府官员故意提出某些会使私人企业利益受损的政策作为威胁,迫使私人企业割舍一部分既得利益与政府官员分享。

(5)哈伯格三角形:完全竞争时的社会总福利(消费者剩余与生产者剩余之和)减去垄断时的社会总福利(消费者剩余与生产者剩余之和)所形成的社会福利净损失,可用三角形来表示。即从福利的静态损失来看垄断所造成的社会成本。

(6)塔洛克四边形:垄断最显著的社会成本是潜在企业为了成为在位企业,以及在位企业为了占据垄断地位、获取垄断利润而进行的非生产性寻利活动(寻租)所造成的社会成本。即垄断企业要获得垄断资源,需要游说、贿赂政府官员以寻求政府保护的成本。这部分成本相当于垄断企业的超额利润,可用垄断利润的四边形来表示。一般地,我们将这个表示垄断社会成本的"利润四边形"称为塔洛克四边形。

二、外部效应

(一)外部效应及其类型

外部效应是指在实际经济生活中,生产者或消费者的活动对其他生产者或者消费者带来的非市场性影响,即其行为以市场机制以外的途径直接影响了其他人的福利。

1. 外部效应的基本特征

(1)独立性:外部效应独立于市场机制之外,不计入市场交易的成本和价格中。

(2)溢出性:外部效应会对社会上的其他人产生影响。

(3)无意性:生产者或消费者的活动,不是有意对第三者产生影响,影响产生于决策之外。

(4)局部性:外部效应影响的范围是有限的。

2. 外部效应的类型

外部效应可以从下列不同的角度进行分类,由于人们的活动给其他人带来的影响可能是有益的,也可能是有害的,外部效应可分为外部经济(正外部性)和外部不经济(负外部性)。由于经济决策活动有生产和消费两种类型,外部效应可分为生产的外部性和消费的外部性。

(1) 外部经济与外部不经济

从外部性的影响效果看,外部性可以分为外部经济和外部不经济。

① 外部经济就是一些人的生产或消费使社会其他人受益,但他们并未得到补偿。此时,这些人从活动中得到的私人利益就小于该活动带来的社会利益。例如,私人庭院的美景给过路人带来美的享受,但路人不必付费,此时,私人庭院的主人给路人带来了外部经济效果。

② 外部不经济就是一些人的生产或消费使社会其他人受损,但他们并未补偿后者的现象。此时,这些人从活动中付出的私人成本就小于该活动造成的社会成本。例如,广场上音响的音量开得太大会影响附近居民的正常休息,这时,广场上跳舞的人们给附近居民带来了外部不经济效果。

(2) 生产的外部性与消费的外部性

从外部性的产生领域看,外部性可以分为生产的外部性和消费的外部性。

① 生产的外部性就是由生产活动所导致的外部性,即生产者采取的经济活动对社会其他人带来了有利或有害的影响。

② 消费的外部性就是由消费行为所带来的外部性,即消费者采取的经济活动对社会其他人带来了有利或有害的影响。

从外部经济与外部不经济、生产的外部性与消费的外部性两种分类出发,可以把外部性进一步细分成生产的外部经济性、消费的外部经济性、生产的外部不经济性和消费的外部不经济性四种类型。[①]

3. 外部效应对市场均衡的影响

外部性存在,成本收益不对称,这就会影响市场配置资源的效率,带来效率损失。企业或个人进行决策的时候,只可能将其实际承担的成本和得到的收益进行比较,在无须对外溢成本进行补偿的情况下,经济主体实际承

---

① 厉以宁、吴易风、李链:《西方福利经济学评述》,北京:商务印书馆1984年版,第207页。

担的成本会小于其活动的总成本,因而导致其产量"过剩";相反,在外部收益得不到报酬的情况下,经济主体实际得到的收益会小于其活动的总收益,因而其产出会趋向于减少。

4. 解决外部效应问题的方式

(1) 非市场化方式

主要依靠政府的力量来克服和纠正外部性问题,常用的措施主要有经济奖惩、公共管制、法律措施。

① 庇古税:在存在外部成本的情况下,如果政府向有关企业或个人以相当于其造成的边际外部成本征收罚款或税收,可以使得私人边际成本与社会边际成本相等,将外部成本内部化,从而减少负外部性商品的数量。

② 庇古补贴:政府对私人企业提供补贴,促使私人边际收益与社会边际收益相等,从而使企业在一定的价格下扩大供给量,达到纠正市场失灵的目的。

③ 行政管制:政府主管部门对有关行为指定限制区域,并监督执行,例如严格限制海洋捕鱼、建立捕鱼控制区域、规定捕鱼时段等。

④ 法律措施:立法部门制定一套法律法规,并由司法系统依靠相关法律对市场主体行为进行裁决,例如禁止公共场合吸烟、打击盗版、双方签订合同等。

(2) 市场化方式

主要依靠市场自身的力量来克服和纠正外部性问题,政府的作用主要是为市场作用的发挥提供必要的外部条件,包括界定产权、颁发可交易的许可证、为企业合并提供立法保障等。

① 排污权交易:在一定区域内,在污染物排放总量不超过允许排放量的前提下,内部各污染源之间通过货币交换的方式相互调剂排污量,从而达到减少排污量、保护环境的目的。它的主要思想是建立合法的污染物排放权利,并允许这种权利像商品那样被买入和卖出,以此来进行污染物的排放控制。

② 企业合并:通过将互相具有外部性的企业合并为一个企业,实现外部决策内部化,促使企业做出最优决策,实现利润最大化,例如将蜜蜂养殖场与果园合并为一个企业。

（二）科斯定理与福利

1. 科斯定理的内容

罗纳德·哈里·科斯（Ronald Harry Coase, 1910—2013）于1960年提出科斯定理。其主要内容是：在产权明确、交易成本为零或很低的前提下，无论在开始时将财产权赋予谁，市场交易的最后结果都是有效率的。只要产权已经明确界定并受到法律的有效保护，那么交易的任何一方拥有产权都能带来最优的资源配置，这可以通过双方的谈判自然实现，而产权赋予不同的交易方，只是会影响收入分配的结果。

科斯认为，在存在外部性的情况下，政府干预并不一定是唯一的解决方法，明确所有权也可以解决外部性问题，从而促进资源的合理配置。环境保护领域的排污权交易制度就是科斯定理具体运用的典型案例。

2. 科斯定理的局限性

科斯理论为外部性问题的解决提供了很好的借鉴意义，但仍存在局限性。

（1）科斯定理要求产权是明确界定的。但是，产权不总是能够明确地加以界定。例如，公共物品的产权往往难以界定或者界定成本会很高，从而使得自愿协商变得实际上不可行。

（2）科斯定理对市场化的程度要求较高。但事实上，很多国家，尤其是发展中国家，还处于市场化改革的过程中，市场经济的发展还不完善，产权并不一定能顺利转让。

（3）科斯定理要求交易费用很小。但是，即便在财产权明确界定也可转让的情况下，市场经济的交易费用可能会很高，这使得科斯定理不具有普遍的适用性。

三、公共物品与公共资源

（一）公共物品与福利

1. 物品的特性与分类

（1）竞争性与排他性

① 竞争性指消费者每消费一单位消费品，就会降低其他消费者消费这

一物品的可能性。

② 排他性指消费者对于物品有完全的产权,在消费过程中可以排除其他消费者对这一物品进行消费。

（2）物品分类

① 公共物品:具有非竞争性和非排他性的特征,一般不能单纯依靠市场机制实现有效供给,主要由政府来提供。

② 私人物品:既具有排他性又具有竞争性的物品。

③ 准公共物品或混合物品:是指处于公共物品和私人物品中间的产品或服务,可以分为以下几类:第一,无排他性或弱排他性但有一定竞争性的物品,如不收费但拥挤的道路;第二,有排他性但无竞争性的物品,如收费但不拥挤的道路;第三,可能发生"拥挤效应"的公共物品,即"俱乐部物品",如草地、矿产等资源。

2. 公共物品与福利

由于公共物品具有非排他性和非竞争性的特征,它的消费需求是公共的或集体的,如果由市场提供,消费者一般不会自愿购买,而是选择免费享用公共物品所带来的收益,即"搭便车"。这些享受了公共物品的消费但却逃避支付费用的人,被称为"免费搭车者"。"搭便车"现象将导致公共物品供给不足。

3. 公共物品的供给方式

公共物品有效供给的条件是每个社会成员的边际替代率之和等于产品的边际转换率。公共物品或服务供给量最佳的条件是每一个社会成员按照其所获得的公共物品或服务的边际效益大小来分担公共物品或服务的资金费用。公共物品的供给方式主要包括公共供给和私人供给两类。

（1）公共供给(政府提供)。由于公共物品具有非排他性和非竞争性的特征,"免费搭车"的现象不可避免,而私人企业由于不能收回成本,则会拒绝提供公共物品,这时就存在公共物品供给的市场失灵,需要借助政府的力量提供公共物品。但是,公共供给也存在一些问题:① 不同政府机构在提供同种公共物品时缺乏竞争,这必将降低公共部门服务的效率;② 消费者最终消费的公共物品,并不以价格形式表现出来,公众在对政府部门进行评价时,其敏感程度必定低于市场价格;③ 政府在追求预算极大化时,必然导致公共物品供给量大于实际需求量,导致生产过剩;④政府机构在提供公共物品时,并不以利润最大化作为目标,这必然伴随着较高的成本,还可能产生寻租问题。

(2)私人供给(企业提供)。在某些领域,如果单纯依靠政府供给公共物品,容易造成政府资金投入不足、政府管理效率低下甚至某些本不属于公共物品的领域被政府垄断,为了有效克服这些弊端,可以依靠私人力量对某些公共物品进行供给。私人供给的公共物品一般是准公共物品(介于私人物品和纯公共物品之间的混合物品),准公共物品的规模和范围一般较小,涉及的消费者数量有限,在公共物品的消费上必须存在排他性技术,且有一系列制度条件来保障,其中最重要的制度安排是产权。而私人供给公共物品的形式主要有三种,分别为:私人的完全供给,私人与政府的联合供给,以及私人与社区的联合供给。

如果每一个社会成员都按照其所获得的公共物品或服务的边际效用的大小来分担公共物品或服务的资金费用,则公共物品或服务的供给就可以达到最佳或高效率的配置,这被称为"林达尔均衡"。

(二)公共资源与公有地悲剧

1. 公共资源的含义

公共资源,作为一种特殊的自然资源,具有竞争性但不具有排他性,主要满足两个条件:第一,这类资源不为任何一个人或企业组织所拥有;第二,社会成员可以自由地利用这些资源。由于公共资源是公共的,使用权界定模糊,每个人都会尽可能利用它,因此,产生了过度消费的问题,"公有地悲剧"就是典型案例。

2. 公有地悲剧

从产权角度来看,公共资源是一种难以划分产权或者是产权不明晰的资源。由于公共资源具有非排他性的特点,当产权不明晰时,在对公共资源利用的过程中,容易出现资源使用过度问题,这个问题被称为"公有地悲剧"。解决公有地悲剧的措施大致如下。

(1)明晰产权,使公共资源具有排他性。

(2)通过制定规章制度等措施限制公共资源的过度使用,依靠法律的强制性保证规章制度的实施,以避免公有地悲剧。

(3) 自主治理解决公有地悲剧的原则。埃莉诺·奥斯特罗姆总结了自主治理的 8 项原则,分别是:清晰界定边界;占用和使用公共资源的规则要与当地自然、经济、社会发展状况相适应;参与式的集体选择安排;对制度制定者、资源享受者进行有效监督;当市场主体违反规则、过度消费公共资源时,将会受到其他使用者以及政府的制裁;当产生冲突时,占有者与政府可以迅速地用最小的成本,通过相互协商平台解决;占有者制定公共资源使用规则不受外部力量的干涉;在多层次分权中,通过将占用、使用、监督、惩罚等行为分权,保证规则实施的公平性。①

四、信息不对称

(一) 信息不对称和委托—代理关系

1. 信息不对称

信息不对称是指交易双方掌握不同的信息量,一方参与者掌握着另一方参与者所没有的信息或者一方参与者拥有得多、另一方参与者拥有得少的现象。信息不对称可理解为一种特殊的信息不完全。

2. 委托—代理

当参与者 A 授权参与者 B 代表 A 从事某种活动,A 称为委托人,B 称为代理人,通常用这个关系泛指任何一种涉及非对称信息的交易,知情者是代理人,不知情者是委托人。这样定义的隐含假定是,知情者的私人信息(知识、能力或态度)影响不知情者的利益,或者说,不知情者不得不为知情者的行为承担风险。

(二) 信息不对称引起的问题

1. 逆向选择

(1) 逆向选择的含义

由于市场的一方参与者无法察觉另一方商品的类型或质量,加之信息

---

① 〔美〕埃莉诺·奥斯特罗姆:《公共事务的治理之道:集体行动制度的演进》,余逊达、陈旭东译,上海:上海三联书店 2000 年版,第 271—272 页。

获取的高成本,因此,市场往往按照商品的平均质量定价。而低质量商品对高质量商品产生了负外部效应,导致人们对高质量商品定价下降,致使低质量的商品最终挤出高质量的商品的现象。

(2)"柠檬市场"和逆向选择问题

1970年,乔治·亚瑟·阿克洛夫提出"旧车市场"模型或"柠檬市场"模型,对质量和不确定性问题进行研究。在旧车市场上,车的质量参差不齐,有好车,也有次品车。由于卖主对旧车的真实质量拥有比潜在买主更多的信息,买主只能根据对整个市场的估计,决定支付价格。此时,好车和次品车被顾客同等对待,次品车更容易被售卖。一旦发生这种情况,质量好的车会退出市场。质量差的次品车比例增加,买主会进一步降低估价,使质量稍好的旧车退出市场。市场交易的最终结果违背了优胜劣汰的原则,质量好的旧车在竞争中失败,质量差的次品车则顺利成交,这就是市场中的"逆向选择"。

2. 道德风险

(1)道德风险问题的含义

通常将拥有私人信息的参与人称为"代理人",不拥有私人信息的参与人称为"委托人"。委托人和代理人达成协议后,代理人缺乏防范意识与从事败德行为的经济学现象称为"道德风险"。

(2)"保险市场"和道德风险问题

假设一家保险公司提供自行车失窃保险,当自行车所有者没有参保时,为避免丢失,所有者会自觉采取完善的防范措施,如给自行车配安全锁等。当自行车所有者参保后,自行车失窃的损失由保险公司赔偿,所有者缺乏采取防范措施的激励,如给自行车配易损的轻便锁等。保险公司通常是根据自行车失窃概率确定保费,而保险公司无法明确和监督客户的行为选择。因此,参保后的自行车失窃概率将提高,从而迫使保险公司提高保费,自行车保险市场萎缩。

3. 逆向选择和道德风险引致的福利损失

(1)不仅使得处于信息劣势的一方受到损失,而且会破坏原有的市场均衡,从而导致资源配置的低效率。

(2)市场价格不能真实地反映市场供求关系,增加了交易成本。

(3)由于信息不对称,需求规律可能发生变化,从而造成市场失灵。

(三)基于信息不对称的市场调节

1. 市场解决逆向选择的措施

(1)信息示意:代理人(拥有私人信息)对委托人发送信号,以证明自己的类型。

(2)信息甄别:委托人首先采取行动,来主动揭示、获取和分析代理人的信息。

(3)信息传递:让拥有私人信息的参与者发出有成本的信号,以证明自己的类型。

2. 市场解决道德风险的措施

(1)监督:加强对代理人的监督,观察和测度代理人的行动及其努力程度,以避免委托人利益和资源配置效率受损。

(2)激励兼容:委托人通过设计一种激励相容的机制,利益共享,风险共担,来诱使代理人选择委托人所希望的行动。

(四)基于信息不对称的政府调节

在市场机制不能解决问题时,政府应充分利用市场信号在信息方面进行调控,以保证市场上的交易双方能够得到充分且有效的市场信息,进而促使交易双方做出正确的选择。

政府依据法律法规对市场活动所进行的规定和限制行为,按照其调整的对象,通常分为经济性规制和社会性规制。[1] 与市场解决信息不对称的方法不同,政府规制具有强制性,它直接命令市场交易方必须披露某些重要信息,采取相关的风险防范措施以规避意外事件的发生,否则市场交易方就会受到相应的处罚。

1. 经济性规制

指政府对企业定价、进入与退出、投资和质量等方面进行约束,重点针

---

[1] 林晓华:《渐进式改革视野下的政府经济性规制行为及其规则》,载《发展研究》2006年第10期,第97页。

对具有自然垄断、信息不对称等特征的行业。

2. 社会性规制

指有关环境保护、生产安全、产品质量、卫生健康等方面的政府规制。

五、政府干预

(一) 政府干预及理由

1. 政府干预的含义

当市场出现失灵或失效时,政府通过一定的干预手段保证市场经济的健康发展,即通过惩罚和激励两种手段诱发人们行为的改变,从而改进市场的效率。

2. 政府干预的理由

(1) 市场经济竞争均衡合意性的前提条件不能满足。

(2) 收入和财富分配不均,贫富差距扩大。

(3) 宏观经济运行的波动引致经济周期问题。

(4) 优效品(百姓没有按照自己的最佳利益而采取行动,政府强迫人们消费的物品)消费不足。

(5) 需要政府代表国家利益行使权力和履行义务,维护市场主体的利益。

(二) 政府经济职能

1. 优化资源配置

政府通过引导人、财、物等资源的流动,提高资源利用效率,从而获得最大的社会经济效益。

2. 缓解分配不公平

针对片面追求效率而产生的不公平现象,政府可以进行收入再分配,在适当均衡贫富后再自由竞争,从而缩小收入差距,体现社会公平。

3. 实施宏观调控

政府根据一定时期的经济社会状况,灵活地运用行政手段和经济手段(主要是货币政策和财政政策),以达到经济增长、物价稳定、充分就业的目的。

4. 执行国际经济政策

各国政府之间需要对宏观经济政策进行相互协调,在国际竞争中驾驭经济发展,实现福利的最大化。

(三)政府干预的手段

1. 税收

国家为满足社会公共需要,凭借公共权力,按照法律所规定的标准和程序,参与国民收入分配,强制地、无偿地取得财政收入的一种特定分配方式。

2. 政府的财政支出

一般分为购买性支出与转移性支出。政府财政支出不仅有利于发挥国家的职能,促进国家各项事业的发展,而且有利于社会的生产和就业、收入分配的再调节,以及维护社会的稳定。

3. 政府管制

一般分为经济管制和社会管制。经济管制直接影响市场主体的经济决策,主要是对价格、产业进出门槛、质量标准、服务标准等进行控制;而社会管制旨在保护安全、健康、环境等公众利益和维护社会安定。

六、公共选择

(一)公共选择理论及规则

公共选择是指在政府经济活动中,如何通过政治程序决定公共物品的产生、供给与消费等问题,其基本思想是将经济学的分析方法用于非市场的政治领域。①

1. 直接民主制下的公共选择

（1）直接民主：社会成员以投票等形式，直接参加公共物品的生产和供给决策，参与社会政治、经济和其他事务管理。

（2）一致同意原则：一项决策必须经过全体投票人完全同意才能通过。在一致同意规则下，每一个投票人都对将要达成的集体决策权拥有否决权，这充分地保证了每一个投票人的利益。

（3）多数同意原则：一项决策必须经过全体投票人中的多数认可才能通过。这里的多数，可以是简单多数，即超过总数的一半，也可以是比例多数，即达到总数的三分之二以上。

（4）单峰偏好：指在一组备选方案中，投票人对一个方案的偏好程度最高，对其他方案的偏好程度都逐渐递减。

（5）多峰偏好：指在一组备选方案中，人们的理想方案不止一个，从最为偏好的方案游离开，其偏好程度或效用会下降，但之后会再上升，这种情况称为多峰偏好。

（6）中位选民：指其偏好在所有选民偏好序列中间，一半人大于其偏好，一半人小于其偏好。

（7）中间投票人：指对提案或公共产品需求规模持中间立场的投票，当每个投票人对方案的偏好满足单峰偏好特点时，多数规则下的投票结果是中间人的最优偏好结果。

（8）投票交易：由于多数同意规则往往忽视少数派投票人的利益，给少数派带来利益损失，为了减少利益损失，少数派投票人会通过交易选票的方式改进自己的境况。通过投票交易，多数同意规则的投票过程可以逐步实现帕累托改进，最终实现帕累托最优。然而，投票交易的交易成本巨大，同时投票交易形成的利益集团将会影响决策的最终结果，侵犯非利益集团者的利益。

（9）投票悖论：按照少数服从多数原则，改变投票顺序会得到不同的投

---

① 温来成：《政府经济学》，北京：中国人事出版社 2004 年版，第 65 页。

票结果。假设三个人分别是 A、B、C,面临三个选择 X、Y、Z。其中,A 表现出来的偏好是 X 优于 Y,Y 优于 Z;B 的偏好是 Y 优于 Z,Z 优于 X;C 的偏好是 Z 优于 X,X 优于 Y。按照多数人投票规则,社会对于 X 和 Y 的排序为 X 优于 Y,对于 Y 和 Z 的排序为 Y 优于 Z。此时,按照偏好的传递性公理,社会对于 Z 和 X 的偏好关系应该为 X 优于 Z。但按照多数人投票规则,社会应该偏好 Z 胜于 X。这种在多数票规则下投票可能不具有稳定一致的均衡结果的现象,被称为"投票悖论"。

(10) 阿罗不可能性定理:如果人际效用比较不存在,个体都有自己的偏好顺序,把个体的偏好顺序加总成为社会的总体偏好,那么这种社会决策机制一定是独裁统治,此时社会偏好顺序是一个人的偏好顺序;当候选对象超过三个时,在满足理性行为假定和民主的基本条件下,不可能找到一种规则,使人们可以根据个人的序数偏好,得出具体的社会偏好。①

(11) 价值限制:只要所有的投票人都一致同意某一个方案不具备某个特点,那么,当所有投票人对一个投票方案达成一致意见时,也可以得到投票的均衡解。②

2. 代议民主制下的公共选择

(1) 代议民主:社会成员通过选举自己的代表,如我国的人大代表或其他国家的议员,代表自己的意愿参与社会公共事务管理,从事选举和任命政府负责人、审查和批准政府收支等决策活动。

(2) 政治家:通过选举获得职位的政党领袖或代表,其产生与选举周期相关,对选民负责,根据选举法律进行更换。

(3) 政府官员:通过选拔受雇于政府部门的社会成员,政府官员行使国家公职,对上级负责。

(4) 官僚主义:政府机构和政府官员的行为脱离社会实践,脱离民众,通过损害民众的利益来实现和维持自身利益最大化,导致效率低下甚至无效率。官僚行为具有缺乏竞争或激励机制、非利润化、个人影响力较大和缺乏

---

① 姚明霞:《西方理论福利经济学研究》,北京:中国人民大学出版社 2001 年版,第 52 页。
② 〔印度〕阿玛蒂亚·森:《集体选择与社会福利》,胡的的、胡毓达译,上海:上海科技出版社 2004 年版,第 58 页。

敏感性等特点。

（5）利益集团：具有相同利益要求的个人、群体，为了实现共同目标资源自愿或者自愿组织起来对公共政策施加影响的有组织的实体。

（6）政治铁三角：官僚机构和立法机构追求预算最大化，它们与利益集团（选民抱团）会形成政治铁三角，致使政府预算不断扩大，三者之间相互牵制，相互制衡。

（7）贪污：贪污是指公职人员用公权谋私利的行为，公职人员贪污的动机是公职人员的经济理性，产生原因为贪污行为被发现的概率极低和惩处腐败力度较小。[①]

（8）政治均衡：如果一个社会的人们根据既定的规则，就一种或多种公共物品或服务的供给量以及税收份额的分配达成协议，就意味着政治均衡。

（二）政治经济周期与政府失灵

1. 政治经济周期

经济活动往往围绕大选周期发生波动。政府一般在大选来临之际寻求对其有利的经济结果，而把对其不利的经济结果拖到大选之后。

2. 政府失灵的含义

政府失灵又称政府失败或政府缺陷，是政府在克服市场失灵的过程中所出现的负面效应。政府的干预措施不总是有效的，政府在提供公共物品时趋向于浪费和滥用资源，造成公共产品的有效供给水平不足或供给数量太多，致使成本规模过大或者效率降低。政府发挥不了预定的经济调节作用，主要表现为两方面：第一是政府的无效干预，即政府干预的范围和力度不够；第二是政府的过度干预，即政府干预的范围和力度超过维持市场机制正常运行的合理需要。

3. 政府失灵的原因

（1）信息不完全：政府决策部门在决策之前需要收集的信息不完全。

（2）委托—代理问题：政府（代理人）作为理性人的个人利益与选民（委

---

① 王建新：《腐败成因的制度经济学分析》，载《经济研究参考》2008年第34期，第59页。

托者)利益相冲突。

(3) 卢卡斯批评:政府在制定公共政策时,由于忽略了市场主体对公共决策的预期而造成公共决策达不到预期的效果。

(4) 不完备的知识:政治家和选民不知道最优政策是什么。

4. 政府失灵的解决措施

(1) 重新创造市场:重塑偏好机制,使得市场主体能够真实体现自己的偏好。

(2) 宪法约束:改革宪法,重新确立一整套经济和政治活动的宪法规则,对政府部门施加宪法约束。

(3) 划分立法权:建立一个不受制于政府的立法机构,该机构仅制定永久性限制政府的强制权的法律。

第四章 福利经济学研究方法

随着福利经济学学科的发展,福利经济学研究方法逐渐形成了由不同层次和方面组成的综合体系。本章从方法论、研究方式、具体方法三个层面阐述福利经济学的研究方法体系。

第一节 福利经济学基本研究方法

研究方法,实际上就是采用何种方法来证明一个命题或判断的合理性或真实性。福利经济学属于经济学的研究范畴,并逐步发展成为经济学的一个重要分支。福利经济学在研究方法上不仅体现出经济学研究的一般特征和规律,也有其自身特点与研究规律。在福利经济学学科的发展过程中,福利经济学逐渐形成了一套适合于自身的由方法论、研究方式和具体方法三个不同部分所构成的完整的研究方法体系。福利经济学的研究方法体系是一个有机的整体,是由不同层次的方法所组成的知识体系,但各个部分之间并非各自独立、相互排斥,而是存在着非常紧密的内在联系。

一、方法论

任何科学研究都离不开科学的研究方法,没有科学的研究方法,科学研究就犹如"无源之水,无本之木"。每一门学科在其发展过程中,都会形成一套适合自身的方法体系,福利经济学自然也不例外。了解和掌握福利经济学的方法体系,对于了解和掌握福利经济学这一学科具有十分重要的意义。

(一)方法论概述

通常而言,在研究方法体系中,方法论位于最高层次,研究方式居于中间层次,具体的方法与技术则位于低层次。方法论是指导研究的基本理论、

第四章 福利经济学研究方法

原则和具体理论框架,它的主要作用在于为研究全过程提供理论依据,指明研究方向。科学研究方法论是关于科学研究的方法的理论,或者说,科学研究的方法是科学研究方法论的研究对象。① 科学方法论主要涉及科学研究活动的一般规律与方法的研究,以及人们认识客观事实的基本程序和一般方法,逐渐发展成为许多学科广泛应用的一般研究方法。

方法论是关于研究者思维体系抽象而基础的概括,它所涉及的是规范一门科学学科的原理、原则和方法的体系。② 方法论研究的关键问题包括研究的哲学基础及其基本假设、研究过程和研究结果的准确性、不同研究方式的内部逻辑关系等内容。一般情况下,虽然在研究报告中不会明确写出方法论,但它却具有最根本的指导意义。由于很难找到统一的方法论分类标准,目前学术界就方法论体系也尚未达成一致的意见。在学术研究的发展史上,陆续出现了众多的研究方法论。这些研究方法论或多或少影响着某些学科或某些理论的发展。

方法论与具体方法,既相互联系又相互区别。具体方法是研究中某一阶段的工作方法,层次较低;而方法论是指导整个研究过程的方法,层次较高。可以说,方法论直接决定采用何种具体方法,离开方法论的指导,研究结果只能局限于日常观察的水平或者停留在分析描述某些微观现象,难以提高认识水平。如果没有掌握正确的具体方法,就无法系统地、有条理地、有步骤地开展研究。

好的研究问题,需要选用科学合理的研究方法进行解答,但是在众多的研究方法中如何选择最适合研究问题的方法,是对研究者方法论知识掌握程度的考验。方法论主要研究方法的性质、作用和规律,研究不同方法之间的联系和差别,研究每一种方法在方法论体系中的地位和作用,以及正确运用各种方法所必须遵循的基本程序和原则等。③ 可以说,方法论具有最高的概括性和最普遍的适应性,对于一切科学研究活动具有最根本的指导意义。④

---

① 王晖:《科学研究方法论》,上海:上海财经大学出版社2004年版,第6页。
② 风笑天:《社会研究方法(第五版)》,北京:中国人民大学出版社2018年版,第8页。
③ 梁莹:《公共管理研究方法》,武汉:武汉大学出版社2010年版,第38页。
④ 吴建南:《公共管理研究方法导论》,北京:科学出版社2006年版,第55页。

在社会研究中,通常存在两种不同的且相互对立的方法论——实证主义方法论和人文主义方法论。实证主义方法论主张通过具体的、客观的观察以及经验概括获取研究结果。人文主义方法论认为应充分发挥研究者的主观能动性,结合人的特殊性以及社会现象与自然现象之间的差别来分析探讨社会现象和社会行为,通过"投入理解"或者"人对人的理解"来研究复杂的现象。在研究方式上,实证主义方法论的主要特征体现为定量研究,而人文主义方法论的典型特点则表现为定性研究。

(二)福利经济学研究的方法论

方法论是指导研究工作的一般思维方法,不同的方法论往往会选择与之相匹配的研究方式与研究方法。研究人员持有不同的方法论观点,会直接影响研究人员选择哪些研究问题,也影响他们对研究方式和具体研究方法的选择。研究成果的积累,加上具体研究方法与技术的进步与丰富,必然促进方法论本身的发展。福利经济学的研究方法体系正是在这种相互影响、相互作用和相互制约的过程中不断完善和发展。

实际上,所有的科学研究都离不开一定的理论和方法的指导,方法论能够为顺利开展研究工作提供理论指导和认识原则。当然,方法论是与一定的哲学观点和学科理论紧密联系的。通常情况下,不同的学科所涉及的方法论也会有所不同,不同的理论学派也存在方法论的差异。在福利经济学研究中应该遵循何种方法论,这是一个实践的问题。也就是说,研究福利经济学的具体问题时应该采用何种方法论、何种研究途径以及何种判断标准,要结合研究问题的具体特征进行合理选择。研究中采用哪种方法论,对于分析和解决福利经济学的实际问题有着重要的影响。方法论直接关系到研究者对研究方式、研究方法与技术以及研究方案的选择,不同的方法论甚至可能得出完全不同的研究结论。

福利经济学的主要研究内容包括资源配置效率研究、收入分配理论研究、社会福利度量和影响研究以及公共选择理论研究等几个方面。在福利经济学的研究中,离不开科学的理论和方法的指导,离不开方法论的指导,然而选用何种科学的方法论,则应根据研究问题的本质和研究对象的特征进行全面分析。深入研究福利经济学的方法论,有利于提高福利经济学的研究水平,进而促进福利经济学学科的发展。

二、研究方式

研究方式是指在研究中所运用的具体形式与分析框架,明确了整个研究过程所采用的程序步骤与操作方式。换言之,研究方式反映了在具体问题的研究中,研究者采用怎样的研究手段与研究途径来获取研究结论。基于不同的视角或者不同的分类标准,研究方式可以分为不同的类型,每种类型在操作上虽有其自身的特点,但各种类型在实际研究中并非截然分离与独立。也就是说,在研究中,研究者可以同时选用多种不同的研究方式。

在研究方法体系的层级结构中,研究方式居于中间层级。研究方式是连接方法论和具体方法的中间桥梁。可以说,方法论对研究方式的选择具有决定作用,研究方式对具体研究方法的选择产生直接的影响。一般情况下,由于方法论的不同,研究中运用的研究方式也会有所不同。方法论为研究工作提供原则和思想的指导。研究方式则强调"过程性",注重如何操作,如何制定和实施研究方案,即开展某项研究的具体途径和过程。具体方法和技术强调"实用性",表明在研究中某一阶段所运用的研究方法、技术与工具。

通常而言,研究的具体方式可分为两种不同类型:定性研究和定量研究。定量研究和定性研究又分别包括不同的具体类型。比如,常见的定量研究方式有实验研究、调查研究和利用文献的定量研究等;定性研究方式主要有实地研究、个案研究、扎根理论研究、行动研究等。一般认为,社会研究有四种较为常见的研究方式,即调查研究、实验研究、实地研究和利用文献的定量研究,表4-1对这四种研究方式进行了详细概括和总结。这四种不同的研究方式反映出研究中实证主义方法论和人文主义方法论、定量研究与定性研究的区分,以及定量研究与定性研究的相互结合,也表明了不同研究方式在调查对象、分析方法、资料收集特点等方面的区别。

表 4-1 社会研究的基本研究方式简介

研究方式	子类型	资料收集方法	资料分析方法	研究的性质
调查研究	普遍调查	统计报表	统计分析	定量
	抽样调查	自填式问卷		
		结构式访问		
实验研究	实地实验	自填式问卷	统计分析	定量
	实验室实验	结构式访问		
		结构式观察		
		量表测量		
实地研究	参与观察	无结构观察	定性分析	定性
	个案研究	无结构访问		
利用文献的定量研究	现存统计资料分析	官方统计资料	统计分析	定量
	二次分析	他人原始数据		
	内容分析	文字声像文献		

资料来源:风笑天:《社会研究方法(第五版)》,北京:中国人民大学出版社 2018 年版,第 9 页。

虽然每一种研究方式本身并没有优劣之分,但是每种研究方式在具体应用上各有优点和缺点。每一种研究方式,都可以用来研究特定的问题。因而,在福利经济学的研究中,结合具体问题和研究目的的需要,研究方式也应有所选择。研究方式的选择是以研究者的方法论思想、研究对象与研究目的为基本依据的。研究者在研究设计阶段的重要任务之一,就是选用恰当的研究方式。研究方式的选择与研究问题,研究现象的性质、特征与规模,研究的分析单位以及研究目的等密切相关。对于同一研究问题或研究假设,也可运用不同的研究方式进行研究。故此,研究者在进行研究设计时,应遵循合理、可行、经济与科学的原则,综合分析各种方法的利弊以及可能对结果产生的正面与负面影响,选取最为恰当的研究方式。

三、具体方法

研究方法是解决实际问题的具体方式,是完成任务的具体手段,是实现目标的有效途径。在福利经济学研究中,选择适当的研究方法是每个研究阶段中必须认真考虑的重点内容。具体的方法和技术是指在某个研究阶段实际使用的方法、技术、工具等,这些方法、技术与工具属于研究方法体系的第三层级。具体研究方法和技术主要包括三类：资料收集方法、数据分析方法以及其他技术手段或工具。福利经济学所涉及的研究内容非常广泛，研究中采用的研究方法多种多样，下文我们重点介绍几种常见的研究方法。

（一）公理化方法

公理是指在一个知识体系中作为出发点、无须证明的原始概念或原始命题。虽然逻辑上不证自明，但它是被实践反复证明的真理性认识。公理化方法（Axiomatic Method）是总结概括科学理论知识的一种重要方法。公理化方法就是从尽可能少的不加定义的原始概念和一组不加证明的原始命题出发，运用逻辑规则推导出其余命题和定理，以致建立整个理论体系的一种方法。[1]

实质上，公理化方法是一种逻辑演绎方法，它通过原始概念定义其他概念，通过原始命题或公理推导、证明其他定理，从而使某一知识或理论形成系统。公理化方法是随着数学和逻辑学的发展而产生的。公理化方法作为一种整理知识、建立学科体系的方法，最早运用于数学领域。公理化方法不仅在现代数学和逻辑学领域作用显著，而且在经济学、管理学等研究领域应用广泛。公理化方法在科学研究中发挥着重要作用，它不但具有分析、总结科学知识的作用，而且是推动和创建新理论的一种重要方法。随着研究科学的发展，当一门科学积累了丰富的经验和知识，需要将这些经验与知识上升为理论认识时，可以运用公理化方法对其进行综合整理，使其条理化和系统化。

由于公理系统是一个有序的整体，也是一个严格的演绎系统，公理化方法在经济学研究中受到研究者的广泛青睐。随着福利经济学的不断发展，阿玛蒂亚·森成为贫困度量公理化方法的著名提倡者，在他的倡导下，经济学文献确立了相关性公理、弱单调性公理、公平性公理、弱转移性公理、强转移性公理、连续性公理以及复制不变性公理等。[2] 公理化方法在建立科学理论体系、训练人们的逻辑推理能力、系统地传授知识、促进科学理论的应用

---

[1] 赵华朋、陈爱娟：《科学技术方法概论》，西安：陕西科学技术出版社2001年版，第162页。
[2] 徐宽、Lars Osberg：《关于森的贫困度量方法及该领域最近的研究进展》，载《经济学（季刊）》2001年第1期，第151—170页。

以及探索事物发展的逻辑规律等方面起着非常重要的作用。公理化方法在福利经济学研究中的广泛运用,推动了福利经济学的进一步发展。

(二) 随机优势法

随机优势法(Random Dominance Method)是福利经济学研究中的一种重要方法。随机优势又称为随机占优、随机较优。随机优势(Stochastic Dominance)是指对于任意两个待选决策方案 A 和 B,记决策者的效用函数为 $U(X)$,其中随机变量 X 的定义域 I 为 $[a,b]$,如果任意 $u \in U$,必有 $E_A U(x) \geqslant E_B U(x)$,且存在 $u_0 \in U$,使 $E_A U(x) > E_B U(x)$,则称方案 A 随机较优于方案 B。① 随机优势关系主要有一阶随机优势(First-Degree Stochastic Dominance,FSD)、二阶随机优势(Second-Degree Stochastic Dominance,SSD)和三阶随机优势(Third-Degree Stochastic Dominance,TSD)三种类型。

随机优势法是基于不同的经验联合分布而对不同分配进行排序以进行社会福利判断的方法。② 随机优势决策策略是决策者在掌握部分偏好信息的基础上做出最佳方案或最优策略的选择。采用不同的方法对同一分配进行估计时,对分配中不同部分的收入的敏感程度会有所不同,进而导致估计偏差,随机优势法可以有效地弥补这一不足。随机优势法在较少信息的情况下,也能向决策者提供一个有效的行动集。在福利分析与不平等问题的研究中,随机优势方法得到了广泛关注和运用,主要涉及一阶随机优势方法(FSD)及二阶随机优势方法(SSD)。在福利经济学研究中,由于随机优势法可以弱化相应限制条件,因而在社会福利的排序、描述偏好以及分配比较等方面得到广泛运用。

(三) 博弈分析法

博弈分析法(Game Analysis)是经济学的一种重要分析方法。1944 年美籍匈牙利科学家冯·诺依曼(Von Neumann,1903—1957)和美籍德裔经济学家摩根斯坦(Oskar Morgenstern,1902—1977)在《博弈论与经济行为》一书

---

① 李德荃:《金融经济学》,北京:对外经济贸易大学出版社 2011 年版,第 203 页。
② 陈珂:《社会状态估计的随机优势方法及可分解方法》,载《武汉大学学报(人文科学版)》2004 年第 1 期,第 103—107 页。

中首次将博弈论应用于经济分析。后来,经过纳什、泽尔腾和海萨尼等经济学家和数学家的努力,博弈论逐渐成为微观经济学的重要分支和经济学中应用广泛的分析方法。

在福利经济学研究中,博弈分析法是指应用博弈论的方法来研究福利经济学的问题。博弈论研究的主要内容包括决策主体的行为发生直接相互作用时的决策以及这种决策的均衡问题。博弈论得出的均衡解,需要同时考虑所有博弈参与者的策略都如此选定时的策略组合。博弈论的主要内容是由对一个个博弈模型的分析和研究组成,这些模型是对经济等领域中有关现象的抽象和概括。最基本的博弈由以下四个要素组成:(1) 参与者:参与博弈的决策主体;(2) 行动集:每一个参与者可采取的行动(策略)全体组成的集合,每个参与者各自行动后形成的状态称为局势;(3) 收益:在不同的局势下每个参与者可获得的利益,收益更多情况下表现为参与者对所有局势的一个偏好顺序;(4) 规则:对参与者行动的先后顺序、参与者在决策时所知信息多少等的具体规定。[①]

博弈分析法在福利经济学研究中具有重要地位。福利经济学的主要研究对象是资源配置效率问题和收入分配合理化问题,必然会涉及所有社会成员的利益,换句话说,福利经济学研究各种社会和经济决策以及决策结果,而这些决策结果是所有社会成员或利益相关者之间相互博弈的结果。因此,博弈分析方法成为福利经济学研究中一种常用的分析方法。

(四) 比较分析法

比较分析法(Comparative Analysis)是自然科学、社会科学和日常生活中经常使用的一种研究方法。比较分析又称为对比分析,即对某一事物及其相联系的事物,通过比较与分析,认识其共同点、差异点和本质的方法。比较分析法是通过比较分析事物的异同点,达到对各个事物深入的了解和认识,从而认识各事物的本质。客观事物是相互联系又相互区别的。比较方法的理论基础,是客观事物发展变化统一性和多样性的辩证结合,共同性是事物间可比的基础,差异性体现为它们具有不同的特征。

---

① 谈之奕、林凌:《组合优化与博弈论》,杭州:浙江大学出版社 2015 年版,第 235 页。

"有比较才有鉴别",有鉴别才能择优和发展。通常而言,我们不能孤立地认识事物,只有把一事物和其他事物联系起来加以考察,通过比较分析,才能更为深刻地认识事物的本质属性,从而进一步深化知识。任何事物的好坏都是相比较而存在的,只有在事物的相互联系中进行比较,才能认识和研究事物的差别。

比较分析可以在不同地区、不同年份、不同单位、不同项目、不同方案或不同措施之间进行对比分析。换言之,比较分析的类型是多种多样的,包括纵向比较、横向比较、异同比较、质量比较、数量比较、内容比较、形式比较、中外比较、本地与外地比较、城市与农村比较等。运用比较分析法,应注意以下几个方面。其一,要考虑可比性问题,例如数据资料的可比性、指标的可比性以及社会经济条件的可比性等。只有具备可比条件的比较分析,才能得出更为准确的结论;其二,尽量对比较对象的本质属性进行比较分析。愈是对研究对象的本质属性进行比较,得出的结论也就愈可靠;其三,选择和制定精确的、稳定的比较标准。对于定量比较的计量单位应选择精确的统一的标准,比如家庭生活水平,主要看人均收入水平,可用人民币"元"为基本单位。定性比较的标准还应具有相对稳定性。[1]

比较分析法简单且易于操作,应用广泛,也是福利经济学研究的一种重要方法。例如,在研究社会整体福利这一问题时,往往会论及不同个体之间的福利比较;在论述不同收入分配对人们福利产生的影响时,也会涉及个人效用的比较;在求得个人福利的总和之前,也必须能够计量和比较它们[2]。再比如,在社会福利政策研究中,为了更为全面地认识和理解一个国家的国情特点与社会福利体制的关系,经常会对不同国家的福利体制和福利政策进行比较分析。又比如,在研究税收的福利效益时,常常会比较分析不同种类税收的福利效应,以便准确说明哪一税种更有利于社会福利的改善等。

(五) 经验分析法

经验分析法(Empirical Analysis)主要是从实际的经济现象、数据、典型

---

[1] 范伟达、范冰:《社会调查研究方法》,上海:复旦大学出版社2010年版,第373—375页。
[2] 〔澳〕黄有光:《福利经济学》,周建明、蔡江南、黄渝祥等译,北京:中国友谊出版公司1991年版,第9页。

例子出发,运用各种统计方法和工具来"证实"或"证伪"经济推理的结论,采用归纳法发现各种经济现象或行为背后的共同规律。① 经验分析方法尤其强调依靠专业人士积累的丰富知识、经验、技能、信息和分析判断能力对所收集的所有资料,运用一定的数学手段和科学的逻辑思维进行系统全面的分析。

福利经济学不仅需要纯理论分析,而且需要经验分析和概括现实生活中的经济和社会现象的数量关系问题。福利经济学需要对经验事实进行收集、整理、分析,以便把这种经验研究与福利经济学的理论建设与发展紧密结合起来,因此在福利经济学的实际研究中需要运用经验分析法。从福利经济学已有的研究来看,社会调查法、社会统计法等都是兼具定量分析的经验分析方法。社会调查法是通过实地调查,直接采集第一手的信息和资料,用以说明和解释所要了解的各种经济社会现象发生的原因和相互关系,并提供解决问题的线索。社会统计法是利用统计学中有关搜集、整理资料的方法,用公式、数字、图表来证明和表示各种经济现象的方法。例如,对消费、失业与就业情况进行统计分析,构建计量模型检验社会保障收入再分配效应②,探讨养老保险制度及其相关因素对居民储蓄率的影响③,都运用了经验分析方法进行研究。

(六) 系统分析法

系统分析法(System Analysis)是在系统理论高度发展和成熟的基础上产生的一种科学研究方法。系统分析法是指在研究中按照客观事物本身的系统性,将研究对象置于系统中进行考察和研究的分析方法。系统方法是一种思维方法,不是简单的数学计算。系统本来就是客观存在的。"系统"一词最早出现在古希腊语中,古希腊原子论的创始人德谟克利特在其著作《世界大系统》中正式使用"系统"这一概念。"系统"是由许多不同的零部件组成的,这些不同的零部件既相互联系又相互制约,从而形成网络结构。

---

① 张伟:《经济福利测度:理论分析与中国经验研究》,武汉:华中科技大学,2010 年,第 23 页。
② 吕承超、邵长花:《农村社会保障发挥了收入再分配效应吗:来自 CHIP 数据的经验分析》,载《华中科技大学学报(社会科学版)》2019 年第 4 期,第 47—57 页。
③ 李雪增:《中国养老保险体制转型的动态经济效应研究:基于资本积累的分析视角》,北京:对外经济贸易大学出版社 2012 年版,第 153 页。

可以说,"系统"是具有一定结构和功能的有机整体。亚里士多德提出的"整体大于它的各部分之和"的著名论断,是对基本系统问题的一种表述。系统理论就是人们在实践活动中对客观存在的"系统"及"系统"本质属性形成的一种系统化的认识。

系统分析强调整体与部分之间的联系,在系统中每个不同的部分并非杂乱无章地堆积在一起,而是构成有序的、互相作用和互相联系的有机整体。整体的性质和行为决定各构成要素之间的相互联系和作用,且每个要素不能单独对整体产生有效影响。因此,系统分析法始终将研究对象视为一个整体,排斥孤立地研究整体中的某一部分然后加以综合的方法,是从局部与局部、整体与局部之间的相互联系、相互作用、相互制约的关系中揭示"系统"存在的规律和特征。

"系统"是普遍存在的。遵循整体性原则,是系统分析法的基本出发点。系统分析法的主要特征是把社会现象或事物看成一种"动态系统",将其放在整个社会的大系统中去考察,揭示"系统"的特征和运动规律,进而有效解决或处理所研究的问题。运用系统分析法来考察社会和各项工作,能够找出事物的相互联系与本质,有利于达到资源最优配置、最优控制和最优管理的目标。比如,任何一种社会经济现象,总是与其他事物有着这样或那样的关联,要想获得透彻的认识,就应将它放置在社会系统的大背景中加以系统考察。

系统分析强调外部条件与内部条件的结合、当前利益与长远利益的结合、局部效益与整体效益的结合,以及定性分析与定量分析的结合。运用系统分析法,应该遵循整体性、关联性、有序性、动态性、协调性以及最优化的基本原则。系统分析的程序主要包括以下四个环节:(1) 将所要研究的问题视为一个大系统,并将这个系统分解为若干子系统,再将子系统分成若干个单元;(2) 分析各子系统和各单元的特征,找出它们之间的联系与相互影响;(3) 分析系统及各单元与外部环境的关系;(4) 通过比较分析各方案,提出最佳解决问题的方案。[①]

毋庸置疑,福利经济学的研究也离不开系统分析法。运用系统分析法,

---

① 周范林:《实用管理方法手册》,北京:经济管理出版社1995年版,第69页。

是按照事物本身的系统性,将研究对象放入一个相对独立的"系统"中加以考察和分析,进行研究和处理以解决问题。福利经济学的研究内容必然涉及社会资源系统的优化配置问题、国民收入系统的合理化问题以及社会福利系统的最优化问题,因此,可通过系统分析法从整体上对这些"系统"进行分析研究,以实现"系统"的合理整合与最优控制,促进社会的和谐发展。

(七) 制度分析法

制度分析法(Institutional Analysis Method)是一种由西方制度主义经济学家提出的分析方法,它引起了经济分析方法论的发展与变革。制度是指人们愿意接受或不愿意接受的、规范人们偏好和选择行为的规则和习惯。一般而言,规则包括法律、规章和政府政策等正式制度,习惯则涉及文化传统、风俗、禁忌、道德规范等非正式制度。也就是说,制度主要包括两种不同的类型,即正式制度和非正式制度。

制度分析法强调从制度的角度来审视经济运行,并分析制度的产生和变化对资源配置的影响。制度分析法从制度结构出发分析个人行为,认为制度影响和制约着个人的偏好和目标。制度为人们相互影响提供了一个框架,并且该框架约束并规范人们的行为和选择。制度可以限制和规范人们对福利或效用最大化的追求,它使行为主体的最大化行为是在规则约束内的最大化行为。本质上,制度是限制、鼓励和保护人们行为的各种规则。在不同的制度环境中,人们所表现出的行为方式也是有所不同的。

制度分析法具有如下三个主要特点。其一,非纯粹经济分析特点。即制度分析法把政治、文化、法律等非经济因素纳入经济学研究的内在变量之中,可以更为全面和客观地揭示事物的本质特征与规律。其二,变迁演化特点。在制度分析法中,制度变迁被认为是一种效益更高的新制度替代旧制度的过程。其三,方法论的集体主义特征。制度分析法表现出强烈的集体主义,强调制度是集体行动的结果或集体行动对个人选择的影响和限制。换句话说,制度是不同个体反复博弈的结果,表现为群体行为共同遵守的"游戏规则"。方法论的集体主义特点为科学研究人类行为提供了新的视角。

福利经济学是从福利视角来分析经济制度,制度分析法的运用在研究经济制度时尤其必要和重要。比如,为了更好地掌握一国的福利经济制度的发展与演变,可以借助制度分析法剖析该国福利经济制度演变的特征与内在结构体系。制度分析方法也有助于研究社会资源配置的效率状况。总之,制度分析法是福利经济学研究的一种重要分析方法。

(八)成本收益分析法

成本收益分析法(Cost-Benefit Analysis)是指以货币单位为基础对投入和产出进行衡量与评估的一种方法。成本收益分析法通过比较不同方案所带来的成本和收益,从中选出最优方案的方法。20 世纪 30 年代,美国制定"控制洪水法案"的程序中运用了成本收益分析法,即通过比较防治洪水投入的成本与及时阻止洪水暴发所挽回的损失,产生了成本收益分析法。此后,成本收益分析法的应用领域逐渐得以拓展。20 世纪 60 年代,美国制定了"伟大社会"(Great Society)计划,开始强调对可计量化和可评估性要素的评估,自此,成本收益分析法在社会政策领域得到应用。

成本收益分析法是一种常见的经济分析工具,它可以用来判断研究对象在经济上是否具有价值,是否具有经济可行性,因而可以为决策者提供重要的决策参考和判断依据。成本收益分析法应用范围广泛,这一方法试图将所有正面或负面的影响全部以一个共同的计算单位"货币"来衡量。成本收益分析法这个工具经常被用来比较研究对象的成本与收益,从而得以评估研究对象的经济效益。当研究对象的实施过程中涉及多种不同的实施方案时,运用成本收益分析法可以比较不同方案中哪个方案在经济上最优。通常,成本收益分析的过程主要包括三个步骤:其一,明确项目的状态,包括项目的概况以及追求的经济目标等;其二,明晰项目的影响,涉及所有与项目相关的经济、社会、环境等方面的影响;其三,定量计算项目的影响,也就是将项目所有的成本与收益以定量的货币形式计算表示,以明确项目是否具有经济可行性。

根据成本收益分析法的特性,这一分析方法在私人企业的决策领域得到了广泛的应用。因为企业追求效益的最大化,企业的投入与收益在相对封闭的系统内是可以直接衡量的。然而,在现实生活中,许多公共物品的生产难以直接计算出成本和收益,特别是对部分不易用市场价格来表示的经济影响进行评价,更是难以用成本与收益进行直接表示。与私人领域相比,成本收益分析法在公共领域的应用存在一些问题,这一方法在社会公共领域产生问题的关键,在于很多公共项目的成本和收益无法直接用货币方式来计量。由此可知,虽然成本收益分析法看似十分简单,且在私人领域评估中具有优越性,但是在社会公共领域却具有一定的局限性。

由于社会公平和公正是公共政策制定时需要考虑的主要问题,如何保证最有效的利益分配成为决策制定过程中的重要内容,因而成本收益分析法也被用来对分配问题进行评估。常用的方法是通过分配衡量系统来评估分配效应。其中一种重要的方式是将成本与收益用社会效用的形式来表达,而不是用货币的方式。

成本收益分析法也经常被用于社会福利的分配领域。福利经济学追求社会福利的最大化,而社会福利的最大化需要对成本与收益进行比较,通过比较分析社会经济体系、政策、方案等全部预期成本与收益,我们才能做出最优决策,实现以最低的成本达到社会福利最大化。同时,支付意愿(Willingness to Pay,WTP)这一概念也经常应用,它是指消费者对某一商品或劳务愿意支付的价格,消费者根据单位货币购买商品或劳务带来的满足感高低,在消费者心中形成不同等级的支付意愿,并由此购买能带来更多满足感的商品或劳务,实现最大的消费者剩余,获得更大的效益。[①] 事实上,成本收益分析法在福利经济学研究中十分常见,它对于福利经济学学科的发展发挥了不可或缺的作用。

(九) 归纳法与演绎法

归纳法(Inductive Methods)与演绎法(Deductive Methods)是福利经济学的基本研究方法。归纳是从特殊到一般,而演绎则是从一般到特殊。从对个别事实的直接经验上升为对事物一般属性和本质、规律性和必然性的解释与掌握,就需要运用归纳法。简言之,归纳法是指从个别事实中推演出一般原理的逻辑思维方法。归纳法主要有如下几个特点:其一,归纳法是思维对记录下来的经验事实的加工与处理;其二,归纳法的结论是客观事物概率

---

① 高启杰等:《福利经济学:以幸福为导向的经济学》,北京:社会科学文献出版社2012年版,第31页。

统计的结果;其三,归纳法具有强烈的方法配伍性;其四,归纳法不能深刻揭示事物的深层本质规律。① 根据归纳的依据是否完全,可以将归纳法分为完全归纳法和不完全归纳法两种类型。依据是否运用了因果规律,又可以将不完全归纳法分为简单枚举归纳法和科学归纳法。

单一运用归纳法进行研究是不充分的,归纳与演绎是相互联系、相辅相成的,缺一不可。与归纳法相反,演绎法是一种由一般真理推导出特殊或个别结论的方法。演绎法的主要特点为:其一,演绎是按照严格的逻辑规律为前提推导出结论的思维过程;其二,合理是演绎的逻辑出发点;其三,演绎是一般原理向实践转化的重要逻辑形式。② 依据个别与一般的不同类型,可以将演绎法分为"形式的"演绎和"内容的"演绎两种不同的类型。

归纳与演绎两者看似相反,但两者并非绝对对立的方法。归纳是演绎的基础,演绎是基于归纳的结果展开的。同时,归纳离不开演绎的指导,完全脱离演绎的归纳是盲目的。可以说,演绎与归纳两者是相互联系、密不可分的。在福利经济学研究中,我们要注意演绎方法的使用,因为它要求我们事先就设定好假设命题(这需要合理地运用归纳法),并通过科学的逻辑推理过程得出结论。③ 在福利经济学的学习过程中,我们要注重演绎和归纳方法的合理使用。

(十) 历史分析法

历史分析法(Historical Analysis)就是依据马克思主义关系发展的观点、动态系列的观点,通过对有关研究对象的历史资料进行科学分析,说明它在历史上是如何发生的,又是如何发展到现在的状况的。④ 换言之,历史分析法是一种借用相关史料、文献等历史性的主客观事物,再采用比较分析、计量分析、心理分析、系统分析的方式,对相关历史性主客观事物进行分析,以获得所探索对象的历史性认知的研究方法。运用历史分析法,可以帮助我

---

① 王崇德:《社会科学研究方法要论》,上海:学林出版社1990年版,第184—187页。
② 同上书,第193—195页。
③ 高启杰等:《福利经济学:以幸福为导向的经济学》,北京:社会科学文献出版社2012年版,第31页。
④ 范伟达、范冰:《社会调查研究方法》,上海:复旦大学出版社2010年版,第370—371页。

们了解事物现在与过去的关系,掌握事物发展演变的规律与特征。

历史分析的目的是为了帮助我们更为深刻地认识事物产生的实际背景,掌握事物的来龙去脉,以利于把握事物的现状、发展规律和未来趋势。具体而言,运用历史分析法就是对所探索对象进行历史性的比较、历史数据的计量分析,探究历史个体或群体的心理活动特征,解剖历史环境,等等。研究者运用历史分析法开展研究,可以了解研究对象的始末及其具体的发展历程,以促进对该研究对象的重新认知,从而引发新的思考,推测该研究对象的未来发展趋向。总之,历史分析法不仅强调通过分析研究对象各方面的历史发展过程来揭示研究对象的内在发展规律,也强调将社会现象放入特定的社会历史发展环境中或特定的历史发展阶段来考察。

历史分析法也常常被研究者们广泛应用于各类科学研究之中。对于研究者来说,所研究对象的历史性是不可磨灭的,历史存在也有其自身的合理性,脱离研究对象本身的历史去探讨该事物的现状和未来是不科学的。历史分析法的一般步骤为:检验文献本身的可靠性;检验文献记录的真实性;分析事物演变过程和阶段的历史性。① 历史分析法的关键在于根据研究目的的需要收集大量的历史文献资料。由于历史分析可以使用的资料非常广泛,因而不能完全相信资料的正确性,最保险的方法就是重复检验;此外,也要留意资料的偏见,应尽可能从不同的来源或渠道收集获取资料以代表不同的观点。②

历史分析法是社会科学研究中的一种常见方法。在福利经济学研究中,自然也离不开历史分析法。历史分析法强调从历史的视角来分析福利经济学问题。通过分析福利经济学的发展历程以及社会福利政策的演变,可以更为深入地理解和发现福利经济学理论的规律与特点,从而推动福利经济学向前发展。

以上介绍了福利经济学研究中的几种常见方法。上述几种方法本身并无优劣之分,不同研究方法有其不同特点和性能,采用何种方法开展研究,应结合研究主题的特征与实际条件进行合理选择。也就是说,在选择研究方法时,要考虑它与研究问题、研究目标、研究条件以及所处研究环境的匹

---

① 范伟达、范冰:《社会调查研究方法》,上海:复旦大学出版社2010年版,第371页。
② 李志、潘丽霞:《社会科学研究方法导论》,重庆:重庆大学出版社2012年版,第343页。

配情况。总之,在福利经济学研究中,结合不同的研究目的,正确运用各种具体方法是保证福利经济学不断向前发展的关键所在。当然,在福利经济学的发展过程中,也必然存在其他的研究方法以推动福利经济学理论的发展与创新。

第二节 福利经济学研究方法的特征

福利经济学的研究方法多种多样,呈现出综合性的特点。在福利经济学的研究方法体系中,方法论是研究体系的基础,为具体研究提供认识原则和理论指导,影响着研究方法的选择。而研究成果的积累以及具体方法和技术的丰富与发展也促进方法论本身的发展。福利经济学研究方法体系正是在这种相互制约和相互影响的过程中得以不断完善和发展,从而形成了具有自身特色的研究方法体系。概括而言,福利经济学研究方法具有如下特征。

一、实证研究与规范研究的统一

实证研究(Empirical Research)和规范研究(Normative Research)是经济学研究的基本方法。实证研究回答"是什么"的问题,重点研究经济现象、经济活动、经济行为和发展趋势的内在规律,并根据这些规律分析和预测人们的经济行为的效果。使用实证研究方法可以很好地归纳出现象的本质,从而有利于我们找到解决问题的路径与方法。实证研究方法具有两个明显的特征:(1)其目的在于准确认识研究对象,并掌握研究对象的一般规律与内在逻辑;(2)所得研究结论具有客观性,且研究结论可以进行检验。

规范研究是以一定的价值判断为基础,回答"应该是什么"的问题。规范研究需要说明研究对象本身好与坏的问题。规范性研究方法具有以下两个重要特征:(1)规范性研究方法是基于一定的价值判断来解决客观经济现象"应该是什么"的问题,即解释说明研究对象本身的好坏问题,以及对社会产生积极或消极的影响;(2)运用规范研究方法研究经济现象的主要目的是为了服务于政府制定经济政策的需要。

实证研究方法和规范研究方法都可以研究选择问题,但两者主要的不同点可以归纳为以下三个方面:(1)关于价值判断的态度不同,实证研究方法强调客观性并排斥价值判断,而规范研究方法注重价值判断,是以一定的价值判断为基础;(2)实证研究关注解决"是什么"的问题,规范研究关注解决"应该是什么"的问题;(3)实证研究所得研究结论具有客观性,可以用事实进行检验,而规范研究所得研究结论具有主观性,无法进行检验。实际上,实证研究与规范研究两者的关键区别在于是否存在价值判断。虽然实证研究和规范研究两者的具体内容和作用各有不同,但两者并非完全对立,且两者又不可能截然分开。可以说,实证研究是规范研究的基础,规范研究是实证研究的升华。运用实证研究,有助于我们弄清楚问题到底"是什么"和"为什么"。运用规范研究,可以帮助我们解决"应该是什么"和"怎么办"的问题。

一直以来,关于福利经济学是实证研究还是规范研究这一问题,人们的意见并不统一。多数人将福利经济学视为规范研究,著名福利经济学家黄有光指出这显然是矛盾的,因为福利经济学是经济学的一部分,而经济学是实证的科学,所以福利经济学也应该是实证的。[①] 由此可知,福利经济学虽然具有浓厚的规范研究的意味,但也具有实证研究的特征。同时,从研究方法的视角来看,规范研究和实证研究并没有十分明确的界线。规范研究与实证研究两者紧密联系在一起,规范研究要以实证研究为基础,实证研究自然也离不开规范研究。实践证明,规范研究方法脱离实证研究方法对福利经济学问题进行分析,或者是实证研究方法脱离规范研究方法的价值判断,都是不可行的。福利经济学与物理学、化学等自然科学不同,它无法回避价值判断的问题。由此,问题的关键在于如何将实证研究与规范研究两者有效地结合起来。

从福利经济学具体研究内容来看,如果研究只是探讨社会福利的影响因素,那么这一研究显然是实证的。相反,如果研究不止步于指出增进社会福利的具体政策建议,而是进一步指出某种政策建议应当被接受或采纳,那么这一研究就具有规范分析的特点。通过分析影响社会福利的因素,提出

---

① 〔澳〕黄有光:《福利经济学》,周建明、蔡江南、黄渝祥等译,北京:中国友谊出版公司1991年版,第9页。

并试图建议某项政策被采纳以增进社会福利,是福利经济学经常采用的方法,因而福利经济学的研究方法具有规范与实证相结合的特征。再比如,在研究人们的收入差距扩大这一问题时,分析收入差距的现状、变动趋势以及差距扩大的原因等内容,就属于实证分析的范畴;而分析收入差距扩大的好坏、公平与否,这就是规范分析。由此可见,只有将实证研究与规范研究结合起来,福利经济学的研究才更有价值。

二、定性研究与定量研究的统一

定性研究(Qualitative Research)在福利经济学研究中十分重要。定性研究是对研究对象质的规定性的研究,解决"是什么"的问题。定性研究表现为对特定问题进行深入的分析,所获得的信息更加真实、生动和详细,特别是涉及人们的偏好、要求、满意和习惯等主观信息。定性研究的常见类型包括深入访谈法、焦点访谈法、观察法、案例研究法、德尔菲法以及关键事件法等多种方法。鉴于研究目标的不同,所运用的定性研究方法也多种多样。例如,焦点团体座谈会、3—5人的小组座谈会、一小时的"迷你型"小组座谈会以及随着互联网发展而兴起的在线调查等都是经常使用的定性研究方法。在应用领域方面,定性研究的使用是非常广泛的,涉及各种各样的问题和事件的处理与解决。例如,中央政府和地方政府召开小组座谈会研究公共政策的制定与实施,工会通过小组座谈来讨论如何解决员工的福利待遇问题。

定量研究(Quantitative Research)在福利经济学研究中同定性研究方法一样也很重要。定量研究是对研究对象量的规定性的研究,解决"是多少"的问题。定量分析是指从分析研究某事物表现出来的数量特征、数量关系和事物发生、发展全过程中数量变化方面去考察事物的一种方法。[①] 定量研究方法有相关分析、数学模型法、统计分析法、模式分析等多种方法。定量研究方法的主要特点为:(1) 主要用于检视现已成立的由变量和可测量数值组成的定量或法则;(2) 主要依赖统计学方法、步骤和计算工具;(3) 其目的

---

① 姜燮富、王建民、姚文仪:《社会调查研究科学方法》,上海:上海社会科学院出版社1994年版,第106页。

在于预测结果,确定定理或法则的可推广性。① 定量研究属于"实证主义方法"。通常,定量研究通过图表、数理模型和统计方法,将资料进行定量化处理。也就是说,定量分析不会局限于简单的计量方法,而是数学和统计学理论和方法的科学运用。

定量研究依据的是研究中获得的现实资料数据,定性研究依据的是研究中获得的大量历史事实和社会生活中的经验材料的总和。相比定性研究而言,定量研究更为客观、理性和科学。当然,定量研究不能离开定性研究独立存在,两者是互相依存的。如果仅仅解决"是什么"的问题,而不知道"是多少",就无法客观准确地认识研究对象。同样,如果只是解决"是多少"的问题,而不解决"是什么",也难以认识研究对象。例如,对于一堆数字,若没有文字的支撑,很可能只能是一堆毫无价值和意义的数字符号,甚至得出与实际不符的量化结果。定性研究和定量研究两者各有局限与缺点,使得两者在一定的时候不得不"结盟"。由此,要正确地提出问题、分析问题,进而解决问题,需要将定性方法和定量方法结合起来使用。

任何经济现象都存在"质"和"量"两个方面,是不可分割的有机整体。定性分析是通过对经济现象的质的分析,揭示其发展的性质和方向。定量分析借助经济学、数学、统计学以及决策理论等进行逻辑分析和推论。定量分析是通过对经济现象的量的分析,揭示经济现象的发展程度和水平。定性分析是定量分析的前提,定量分析是定性分析的基础,两者是相互补充、有机统一的。没有定性的定量是一种盲目的、毫无价值的定量。与此同时,定量分析使定性分析更加科学、准确,使得定性分析能得出广泛而深入的研究结论。

在福利经济学许多问题的研究中,都充分体现了定性研究与定量研究两者的有机结合。对社会福利进行度量和评估、公共项目评价时就经常采用定性与定量相结合的研究方法。例如,黄文平认为从定性和定量两个角度深入研究福利,不仅可以增进人们对福利的关注和理解,而且有助于改善

---

① 蓝石:《社会科学定量研究的变量类型、方法选择及范例解析》,重庆:重庆大学出版社2011年版,第1页。

政府决策的科学水平。① 曹信邦通过构建定性指标体系和定量指标体系来评价政府社会保障绩效。② 张伟在其博士论文中通过假设推导和补偿等方法对影响福利的因素进行定量化处理,并计算中国各年的经济福利数值,同时定性说明难以量化研究的影响因素。③ 杨菊华、陈志光运用定性和定量数据,分析探讨家庭变迁和公共福利不足背景下老年人绝对经济贫困的影响因素。④ 叶兵等人分析了提高退休年龄有助于改善养老基金的财务状况,同时运用动态一般均衡的结构性模型定量分析提高退休年龄对社会福利的影响。⑤ 韩华为、高琴基于中国家庭追踪调查(CFPS)2012年和2014年两个年度构成的面板数据,严格评估了城市低保对受助对象主观福利水平的影响效应。⑥ 实际上,运用定性与定量相结合的方法开展福利经济学研究的文献还有很多,在此不一一赘述。

三、主观性与客观性的统一

福利经济学研究还体现了客观性(Objectivity)与主观性(Subjectivity)的两重性。主观性和客观性是一对相互对立、相互联系的范畴。主观性是表征主体本质规定的范畴,是人的主体性的本质表现;客观性是相对于主体而言的客体所具有的根本性质,是表征客体本质规定的范畴。⑦ 主观性和客观性反映了一种复杂的矛盾关系,一方面主观性肯定、表现和反映着客观性的内容;另一方面主观性又是对客观性的否定、背离和超越。因此,在研究中,否定主观性的作用会导致否定研究主体的主观能动性,而夸大主观性的作用会致使否定客体的客观性。主观性和客观性包含两个相反方向的统一内

---

① 黄文平:《经济、法律与政府政策:基于改革进程中社会现象的考察》,北京:中国经济出版社2006年版,第71页。
② 曹信邦:《政府社会保障绩效评估指标体系研究》,载《中国行政管理》2006年第7期,第30—34页。
③ 张伟:《经济福利测度:理论分析与中国经验研究》,武汉:华中科技大学,2010年,第23页。
④ 杨菊华、陈志光:《老年绝对经济贫困的影响因素:一个定量和定性分析》,载《人口研究》2010年第5期,第51—67页。
⑤ 叶兵、许志伟、管毅平:《提高退休年龄对社会福利的影响:金融改革背景下的动态分析》,载《中国经济问题》2017年第4期,第14—26页。
⑥ 韩华为、高琴:《中国城市低保救助的主观福利效应:基于中国家庭追踪调查数据的研究》,载《社会保障评论》2018年第3期,第82—97页。
⑦ 严华年:《实践唯物主义》,徐州:中国矿业大学出版社1989年版,第145—146页。

容和活动方式。也就是说,主观性统一于客观性,主体统一于客体;客观性统一于主观性,客体又统一于主体。

福利经济学研究是一种探求规律和真理的理论实践,要求以事实为基础,以资料为前提,以科学性为目标,但研究主体是具有情感、价值判断、意志和政治倾向的人。由此,在研究中难以避免研究主体带入主观因素,从而与研究要求的客观性发生矛盾,也就产生了研究中主观性和客观性的关系问题。

人们对客观事物的摹写和投影,不是像镜子成像那样简单和直观,而是受到人的主观能动性的制约。由于受到知识结构、思维方式、年龄、阅历等各方面的影响,人们对同一事物的认识会有所不同,而且总是或多或少地带有主观色彩。如刻板印象、先入为主的思维方式,成见与偏见,都反映了认识中存在的主观色彩。人的认识过程,不仅是客观对主观的刺激和影响过程,也是主观对客观的选择和加工过程。由于福利经济学涉及快乐、幸福、满足与效用等关键概念,这些概念明显具有心理学的色彩,而心理学一直都有关于"主观幸福感"的研究,主观性也就被认为是福利经济学的主要特征之一。实质上,主观性和客观性两者是相对而言的,任何一种科学研究和完善的理论都离不开主观性和客观性的统一。只有遵循主观和客观相统一的原则展开全面分析,才能更好地认清研究对象的本质。

在福利经济学研究中,体现了主观性与客观性的有机结合,因为尽管福利经济学提出了许多属于主观范畴的概念,但这些概念必须通过客观数据进行比较和衡量。例如,尽管效用或满足是主观感觉,但它们需要通过客观的货币支出数量来确定。主观性和客观性是紧密联系在一起的,任何完善的主观理论都必须是客观的,同时客观理论也包含主观成分。就福利经济学而言,虽然强调主观因素的重要性,但它并不排斥或者否认客观因素的作用。

四、局部均衡与一般均衡的统一

均衡(Equilibrium)本是物理学上的概念,表现为一种暂时的静止状态。英国经济学家马歇尔将均衡这一概念引入经济学研究中,均衡逐渐发展为经济学中最重要的概念之一。均衡是指经济中各种变动着的、对立的力量处于一种力量相当、相对静止、不再变动的稳定状态。经济均衡通常可以分为局部均衡(Partial Equilibrium)和一般均衡(General Equilibrium)两类。马歇尔的局部均衡分析想象某种商品(或某几种商品)市场是整个经济的一小部分,瓦尔拉斯提出的一般均衡理论是在一个完全竞争市场经济系统里同时确定均衡价格和数量的理论。①

局部均衡是假定其他条件不变来分析某一时间、某一市场的某种商品或生产要素的供给与需求达到均衡时的价格决定。② 也可以说,局部均衡是指经济体系中单独一个消费者或生产者、一个产品市场或要素市场的均衡状态。③ 虽然局部均衡可以揭示商品均衡价格和均衡数量的一般关系,但是它无法说明市场体系中均衡价格和均衡数量决定的较为复杂的情形。局部均衡分析方法是为了简化研究,使我们更容易理解单一经济参与者的实际决策行为,但是当各种市场紧密联系在一起时,局部均衡分析方法显然不太适用。因此,这就要求我们在深入研究和分析时,把各个紧密联系的市场作为一个整体来研究,也就是要将局部均衡分析进一步发展为一般均衡分析。

一般均衡分析是指对任何一种商品的价格与供求之间的均衡进行分析,必须考虑所有商品的价格和供求达到平衡的情况。即一般均衡分析是从整体上考察分析各个相互联系的市场,当整个经济的价格体系使所有商品的供求相等时,市场就达到了一般均衡状态。通常,在一般均衡理论中,商品市场和要素市场既相互联系又相互制约,相应要素的需求曲线将随着商品价格的增加而提升,商品价格曲线将随着相应要素价格的增加而降低。

与局部均衡相比,一般均衡强调各种市场之间的相互作用和相互联系,分析考察其中一个市场的供求变化对其他市场的相互影响。一般均衡理论比局部均衡理论更贴近现实经济生活的实际情况。由于各种经济现象总是或多或少、或直接或间接地相互联系,当其中一个条件发生改变后,会逐渐传递到整个经济世界。例如,在研究所有市场达到一般均衡状态时,要研究各种不同市场之间的联系,像电器市场和水果市场的联系,汽车市场与服装市场的联系,房地产市场与玩具市场的联系,等等,表面看似相距很远的市

---

① 张定胜:《高级微观经济学》,武汉:武汉大学出版社2004年版,第199页。
② 尹伯成、许晓茵:《西方经济学基础教程》,上海:上海人民出版社2014年版,第7页。
③ 邢丽娟、毕世宏、刘承水:《微观经济学》,北京:中国商务出版社2014年版,第194页。

场都会互相牵涉。因此,一般均衡分析相当复杂,在理论研究中非常重要。在实践中有时为简化分析,通常使用局部均衡分析方法。

在福利经济学的发展与演变过程中,其分析方法逐渐由局部均衡分析转向一般均衡分析。以庇古为代表的旧福利经济学建立在基数效用论的基础上,在国民收入总量不变的前提下,分析生产效率的改进和社会资源的最优配置问题,其思想和分析方法来源于局部均衡论。新福利经济学建立在序数效用论的基础上,从局部最优的交换和生产状态,推论到整个社会生产和交换的最优状态,并推论至国际生产和交换的最优状态。① 实际上,补偿原则论、社会福利函数论以及社会选择论,其方法论都体现了从局部均衡分析走向一般均衡分析的共同特点,这也表明福利经济学研究中局部均衡与一般均衡的统一。

五、逻辑学与伦理学的统一

逻辑学(Logic)是关于思维形式及其规律的一门科学,它是研究纯理念的科学。所谓纯理念是由思维的最抽象要素所形成的理念。逻辑学研究概念、判断和推理及其相互联系的规律和规则,以帮助人们正确思考和认识客观对象。逻辑学主要包括三种类型:形式逻辑、辩证逻辑和数理逻辑。形式逻辑主要研究思维规律和规则,辩证逻辑研究辩证思维的形式和规律,数理逻辑使用数学方法研究推理、证明等逻辑问题。随着思维科学的不断发展,逻辑学研究的具体内容和形式也在不断发展和变化。

逻辑学方法是依据已有的信息,运用分析与综合、推理与判断、归纳与演绎等逻辑手段进行比较评价、推理论证,进而得出研究结论的研究方法。逻辑学方法具有定性分析、直观性强以及推论严密的特点,主要用于那些不需、不易或不能用定量数据表达的事物。逻辑学方法主要由原理法、因果法、比较法、列举法、综合法、外推法以及内插法等多种具体方法组成。由于逻辑学方法的使用,经济科学的数学化成为一大趋势,但切不可滥用数学工

---

① 徐延辉:《福利经济学方法评述:兼论福利的人际之间比较问题》,载《上海社会科学院学术季刊》2000 年第 3 期,第 187—191 页。

具,方法的选择和使用必须得当。

伦理学(Ethics)也称为道德哲学,是对人类道德生活进行系统分析和研究的一门科学。它以道德为研究对象,是对社会道德生活的理论概括和总结,主要涉及道德意识现象、道德活动现象和道德规范等方面。现代伦理学的分支学科主要包括理论伦理学、描述伦理学、规范伦理学、比较伦理学、实践伦理学和应用伦理学。伦理学的基本理论包括效果论、道义论和美德论。效果理论也称为目的论。道义论的道德判断标准在于产生行为的原则规范是否具有道义。美德论主要研究人应该具有的道德和品格等。

以一定的价值判断为基础,对某一命题进行逻辑推理是福利经济学具有特色的分析方法,也是福利经济学与其他经济学分支学科的关键区别所在。一般来说,研究者在逻辑推理时所设定的假设前提都会反映其政治、经济和社会信仰,这也体现了逻辑学与伦理学的统一。比如,社会福利函数理论强调社会福利是个人福利的函数,要使社会福利最大化,就要使个人福利最大化,而个人福利最大化就要实现个人选择的充分自由。这其中暗含的假设前提就是所有个人地位平等,在社会福利函数中被赋予相同的权重。这一假设就充分反映了研究者的公平正义的伦理思想。

六、个人主义与集体主义的统一

由于各国文化存在巨大的差异,因此,关于个人与集体两者之间的关系,有两种互相对立的观点。一种是强调个人主义,另一种是强调集体主义。个人主义(Individualism)注重个人的权利与自由,认为个人利益高于集体利益。集体主义(Collectivism)认为集体利益大于个人利益,个人的成就与尊严要通过集体来实现。集体主义不仅强调个人的权利,更强调个人对集体的义务。

经济学方法论上的个人主义与一般意义上的个人主义有所不同。一般意义上的个人主义是一种强调个人自由的哲学观点,而方法论个人主义则是将个人作为科学的分析单位,在考虑个人决策的前提下来理解社会现象。① 方法论集体主义是相对于方法论个人主义而言的,它强调在研究中将社会整体结构作为分析单位,以人的集体性为出发点进行研究。实际上,个人主义与集体主义两者并非完全独立和严格区分的,两者在不同程度上具有互补性,且在不同程度上互相包含。

---

① 高启杰等:《福利经济学:以幸福为导向的经济学》,北京:社会科学文献出版社2012年版,第30页。

第五章　福利经济学学科前沿

学科前沿代表着一门学科的发展趋势,反映了这门学科当前迫切需要解决的关键问题和主要难题。前沿问题是影响学科发展的关键,研究和解决一门学科前沿领域的重点问题,不仅有利于促进解决学科内其他相关问题,也有利于推动学科向前发展。近年来,贫困、教育、养老、住房以及环境保护与治理等问题已然是福利经济学领域广泛讨论的重点主题,其中不乏前沿与热点问题。

第一节　贫困与反贫困

贫困是人类社会发展的必然产物,贫困问题是一项历史性、世界性的难题,消除贫困既是全世界人民共同的理想,也是各国尤其是发展中国家面临的一项艰巨的任务和挑战。中国是世界上最大的发展中国家,也是贫困人口总数巨大的国家之一。长期以来,反贫困都是中国政府着力解决和高度重视的大事,中国的扶贫开发工作更是研究贫困问题的专家学者所关注的热点问题。在长期的反贫困实践探索和理论总结中,中国不仅逐渐摸索出一条符合本国国情的特色扶贫开发之路,为世界反贫困事业做出了贡献,积累了经验,而且一定程度上丰富和促进了福利经济学的相关研究。

一、贫困的含义与标准

研究贫困问题首先需要厘清"什么是贫困"或者说"贫困究竟是什么"。实际上,基于不同的侧面和视角,如不同的社会、文化、历史背景、价值观念等,对贫困的认识和理解会存在较大差异。

(一) 贫困的概念

虽然关于贫困的概念界定各有不同,但研究者围绕贫困的本质特征,主要从"生存"与"发展"两个维度进行贫困的概念界定和探讨。综合已有研究文献可知,贫困不仅是资源和财富的匮乏,也涉及政治、文化、社会等领域的资源缺乏。学界对"贫困"的概念表述,可以归纳为狭义贫困和广义贫困两类。其中,狭义贫困是指在经济领域的生存贫困或物质贫困,也就是经济贫困。经济贫困又主要分为相对贫困和绝对贫困。广义贫困还涉及政治、文化、社会等非经济领域的贫困,例如能力贫困、权利贫困等。

1. 狭义贫困

狭义贫困即经济意义上的贫困,是指难以满足人们基本生活需要的最低水准的经济贫困。换言之,经济贫困意味着个人或家庭的经济收入难以达到社会可接受的最低生活标准。世界银行在《1990年世界发展报告》中将贫困定义为"缺少达到最低生活水准的能力"。[①]

综合可知,狭义贫困可以凭借一系列经济指标来衡量,是对人们生存状态的描述,也是对人们经济生活状况的直接反映。通常,经济贫困可以分为绝对贫困和相对贫困。随着社会的发展与进步,以及人们对社会福利、平等、生存权、发展权认识的不断深化,有关贫困的概念和界定标准也会随之发生变化。也就是说,随着社会经济的发展和时代变迁,以及国内外对贫困问题研究的深入,对贫困的理解不仅局限于物质贫困这一外在表现,也逐渐扩展至贫困本质内涵的研究。

(1) 绝对贫困

英国学者本杰明·西伯姆·朗特里(Benjamin Seebohm Rowntree,1871—1954)最早提出"绝对贫困"这一概念。绝对贫困也称为极端贫困,是从满足人们最基本的、最低层次的生理需要的视角界定贫困的内涵。朗特里运用贫困线对贫困的概念进行量化处理,也就是通过贫困线标准来估算贫困人口的数量。国际上使用的马丁法将绝对贫困标准分为食物贫困线和非食物贫困线,食物贫困线是指满足人们生存需要的一组"基本食物定量"

---

① 世界银行:《1990年世界发展报告》,北京:中国财政经济出版社1990年版,第38页。

的价值量,非食物贫困线是指为满足人们基本生存所必需的衣物、住房等费用支出,两者合起来构成贫困线。① 通常,各国因国情的不同,所规定的贫困线会有很大差异,且贫困线会随着人们生活水平的变化而改变。因此,衡量绝对贫困的贫困线具有明显的国别性与阶段性的特征。

(2) 相对贫困

相对贫困是在绝对贫困的基础上提出的。相对贫困并非指绝对意义上的经济生活水平,还涉及人的心理感受和与他人比较的差距。简言之,判断相对贫困,不仅取决于个人的收入水平,还取决于其他人的收入水平。因而,从这种意义来说,只要存在收入差距,存在低收入群体,就无法消除贫困。实际上,相对贫困不仅是生活水平处于一个相对较低水平的客观事实,也是一种"被剥夺感"的心理感受。随着社会进步和生产力水平的不断提高,以能否满足人们生存需要为界的绝对贫困是暂时的,但相对贫困却是长期的,无法完全消除。

2. 广义贫困

广义贫困除了经济意义上的贫困之外,还涉及政治、社会、文化等多方面综合因素的贫困。西奥多·W. 舒尔茨(Theodore W. Schultz,1902—1998)指出"贫困是作为某一特定社会中特定家庭的特定的一个复杂的社会经济状态。无可怀疑,任何有意义的贫困概念的一部分是由社会决定的,因为它大部分取决于我们的阶级和家庭结构"。② 我国学者童星、林闽钢也对贫困概念进行了拓展,认为"贫困是经济、社会、文化落后的总称,是由低收入造成的缺乏生活必需的基本物质和服务以及没有发展的机会和手段这样一种生活状况"。③ 综合可知,贫困是指经济、文化、政治、社会等方面落后的总称。广义贫困的概念与人类的实际需求密切相关,主要包括能力贫困和权利贫困等内容。

(1) 能力贫困

阿玛蒂亚·森将贫困的内容由经济领域拓展至人的自身发展领域,他

---

① 吴海涛、丁士军:《贫困动态性:理论与实证》,武汉:武汉大学出版社2013年版,第9页。
② 〔美〕西奥多·W. 舒尔茨:《经济增长与农业》,郭熙保、周开年译,北京:北京经济学院出版社1991年版,第65页。
③ 童星、林闽钢:《我国农村贫困标准线研究》,载《中国社会科学》1994年第3期,第87页。

认为"贫困最终并不是收入问题,而是一个无法获得某些最低限度需要的能力问题,能力不足是导致贫困的根源"。森认为个人贫困与否取决于多种能力,这些能力构成"能力集"。能力集是人们选择某种类型生活的各项生活内容集合,反映个体从多种可能的生活状态中进行选择的自由。① 可见,能力是指个人能够选择的不同功能组合,其本质是一种选择生活状态的自由。生活的贫困不仅是个人处于穷困状态中,而且包括缺乏机会去选择其他生活方式。能力贫困反映了贫困具有多维度的特征,因而能够更为全面地反映贫困的状态。

（2）权利贫困

权利贫困这一概念的提出,是在经济贫困、能力贫困的基础上更深层次地探讨贫困问题的根源。有些学者认为,经济贫困只是一种表象,能力贫困也只是扩展了贫困的内涵,而导致贫困的根本原因是社会权利的缺失。所谓权利贫困是指在缺乏平等权利和社会参与的条件下,社会中部分群体基本人权无法得到保障,政治、经济、法律、制度、文化等方面权利不足,使其难以享受同社会一般成员基本均等的权利,进而被社会排斥而导致的一种贫困状态。② 阿玛蒂亚·森认为只有把贫困置于权利体系中,才能真正体现贫困的本质内涵。

（二）贫困的标准

"贫困"的界定实际上并非易事,但既然要判断哪些人处于贫困中,就应该有一个相对明确的判断贫困的标准。贫困标准是测量贫困所依据的一系列具体指标或指标体系,主要用于测量贫困的深度与贫困的强度。也可以说,贫困标准是判断贫困的基本依据和主要参照,是衡量人们是否处于贫困状况的评判标准。科学合理的贫困标准,能够较为真实地衡量贫困状况。目前,较为常见的衡量贫困的标准主要有三类:国际贫困标准、发达国家贫困标准和发展中国家贫困标准。实际上,制定贫困标准必须考虑人们的最

---

① 〔印度〕阿玛蒂亚·森:《论经济不平等:不平等之再考察》,王利文、于占杰译,北京:社会科学文献出版社2006年版,第257—258页。
② 〔印度〕让·德勒兹、〔印度〕阿玛蒂亚·森:《饥饿与公共行为》,苏雷译,北京:社会科学文献出版社2006年版,第23页。

低生活需求以及满足这种需求的能力之间的关系。同时,确定贫困标准,还必须结合各国国情,立足各国实际。

(三)贫困线的测定

关于贫困与贫困线的研究、测量在国内外备受关注,相关研究取得了丰硕的研究成果。目前,在国际上经常用于评判、衡量贫困的一般方法主要包括四种:国际贫困标准、生活形态法、市场菜篮法和恩格尔系数法。这四种不同的方法都是基于当地的实际情况,依据当地生活水平、经济发展水平以及当地政府的财政状况来确定贫困线。

1. 国际贫困标准

国际经济合作与发展组织(OECD)提出的国际贫困标准是一种收入比例法。它是以一个国家或地区的社会中等收入的50%—60%作为这个国家或地区的最低生活保障线。

2. 生活形态法

生活形态法也称为剥夺指标法,是从人们的生活方式、消费行为等各类生活形态出发,设计有关贫困家庭生活形态的系列问题,并让被调查对象回答,然后选出若干"剥夺指标",再根据这些剥夺指标和被调查对象的实际生活情况,来确定哪些人是贫困者,进而分析他们被剥夺的需求以及消费与收入,得出满足最低生活保障的贫困线。

3. 市场菜篮法

市场菜篮法,首先要求列出一张能够维持社会认定的最基础生活水准的必需品清单,其次依据市场价格计算购买这一清单上所有生活必需品所花费的现金总额,最后以此确定的现金数额就为贫困线。

4. 恩格尔系数法

恩格尔系数法是一种支出比例法,它是在恩格尔定律的基础上,以食品消费支出除以恩格尔系数,计算出所需的消费支出。国际粮农组织认为恩格尔系数为60%以上,则属于贫困。因而,用这一数据计算出的消费支出即为满足最低生活保障的贫困线。

二、中国反贫困的实践历程

中国反贫困实践历程可以概括为五个阶段,即救济式扶贫阶段、体制改革扶贫阶段、开发式扶贫阶段、综合式扶贫阶段以及精准扶贫阶段。

(一) 救济式扶贫阶段(1949—1976)

在20世纪70年代以前,中国政府采取的反贫困政策属于救济式的政策,主要通过紧急救济计划以及依托自上而下的民政系统对贫困人口实施扶持。救济性扶贫主要包括:(1) 自然灾害救济,为发生严重自然灾害地区的公民提供维持其生存的粮食、衣物等援助;(2) 社会救济,主要对象为在生活和经济上缺乏自理能力的公民;(3) 优抚,是政府对烈士和病故的军人家属、残疾工作人员、残疾军人等提供的优待和抚恤。

实际上,救济性扶贫是一种单一的输血式扶贫,只能暂时解决贫困人口的生活和经济困难,难以提高贫困者的自立能力,也就难以从根本上摆脱贫困。虽然在特定时期,救济式扶贫发挥了重要作用,但总体来看,反贫困作用十分有限。

(二) 体制改革扶贫阶段(1977—1986)

20世纪70年代末,中国政府开始重视长期贫困和不断扩大的区域发展不平衡问题,逐步推行农村改革计划。这一扶贫阶段的最主要特征体现为发挥经济体制改革的作用来减少贫困。例如,以家庭联产承包责任制为典型的土地制度改革,极大地调动了农民的生产积极性,促进了社会经济的发展,解决了大多数农民的温饱问题,为我国的反贫困事业做出了巨大贡献。此外,农产品价格政策改革、购销体制改革、农村商品流通体制改革、农村金融政策改革等系列改革,对促进农民收入增加、缓解农村贫困发挥了重要作用。

(三) 开发式扶贫阶段(1987—2007)

在体制改革作用下的反贫困阶段,我国大多数贫困地区的经济水平和生产力水平得到明显提高,反贫困事业成绩斐然。然而,与东部发达地区相比,我国西部许多地区发展缓慢且差距逐步扩大。例如,1986年西部贵州、甘肃、陕西三省的人均GDP分别为467元、684元和688元,而东部江苏省的人均GDP为1193元、浙江省的人均GDP为1237元。[①] 这一时期我国贫困问题最明显的特征是区域性集中连片贫困,为解决这一问题,我国政府开始实施开发式扶贫。

为了促进新的反贫困政策的顺利实施,中国政府在1986年成立贫困地区经济开发领导小组(1993年更名为"国务院扶贫开发领导小组"),下设贫困地区经济开发办公室,各省、县也成立了领导小组和办公室,负责管理日常工作。随后不久,国务院颁布《国务院办公厅转发国家科委关于考察大别山区汇报提纲的通知》(1986年),标志着我国已经确立和实施开发式扶贫的方针。我国政府还根据我国实际制定符合中国国情的绝对贫困线,确定国家级贫困县,安排专项扶贫资金,实施"国家八七扶贫攻坚计划",实施"西部大开发"战略等政策措施。

这一时期政府的反贫困战略是通过区域整体经济的发展以促进贫困地区整体经济的发展,一定程度上缓解了贫困地区区域性贫困,使贫困人口大面积减少,反贫困取得了明显的成效。

(四) 综合式扶贫阶段(2008—2013)

我国政府高度重视扶贫工作,2007年开始全面建立农村最低生活保障制度,这标志着我国反贫困事业开始逐步步入开发式扶贫与社会救助相结合的新阶段。这一时期的反贫困依靠开发式扶贫与社会救济这两个"驱动轮"。也就是说,国家不仅依靠开发式扶贫政策推动反贫困事业的发展与深入,而且借助社会保障政策保障贫困人口的最低生活需求,推动反贫困事业的深入发展。从实践情况来看,我国农村最低生活保障制度得以不断健全完善,较好地改善了农村脱贫人口返贫的现象。2008年党的十七届三中全会提出实行新的扶贫标准,后来我国的扶贫标准历经多次调整,并不断提高。与此同时,中央政府逐步加大扶贫开发投入力度,以减少贫困人口数量。在我国的反贫困实践中,开发式扶贫与社会救助相结合的反贫困方式

[①] 朱信凯:《中国反贫困:人类历史的伟大壮举》,北京:中国人民大学出版社2018年版,第65页。

取得了丰硕的成果,推动我国反贫困事业进入了新的阶段。

(五)精准扶贫阶段(2014年至今)

"精准扶贫"是习近平总书记2013年11月在湖南湘西考察时首次提出的。习近平总书记做出"扶贫攻坚就是要实事求是、因地制宜、分类指导、精准扶贫"的重要指示。2014年1月,中共中央办公厅和国务院办公厅要求建立精准扶贫工作机制,并出台系列文件和实施方案,为精准扶贫做好顶层设计,以推动精准扶贫工作的落地实施。此外,为确保精准扶贫的有效落实,国家还加大财政对扶贫开发的力度。这一阶段,我国实行精准扶贫战略,取得了反贫困的巨大成绩。

总的来说,我国历经长期的反贫困实践,脱贫攻坚取得了较大的成就,为世界反贫困事业做出了贡献。在我国每一阶段的反贫困中,无论是实践探索,还是理论发展,都取得了丰富的成果。

三、中国贫困研究的前沿与热点问题

中国关于贫困的前沿与热点问题研究主要集中于贫困的成因、反贫困中存在的主要问题、反贫困实践与反贫困战略、扶贫政策措施以及精准扶贫等方面。

(一)贫困的成因

分析贫困发生与再发生的原因是解决贫困问题的前提,因为贫困成因是造成贫困的根源,找到致贫的原因,才能更好地找出消除贫困的对策措施。中国国情复杂,贫困人口分布具有"面上集中、点上分散"的特征,造成贫困的原因多种多样,纷繁复杂。国内学者们对贫困成因的研究主要从资源环境条件、经济增长、制度安排、人力资本等方面展开研究。例如,有学者认为人力资本投入不足、信息化设施建设困难、交通—经济区位落后以及自然禀赋欠缺是导致区域性贫困的主要因素。[①] 自然地理劣势、基础设施保障

[①] 田园、蒋轩、王铮:《中国集中连片特困区贫困成因的地理学分析》,载《中国农业大学学报(社会科学版)》2018年第5期,第32—43页。

缺位、教育事业的落后等是民族地区贫困的主要原因。① 经济水平较低、自然条件恶劣、资源浪费严重、人力资本禀赋较弱以及产业结构不合理等是西部贫困地区贫困的基本原因。②

(二) 扶贫政策措施

贫困发生的原因多样且复杂,并呈现出动态性,这也就意味着反贫困政策措施需要灵活多样并富于创新性。在我国反贫困实践历程中,与时俱进的扶贫政策方针发挥了功不可没的作用。为了解决不同阶段扶贫工作出现的新问题,必然要求调整与创新我国的扶贫政策。

围绕我国不同时期的扶贫政策,学者们展开了有针对性的研究,将理论与实践紧密结合,一定程度上促进了我国反贫困事业的发展。有学者以不同阶段的代表性政策为中心,以时间为线索梳理中华人民共和国成立七十年来农村地区扶贫开发历程,分为共和国前三十年救济式扶贫(1949—1979年)、改革开放以工代赈式扶贫(1979—1985年)、以县为中心区域式扶贫(1986—1993年)、八七扶贫攻坚(1993—2000年)、整村推进式扶贫(2001—2010年)、集中连片特困区式扶贫(2011—2013年)以及精准扶贫(2013年至今)七个不同阶段。③ 有学者对1979—2018年中央政府及相关部委发布的289个反贫困政策进行了量化分析,并深入剖析改革开放以来中国反贫困政策的演化历程。④

有学者指出在脱贫攻坚过程中,扶贫政策存在县域脱贫结构失衡、村庄帮扶悬崖效应与边缘人群争贫风险等外部效应,需要通过政策纠正、调试等方式以消除和减少政策负效应。⑤ 有学者认为,2020年后扶贫开发政策的转型,要坚持产业扶贫与乡村振兴战略相衔接,坚持扶贫开发与城乡融合贯

---

① 李俊清、向娟:《民族地区贫困成因及其治理》,载《中国行政管理》2018年第10期,第57—61页。
② 韩振燕、梁誉、陈绍军:《基于生态足迹模型的西部贫困成因及可持续治贫研究:以贵州省为例》,载《广西社会科学》2012年第2期,第54—58页。
③ 雷明、李浩、邹培:《小康路上一个也不能少:新中国扶贫七十年史纲(1949—2019):基于战略与政策演变分析》,载《西北师大学报(社会科学版)》2020年第1期,第118—133页。
④ 王超、刘俊霞:《中国反贫困工作40年历史演进:基于1979—2018中国反贫困政策的量化分析》,载《中国农村经济》2018年第12期,第2—18页。
⑤ 陈涛:《扶贫政策的负外部性及其化解》,载《西北农林科技大学学报(社会科学版)》2020年第2期,第52—60页。

通,坚持强化外部支持与提高农民自我发展能力相结合。① 总体来看,中国各阶段的扶贫政策呈相互交叉、逐步发展与过渡的特征,中国的扶贫政策大致经历了以救济、平均分配为主的扶贫阶段,以贫困地区开发为主的阶段、以扶持贫困人口为主的扶贫阶段,以精准扶贫与精准脱贫为主的扶贫阶段。②

(三) 中国反贫困中存在的主要问题

中国在反贫困方面取得了丰硕的成果,但仍旧存在一系列问题。有学者认为中国的反贫困实践经历了"站起来""富起来"和"强起来"三个阶段,中国反贫困实践存在精神贫困问题突出,贫困人口内生动力不足,脱贫攻坚时间紧、任务重与贫困问题的长期性之间存在较大的张力,以及解决"三农"问题与精准扶贫之间"缺位"等现实挑战。③ 在反贫困实践中,还存在诸如扶贫资源碎片化、多主体参与扶贫造成法权关系不对等、多主体参与扶贫责任不明晰以及运动式反贫困治理等问题。④ 由此可见,面对反贫困实践中出现的新问题与新挑战,亟须采取相应的对策措施以应对这些问题与挑战,中国的反贫困事业仍然任重道远。

(四) 反贫困实践与反贫困战略

长期以来,反贫困斗争是中国政府高度重视的事业。在反贫困实践的不同阶段,中国的反贫困战略有所不同。在中国反贫困实践过程中,尤其需要理清"扶持谁""谁来扶"以及"怎么扶"的问题。中华人民共和国成立以来七十年的反贫困实践,经历了从生存到发展的转变,且积累了坚持大扶贫格局、不断向贫困人口赋权、不断满足人民需求、不断创新反贫困机制的实

---

① 姜会明、张钰欣、吉宇琴、顾莉丽:《2020年后扶贫开发政策转型研究》,载《税务与经济》2019年第6期,第48—54页。
② 崔元培、魏子鲲、王建忠、薛庆林:《中国70年扶贫政策历史演进分析》,载《世界农业》2020年第4期,第4—12页。
③ 刑中先、张平:《新中国70年来的反贫困实践:历程、经验和启示》,载《财经科学》2019年第9期,第53—62页。
④ 彭清燕:《集中连片特困地区贫困治理与扶贫战略转型》,载《甘肃社会科学》2019年第1期,第51—58页。

践经验。① 研究中国的反贫困实践道路,挖掘背后的政治、体制和路线优势,表明了几代中国共产党领导人开展反贫困实践一以贯之的连续性和整体性。②

根据不同时期中国的贫困状况以及可调配的资源情况,不同时期的扶贫战略会进行调整以适应现实的需要。有学者认为中国的扶贫历程在保障生存阶段、体制改革阶段、解决温饱阶段、巩固温饱阶段、全面小康阶段所采取的扶贫战略具有不同的特征。③ 还有学者认为中国反贫困由救济扶贫、开发扶贫、精准脱贫转向以制度化建设为方向的贫困治理。④

(五) 精准扶贫

十八大以来,我国的扶贫开发工作进入脱贫攻坚的新阶段。2013 年习近平总书记提出"精准扶贫"的概念,并在后来的一系列重要讲话、批示中不断丰富和完善"精准扶贫"的内涵,为新时代扶贫开发工作的顺利开展提供了理论指导和保障。目前,学术界以及政府相关实践部门围绕精准扶贫思想进行了广泛交流与深入探讨。总体来看,对精准扶贫这一主题的研究主要集中于以下三个方面。

1. 精准扶贫内涵的阐释

关于精准扶贫内涵的界定,学界并未达成一致意见,其内涵在扶贫实践中得以丰富和完善。习近平总书记提出的扶持对象精准、项目安排精准、资金使用精准、措施到户精准、因村派人精准、脱贫成效精准的"六个精准",反映了精准扶贫的本质要求,也是促进精准扶贫有效落实的关键所在。有学者认为精准扶贫的内涵主要体现在精准扶贫、精准脱贫、脱贫攻坚和"绣花

---

① 汪三贵、胡骏:《从生存到发展:新中国七十年反贫困的实践》,载《农业经济问题》2020 年第 2 期,第 4—14 页。
② 贾玉娇:《反贫困的中国道路:1978—2018》,载《浙江社会科学》2018 年第 06 期,第 17—26+155 页。
③ 曾小溪、汪三贵:《中国大规模减贫的经验:基于扶贫战略和政策的历史考察》,载《西北师大学报(社会科学版)》2017 年第 6 期,第 11—19 页。
④ 燕继荣、王禹澔:《保障济贫与发展脱贫的主题变奏:中国反贫困发展与展望》,载《南京农业大学学报(社会科学版)》2020 年第 4 期,第 22—34 页。

功夫"四个方面。① 还有学者认为精准扶贫是遵循科学有效的标准和程序,因时因地对贫困区域、贫困村、贫困户及贫困个体进行精确识别,按照当地实际开展联动帮扶和分类管理,并引入动态准入和退出机制开展精准考核的过程。②

2. 精准扶贫的困境与问题分析

精准扶贫工作在实践中不断出现一些新的问题,面临新的困境。一些学者对我国精准扶贫实践中遇到的问题与困境进行了归纳和总结,并深入剖析产生问题的根源。比如,我国在精准扶贫实践工作中,仍旧存在贫困户识别不精准、精准帮扶不到位与缺位、精准管理偏离与缺位、精准考核不完善、贫困户参与积极性欠佳、扶贫政策有待完善等现实困境与挑战。

3. 推进精准扶贫落地见效的对策建议

我国的精准扶贫工作虽然取得了较好的成效,但仍存在许多问题与偏差。针对这些问题与偏差,学者们进行了广泛且深入的研究,并提出了相应的完善精准扶贫工作的对策建议。比如,针对农村的贫困问题,应结合农村不同的实际情况,加强农村居民就业技能培训、加大农村基础教育投资、改善农村医疗卫生体系。

也有一些学者认为应建立、健全精准扶贫的整个流程,不断增强扶贫队伍的工作能力,逐步构建以政府为主导、其他社会主体共同参与的扶贫开发模式,以推进和保障精准扶贫工作的有效落实。实际上,对于精准扶贫中遇到的不同问题与挑战,所采取的对策措施也是多种多样的。

第二节 教育与教育投资

教育是科学知识和劳动力再生产的主要途径和重要手段。广义的教育包括正规教育、非正规教育和不规则教育。其中,正规教育主要在学校进行,非正规教育是指主要在学校外进行的有组织的学习,不规则教育指在家

---

① 檀学文、李静:《习近平精准扶贫思想的实践深入研究》,载《中国农村经济》2017年第9期,第2—16页。

② 张俊良、刘巳筠、段成荣:《习近平"精准扶贫"理论研究》,载《经济学家》2020年第2期,25—32页。

庭、工作岗位上进行的教育。教育投资涉及人力、物力、财力等教育资源的投入,是一种生产性投资,而非消费性支出。

一、教育投资的性质与特征

英国古典经济学家亚当·斯密指出,"学习一种才能,须受教育,须进学校,须做学徒,所费不少。这样费去的资本,好像已经实现并且固定在学习者身上。这些才能,对于他个人自然是财产的一部分,对于他所属的社会,也是财产的一部分"。[1]

(一)教育投资的性质

教育投资是用于教育领域,为社会经济的发展培养具备一定技能和知识的劳动者或专业人才。依据投资对象的不同,可以将教育投资分为两类:一类是以基础教育、各类职业技术教育和专业教育为主的传统学校教育投资,另一类是以成人教育、在职培训为主的传统学校教育之外的教育投资。

就其性质而言,教育投资本质上是一种生产性而非消费性的投资。与物质生产部门投资相比,教育投资的结果是劳动者知识和技能的获取与提升,是无形的。但是,当这些劳动者进入物质生产领域之后,他们的劳动能力逐渐表现出来,体现为物质产品质量的提升或数量的增加。所以,毫无疑问,用于教育的投资支出是一种生产性投资,是用于劳动力再生产的一种投资。

(二)教育投资的特征

教育是劳动再生产的重要手段,教育投资是用于劳动再生产的投资。教育投资与物质资料生产部门的投资相比,具有不同的特征。

其一,间接性。教育投资难以直接产生经济效益,而是通过教育过程培养具备一定技能和知识的劳动者或专业人才。当这些劳动者或专业人才进入物质生产部门工作后,才能创造更高的劳动生产率,提高产品质量,增加

---

[1] 〔英〕亚当·斯密:《论国民财富的性质及其原因的研究》,郭大力、王亚南译,北京:商务印书馆1981年版,第257—258页。

产品数量,进而获得经济效益。由此可知,教育投资实际上是一种间接取得经济效益的投资。

其二,长期性。教育投资的长期性体现为两个方面:一是鉴于教育投资的间接性以及劳动力再生产的周期较长,因而教育投资产生实际效果的周期也较长;二是劳动者通过教育所获得的知识和技能,可以多次地、反复地、长期地运用于劳动生产中,从而可以不断地取得经济效益。

其三,个人性。受教育者通过教育所获得的知识和技能,始终都属于受教育者个人。换言之,无论谁来支付教育支出,受教育者所形成的教育资本存量始终都为受教育者自己独有,既无法销售,也无法直接送人。

二、教育成本与收益

对于教育投资的成本与收益进行分析,是研究难度较大的一个课题,也是世界各国关注的一个重要问题。核算教育成本,实际是对教育部门进行经济监督和管理,有利于提高教育的经济效益,实现教育资源的优化配置。

(一)教育成本

通常来说,教育成本是指培养每位学生所支付的全部费用,是对来自学生的成本与来自非学生的成本加总。也可以说,教育成本包括直接成本和间接成本两部分。其中教育的直接成本包括两类:一类是社会直接成本,这部分的教育费用主要是由国家或社会直接承担的;另一类是个人直接成本,这部分教育费用是由学生家庭负担的。教育的间接成本也包括两类:一是社会间接成本,主要是由教育所占用的劳动力给生产带来的损失以及免除的税收;二是个人间接成本,是因学生在校学习而不得不放弃的就业收入。

教育的直接成本主要是用于人员的费用以及购买设备设施的费用。教育部门是精神生产部门,教育的基本环节是教师和学生。为保证学校的正常运转,还需要相当数量的管理服务人员,人员费用也是教育投资的一部分。与此同时,学校教育还需要相应的物质资源保障,如办公室、校舍、实验室、图书资料、教学设备等。必要的物质资源,是推进教育工作顺利运转的基本,也是提高教育质量的主要条件之一。学生在校学习而放弃的机会成本是因学生上学而不能参加社会生产劳动所损失的收入。

(二)教育收益

教育投资的社会收益是指教育投资的收益,既包括劳动者接受一定程度的教育后的收益,也包括受教育者本人无法完全占有,从而为其他社会成员共享的收益。比如,伴随教育水平提高而出现的各种新技术、新发明,其收益远远大于发现者本人的收益。实际上,教育投资是人力资本形成的一个重要方面。通过教育,可以提高劳动者的劳动技能和熟练程度,从而提高劳动者的劳动生产率,进而促进个人收入与国民收入的增加。

教育投资的非经济效益主要体现为通过不同类型的教育提高人的素质和人力资源的质量。通常,教育的增长也意味着工作条件的改善以及社会福利水平的提高。教育还能够对子女的教育、生活方式、消费观念、家庭关系等产生重要影响。教育投资所带来的个人经济收益主要涉及个人未来较高的收入、个人未来较合理的支出、个人未来较健康的身体以及个人未来较大的职业机动性。[①] 教育投资收益包括经济收益和非经济收益两部分。教育对社会公众有着十分强烈的吸引力,公众对教育的需求巨大。

(三)教育收益率

教育收益率,也称为教育投资收益率或教育人力资本投资收益率。教育收益率是表示教育投资利益回报结果的一种比率。教育收益率是成本收益分析在教育领域的应用,包括个人成本收益分析和社会成本收益分析。

教育收益率的验证方法主要有舒尔茨的分析方法和恩格尔曼的分析方法。舒尔茨对教育投资进行了系统研究,提出教育资本积累总额的计算公式,具体为:

$$\text{教育资本积累总额} = \sum \text{各级学历劳动者人数} \times \text{各级学历毕业人均教育费用}$$

(5.1)

并进一步提出用劳动者工资差别计算每级学历教育投资的收益率,具体公式为:

[①] 卢福财、周小亮:《人力资源经济学》,北京:经济管理出版社1997年版,第99—102页。

$$\frac{\text{某级教育投资}}{\text{的年收益率}} = \frac{(\text{某级毕业生人均年收入} - \text{前级毕业生人均年收入})}{\text{用于某级教育的年人均费用}}$$

(5.2)

人口经济学家恩格尔曼提出的教育收益率计算公式,以受教育者接受第十三年教育收益率为例,具体公式为:

$$C + X_0 = \sum_{i=1}^{n} \frac{Y_i - X_i}{(1+r)^i} \quad (5.3)$$

在公式(5.3)中,C 表示受第十三年教育而付出的直接支出费用;X_0 表示受第十三年教育而放弃的收入;X_i 表示受过十二年教育的人的年收入;Y_i 表示受过十三年教育的人的年收入;n 表示受过十三年教育后可以工作的总年数;r 表示第十三年教育的收益率;i 表示观察的年份。

上述公式表明,若多接受一年教育所付出的成本为$(C + X_0)$,必须大于等于将来因多接受这一年教育而增加的收入的贴现值。人们根据等式左右两边收支平衡的状态,来决定是否继续接受教育。若等式右边大于左边,继续接受教育则有所盈利;反之,则无利可图。由此,依据这一公式计算出的教育收益率,有利于人们做出是否继续接受教育的决定。但恩格尔曼也指出,通过上述公式得出的教育收益率是一种预期收益率,而非实际收益率。由于预期收益或多或少会与实际收益存在差距,在计算教育收益率时,通常还使用一种辅助计算方法,其公式为:

$$Y_0 = \frac{CX \cdot r}{1 - \frac{1}{(1+r)^n}} \quad (5.4)$$

在公式(5.4)中,Y_0 表示未来每年增加的收入;CX 表示接受某级教育的总投资;r 表示收益率;n 表示未来工作的年限。

三、中国教育体制改革历程

改革是我国发展教育的必由之路,教育改革涉及众多方面,其中教育体制改革是关键。办学体制、教育管理体制改革又是我国教育体制改革的重中之重。

(一) 中国基础教育体制改革

基础教育是整个教育系统的根基,其地位尤其重要。我国的基础教育经历了由扫盲阶段向九年义务教育阶段的重大进步和转变,但基础教育仍然存在各种各样的问题与挑战。深化基础教育管理体制和办学体制改革,有利于促进基础教育的健康发展与进步。

1. 基础教育的管理体制改革

我国基础教育管理体制形成、发展的历程,可以分为五个不同的发展阶段:曲折发展阶段(1949—1976 年)、恢复与重建秩序阶段(1977—1984 年)、改革计划管理体制(1985—2001 年)、统筹推进与逐步完善阶段(2002—2011 年)、全方位系统化改革阶段(2012 年至今)。[1]

在曲折发展阶段,中央政府集中统一管理为主是这一阶段基础教育管理体制的基本特点。统一领导的基础教育体制对恢复与发展我国基础教育发挥了重要作用,但是也导致了教育活力不足、管得过多过细等问题。针对这些问题,中共中央、国务院颁布《关于教育事业管理权力下放问题的规定》(1958 年),将公办小学、民办小学、职业中学等管理权力下放给地方自行管理,从而实行以地方分权为主的管理体制。后来,教育管理权力的下放,产生了一些新问题,国家开始转向实行统一领导、分级管理的基础教育管理体制。

在恢复与重建秩序阶段,这一时期基础教育管理体制的主要目的在于恢复与重建中小学教育教学的秩序。因而,基础教育管理体制经过改革,逐步恢复统一领导、分级管理的管理体制。

在改革计划管理体制阶段,这一时期我国的基础教育管理体制的特点为:由中央集权向地方政府放权、由政府向学校放权。2001 年出台的《国务院关于基础教育改革与发展的决定》强调县级政府对基础教育的管理。

在统筹推进与逐步完善阶段,这一时期的基础教育管理体制强调"推进教育公平"的目标。《国家中长期教育改革和发展规划纲要(2010—2020)》

---

[1] 蒲蕊:《新中国基础教育管理体制 70 年:历程、经验与展望》,载《中国教育学刊》2019 年第 10 期,第 48—53 页。

(2010年)明确指出"以转变政府职能和简政放权为重点,明确各级政府责任,促进管办评分离,形成政事分开、权责明确、统筹协调、规范有序的教育管理体制"。

在全方位系统化改革阶段,"地方负责、分级管理、加强学校自主权、实行校长负责制"的基础教育管理体制得以不断完善,这有利于推进教育公平、提高教育质量,办好人民满意的教育。总体来看,我国基础教育管理体制经历了从中央政府统一管理为主向中央与地方分权管理的转变、改革历程。

2. 基础教育的办学体制改革

办学体制是基础教育体制的一个重要部分,对教育的发展意义重大。学界对办学体制的概念界定并未形成统一的认识。有学者认为办学体制的本质是"谁投资、谁办学、谁管理"的问题。① 也有学者认为办学体制涉及学校办学的所有权、领导权以及管理权的归属问题。② 实质上,基础教育办学体制改革是一项综合性改革,涉及办学主体、办学形式、办学权利等内容。

我国的基础教育办学体制历经多次改革,逐步实现了办学主体的多元化、办学形式的多样化。具体来说,有学者将我国基础教育办学体制改革历程归纳为五个阶段:政府一元办学、社会力量参与办学阶段(1949—1966年);加大下放公办学校办学权限,公办学校办学形式多样化阶段(1966—1976年);政府办学为主与社会力量参与办学,公办学校办学形式多样化阶段(1978—2002年);倡导依法治教,加强对转制学校管理,鼓励社会力量参与公办学校办学阶段(2002—2016年);提高民办教育质量,倡行民办教育分类管理阶段(2016年至今)。③ 还有学者将我国基础教育办学体制划分为改造与探索期(1949—1965年)、停滞与恢复期(1966—1984年)以及改革与深化期(1985年至今)三个阶段。④ 依据不同的阶段划分标准,虽然学者们对

---

① 朱静:《试论办学体制与教育供求的关系》,载《教育与经济》2001年第1期,第49—51页。
② 张辉蓉、李东香、赵云娜:《新中国基础教育办学体制发展70年回眸与展望》,载《中国教育科学》2019年第6期,第39—47页。
③ 彭泽平、金燕:《70年基础教育办学体制改革:基本特征与未来展望》,载《现代教育管理》2020年第2期,第32—39页。
④ 张辉蓉、李东香、赵云娜:《新中国基础教育办学体制发展70年回眸与展望》,载《中国教育科学》2019年第6期,第39—47页。

我国基础教育办学体制改革的具体阶段划分意见不一,但是办学体制改革所遵循的原则和思路是一致的。

我国基础教育办学体制改革始终坚持以公立学校为主体来发展义务教育。在办学体制改革过程中,注重教育质量的提升,强调教育公平,积极发挥政府与社会力量联合办学的优势,并倡导民办教育的分类管理。实践证明,我国的基础教育办学体制改革取得了良好的效果,同时也出现了一些新的问题,办学体制改革仍须进一步深化,以推进我国教育事业的健康发展。

(二) 中国高等教育体制改革

中华人民共和国成立以来,我国高等教育取得了显著的成绩,比如教育规模不断扩大,教学质量不断提高,教育国际化水平不断提升。这些成绩的取得,离不开高等教育体制的改革。我国高等教育体制改革涉及的内容众多,其中,办学体制和管理体制改革是高等教育体制改革的重点,也是难点。

1. 高等教育办学体制改革

我国高等教育办学体制改革历程,经历了从政府包揽向多元化办学的发展过程。在改革的不断探索中,我国的高等教育办学体制逐渐走出一条政府自上而下与市场自下而上相结合的办学之路。有学者将我国高等教育办学体制改革分为两个阶段:中华人民共和国成立以来"国有公办"高等教育办学体制的探索阶段(1949—1977年)和改革开放以来高等教育多元化办学体制的确立与发展阶段(1978年至今)。[①]

在改革开放之前,我国高等教育是"国有公办"的办学体制,政府是办学的主体,社会力量参与很少。在这一时期,高等教育办学体制呈现出办学主体单一、办学封闭且形式单一以及高校缺少独立办学自主权等不足。改革开放后,针对高等教育存在的问题,我国出台了《中国教育改革和发展纲要》(1993年)、《民办高等学校设置暂行规定》(1993年)、《中华人民共和国民办教育促进法》(2002年)等多项政策,对办学体制进行了改革。随着高等教育办学体制改革不断推进,我国的高等教育办学体制逐渐形成了以政府

---

① 皇甫林晓、梁茜:《新中国成立70年来高等教育办学体制改革的历史回顾与未来展望》,载《大学教育科学》2020年第1期,第73—79页。

办学为主、社会力量积极参与的良好局面。

2. 高等教育管理体制改革

我国的高等教育管理体制反映了政府、学校与社会之间的关系,而政府与高等学校之间的关系长期以来都是改革的核心内容。《国务院办公厅转发国家教委关于深化高等教育体制改革若干意见的通知》(1995年)明确指出,高等教育管理体制改革是对我国教育发展有全局性影响的改革。

改革开放之前,我国政府对高等学校实行强力管制;改革开放之后,我国逐渐实行统一领导、分级管理的高等教育管理体制,且逐步扩大高校自主权。例如,我国政府陆续出台《全面推进依法治校实施纲要》(2012年)、《高等学校学术委员会规程》(2014年)等政策,加快建立健全现代大学制度。

自改革开放以来,我国高等教育管理体制改革经历了"恢复和调整"阶段(1978—1984年)、启动阶段(1985—1991年)、探索阶段(1992—1997年)、突破阶段(1998—2009年)以及深化阶段(2010年至今),改革的核心内容涉及"改革'条块分割'的管理模式,形成'条块有机结合'的办学体制;改革高度集权体制,加强省级政府管理高等教育的统筹权和决策权;理顺政府和高校的关系,扩大高等学校的办学自主权"。[①] 2017年教育部等五部门颁布《关于深化高等教育领域简政放权放管结合优化服务改革的若干意见》,明确提出破除束缚高等教育改革发展的体制、机制障碍,不断完善中国特色现代大学制度。

(三)中国职业技术教育体制改革

职业技术教育是现代教育的一个十分重要的组成部分。在办学体制方面,1993年出台的《中国教育改革和发展纲要》明确规定:"职业技术教育主要依靠行业、企业、事业单位办学和社会各方面联合办学。"

随着经济的发展与社会的进步,国家对各类高技能型人才的需求增大,我国职业技术教育得到持续发展。2002年国务院颁布的《关于大力推进职业教育改革与发展的决定》规定,"建立并逐步完善在国务院领导下,分级管

[①] 杨尊伟:《改革开放40年我国高等教育管理体制改革的回顾与前瞻》,载《河北师范大学学报(教育科学版)》2018年第5期,第13—19页。

理、地方为主、政府统筹、社会参与的职业教育管理体制;形成政府主导、依靠企业、充分发挥行业作用、社会力量积极参与的多元办学格局"。2010年出台的《国家中长期教育改革和发展规划纲要(2010—2020年)》进一步促进了我国职业教育的巨大发展。随着国家政策的支持,职业技术教育的招生人数、在校生人数得以不断扩大,培养技术技能人才的能力得以不断增强。但总体来看,职业教育发展仍难以满足社会发展的需求,职业教育也面临诸多问题。

十八大以来,我国职业教育的发展更是备受重视。国家陆续出台《关于加快发展现代职业教育的决定》(2014年)、《现代职业教育体系建设规划(2014—2020年)》等政策文件,对我国现代职业教育体系的发展做了系统规划。总之,我国政府高度重视职业教育的改革与发展,一直以来致力于办好人民满意的职业教育。我国正逐步建立健全具有中国特色、世界水平的现代职业教育体系。

四、中国教育研究前沿与热点问题

关于中国教育研究的前沿和热点问题,《教育研究》杂志编辑部每年发表的"中国教育研究前沿与热点问题年度报告"中对此问题进行了比较系统的梳理和概括。例如,《2019中国教育研究前沿与热点问题年度报告》从十一个方面进行了阐述:建立习近平总书记关于教育的重要论述的落实机制、从七十年的发展看从教育大国迈向教育强国、以破除"五唯"变革教育评价、促进乡村教师队伍治理现代化、在重构培养体系下加强劳动教育、以教育阻断贫困代际传递、落实立德树人重在系统化、推进职业教育"类型教育"改革、厘清教材变革的知识基础、人工智能重塑教育及其限度、反思教育学知识的生产与增长。[①] 有学者对新中国教育研究七十年的三大主题及特点进行了研究,主要涉及"知识与能力""教学与管理""教育投入和产出"三大主题,发现我国教育研究具有"红色信仰追求,专业服务实践"的特征。[②] 近年

[①] 《教育研究》编辑部:《2019中国教育研究前沿与热点问题年度报告》,载《教育研究》2020年第2期,第17—32页。
[②] 曾天山、滕瀚:《新中国教育研究70年的三大主题与特点:基于CNKI的大数据分析》,载《中国教育科学》2019年第5期,第46—54页。

来,中国教育研究前沿与热点问题主要集中于以下几个方面。

(一)坚持与落实立德树人

社会主义核心价值观是当代中国精神的集中体现,只有赢得广大人民群众的认同,才能在价值多元的社会中取得优势,从而以"中国精神"凝聚"中国力量"。深化社会主义核心价值观教育,是实现"立德树人"根本任务的客观要求。坚持立德树人,培养"全面发展的人",必须加强培育学生的核心素养,提升教育质量。

(二)大力推进教育治理现代化

教育治理现代化是我国国家治理体系和治理能力现代化的重要内容,是社会各界关注的重点问题。教育治理作为国家治理不可或缺的组成部分,教育治理的现代化进程影响着我国国家治理现代化的进程。积极推进高等教育治理体系和治理能力现代化,对于实现我国社会主义现代化强国的战略目标意义重大,当前我国高等教育要从怎么治理、为谁治理、如何治理等方面推进高等教育治理体系和治理能力现代化建设。[①]

(三)重视教育公平与义务教育均衡发展

长期以来,如何促进教育公平,实现义务教育均衡发展,是学界关注的重要问题。改革开放以来,虽然我国的九年义务教育逐步得到全面普及,但是教育公平问题也逐渐凸显出来,尤其体现为教育获得的阶层差距与城乡差距的日益扩大。我国社会不平等的扩大、阶层结构的"定型化"、教育回报率的上升等结构性因素以及一系列与人才培养和选拔有关的制度设置或教育政策影响教育机会公平,如何制定合理均衡的教育制度和政策,逐渐弱化教育的阶层再生产功能,是教育决策部门的重点课题。[②]"公平而有质量"是基础教育追求的永恒目标,"如何实现公平而有质量的基础教育"是新时代

[①] 贺祖斌:《推进高等教育治理体系和治理能力现代化建设》,载《中国高等教育》2020年第8期,第41—43页。
[②] 吴愈晓:《社会分层视野下的中国教育公平:宏观趋势与微观机制》,载《南京师大学报(社会科学版)》2020年第4期,第18—35页。

我国现代教育改革必须回应的课题。① 推进和实现教育公平,不仅要注重教育权利的平等,也要重视教育机会的均等,还要强调教育质量,以利于促进学生全面适宜发展。

(四)"互联网+"时代的教育改革与创新

随着互联网技术的发展,我国的教育事业面临一系列新的挑战和机遇,推进教育改革与创新是适应"互联网+"时代的必然要求。互联网与教育的逐渐融合,在促进教育公平、优化配置教育资源、满足学生个性化需求、突破学习时空限制、加快学习方式改革、变革原有教学方式、丰富课程内容的同时,也对传统教育带来众多挑战,因而应当采取加大教育资源投入、优化配置资源、强化教师培训、以学生为本、注重网络德育和美育渗透等措施,以促进"互联网+教育"的健康发展。②

(五)推进"双一流"建设

建设世界一流大学和一流学科,是我国的重要战略部署,也是经济社会发展对教育发展提出的新要求。深入分析"双一流"建设的理念以及如何推进建设世界一流大学和一流学科,是学界关注的核心问题。习近平同志指出,"办好中国的世界一流大学,必须有中国特色"。中国大学在推进"双一流"的建设过程中,必须把"中国特色"注入大学建设的"魂"中,体现中国一流大学的学术自觉和文化自信。③ 中国特色一流学科建设应坚持"守中望西"的学科建设立场,设计"中体西用"的学科建设方案,促进世界一流学科的建设。④

(六)深化创新创业教育改革

创新是推动经济发展的利器,创新创业人才是影响创新的关键,创新创

---

① 赵冬冬、朱益明:《试论如何实现公平而有质量的基础教育》,载《中国教育学刊》2020年第7期,第28—33页。
② 平和光、杜亚丽:《"互联网+教育":机遇、挑战与对策》,载《现代教育管理》2016年第1期,第13—18页。
③ 靳诺:《世界一流大学一流学科建设的"形"与"魂"》,载《国家教育行政学院学报》2016年第6期,第3—8页。
④ 龙宝新:《论中国特色一流学科建设》,载《高校教育管理》2020年第3期,第1—8+29页。

业教育则直接关系到创新创业人才的培养质量。高校创新创业教育备受学界重视。有学者认为我国高校创新创业教育存在教育师资力量匮乏、课程体系建设不完善、软硬条件建设基础薄弱等显著问题,应不断加强高校教师队伍建设、构建完善的课程体系、搭建高校创新创业教育的实践平台和服务平台。① 有学者对近二十年中国高校创新创业教育进行分析,发现创新创业教育内涵、人才培养、融合专业教育、体系、模式及高校类型与创新创业教育是研究热点,研究前沿包括创生起步、推广发展和深化改革序列路径演进和深化、创新创业教育体系构建以及就业、"互联网+"、经济新常态与创新创业教育等。②

(七) 推动新时代职业教育改革

职业教育与经济社会发展密切联系,加快发展现代职业教育得到了我国政府的高度重视,如何推动新时代职业教育改革也就成为学界关注的重点问题。2019年出台的《国家职业教育改革实施方案》为新时期我国职业教育的改革指明了方向,表明我国职业教育改革由层次向类型转变的基本逻辑。加强党对职业教育工作的全面领导,加大教育投入,强化激励机制,不断提高职业教育的社会影响力和吸引力,是确保职业教育在改革与发展中行稳致远的重要保障。③

(八) 加强劳动教育

2019年通过的《关于全面加强新时代大中小学劳动教育的意见》明确指出"劳动教育是中国特色社会主义教育制度的重要内容,直接决定社会主义建设者和接班人的劳动精神面貌、劳动价值取向和劳动技能水平"。劳动教育备受关注,成为学界关注的热点问题。劳动教育在树德、增智、强体、育美等方面发挥了重要作用,应不断加强学生的劳动教育,提升劳动本领,培养

---

① 张晨阳、梅汉成:《高校创新创业教育:问题、对策及保障措施》,载《东南大学学报(哲学社会科学版)》2020年第S1期,第114—117页。
② 武毅英、杨冬:《近20年中国高校创新创业教育研究的知识图谱》,载《现代大学教育》2019年第4期,第53—63页。
③ 陈子季:《推动新时代职业教育大改革大发展》,载《国家教育行政学院学报》2019年第5期,第3—9页。

劳动精神,为实现中华民族伟大复兴提供强而有力的人才支撑。[①] 新时代我国推进和落实劳动教育,不仅要注重学校劳动教育的有效落地,也要不断推进学校劳动教育体系的优化与完善,还需充分合理利用校内校外的各类劳动教育资源。

(九) 教育扶贫

教育扶贫是中国特色扶贫工作的重要内容,受到学界和实践界的广泛关注。在内涵上,教育扶贫既有"扶乡村教育之贫"之义,也有"依靠教育扶乡村之贫"之价值主张。[②] 在实践中我国积累了坚持扶贫、扶智、扶志良性互动,坚持精准扶贫与教育公平双重作用,坚持制度创新与战略改革双向驱动等中国特色的教育扶贫经验,可以为全球贫困治理贡献中国智慧。[③]

第三节　养老与养老保险制度改革

社会经济的发展以及人们生活水平的不断提高,延长了人均寿命,愈来愈多的国家步入老年型社会。按照联合国对老年人口统计的分类标准,将65岁以上的人口定义为老年人口。依据联合国的这一分类标准,我国在21世纪初就已经步入了人口老龄化社会。截至2018年底,我国65岁以上人口已达到16658万人。这意味着人口老龄化已然成为制约我国经济、社会发展的一个主要问题,如何妥善安置老年人成为我国政府面临的重大挑战。故此,养老也就成为社会各界关注的社会焦点问题。养老保险在保障老年人口基本生活方面发挥了十分重要的作用,成为各国社会保障制度的重要组成部分。

---

① 段磊:《加强大学生劳动教育的四个维度》,载《人民论坛》2020年第20期,第106—107页。
② 金久仁:《教育扶贫内涵指涉与路径转型》,载《教育与经济》2020年第2期,第10—18页。
③ 袁利平、丁雅施:《教育扶贫:中国方案及世界意义》,载《教育研究》2020年第7期,第17—30页。

第五章　福利经济学学科前沿

一、养老与养老保险的含义

(一) 养老的含义

当今社会,人口老龄化是一个全球性现象,养老问题逐渐成为老龄化社会问题的核心内容。养老是一个十分热门的话题,也是社会发展中必须妥善处理的关键问题。穆光宗认为,养老涉及经济或物质的供养、生活照料和精神慰藉三个方面。① 我国主要有家庭养老、社会养老与社区养老三种方式。家庭养老是由子女承担赡养父母责任的养老方式,社会养老是由国家、社会提供相应经济支持和生活照料服务的养老方式,社区养老是以居家养老为基础、社区服务为辅助的新型养老方式。②

事实上,关于养老的主要内容,大多数学者认为应该包括经济供养、生活照料和精神慰藉等众多方面。随着经济发展、时间推移,养老的内涵有所变化。以前养老重点关注的是家庭养老,强调子女的赡养;但现今随着人口老龄化形势的日益严峻,政府开始强调和重视社会化养老。可以说,养老的内容非常广泛,涉及方方面面。

(二) 养老保险的含义

由于每个国家的养老保险政策及其实践存在很大差异,对养老保险的概念界定也就不尽一致。郑功成认为,养老保险是指国家和社会通过相应的制度安排,为劳动者解除养老后顾之忧的一种社会保险,它的目的是增强劳动者抵御老年风险的能力,同时弥补家庭养老的不足,手段则是在劳动者退出劳动岗位后为其提供相应的收入保障。③ 根据我国劳动和社会保障部的定义,养老保险是国家和社会根据一定的法律和法规,为解决劳动者在达到国家规定的解除劳动义务的劳动年龄界限,或因年老丧失劳动能力退出劳动岗位后的基本生活而建立的一种社会保险制度,是社会保险制度的核

---

① 穆光宗:《家庭养老面临的挑战以及社会对策问题》,载《中州学刊》1999 年第 1 期,第 65 页。
② 舒奋:《从家庭养老到社会养老:新中国 70 年农村养老方式变迁》,载《浙江社会科学》2019 年第 6 期,第 84 页。
③ 郑功成:《社会保障概论》,上海:复旦大学出版社 2005 年版,第 134 页。

心内容和重要险种之一。[1]温海红认为养老保险是指国家和社会通过相应的制度安排,为解决劳动者在达到国家规定的解除劳动义务的劳动年龄界限,或因年老丧失劳动能力退出劳动岗位后的基本生活而建立的一种社会保险制度。[2]

虽然学者们对养老保险的具体定义不尽一致,但其内涵都反映了养老保险具有公民参保和缴费的强制性、老年人基本生活需求的保障性、覆盖范围的广泛性以及权利与义务对应性的特征。养老保险是通过对劳动者退出劳动岗位后提供相应的稳定生活收入来源,以增强劳动者抵御老年风险的能力,保障其基本生活需求。

二、中国养老保险制度改革历程

我国养老保险制度经历了从无到有、从城镇到农村、从职工到城乡居民的发展过程。我国的养老保险制度主要涉及城镇企业职工养老保险制度、机关事业单位养老保险制度以及农村养老保险制度。

(一)城镇企业职工养老保险制度改革历程

随着我国社会经济体制的改革与发展,我国养老保险制度也发生着日新月异的变革。1951年,我国政府颁布《中华人民共和国劳动保险暂行条例》,标志着我国养老保险制度的正式建立。这一条例对企业职工的养老待遇进行了明确规定。"文革"期间,城镇企业职工养老保险制度处于停滞甚至瘫痪的状况。1978年,我国实行改革开放,社会经济得到恢复和发展,养老保险制度也逐步恢复正轨。1978年,国务院颁布了《关于安置老弱病残干部的暂行办法》和《关于工人退休、退职的暂行办法》等政策,以保障企业职工的养老。但随着改革开放的深入发展,私营企业、外资企业逐渐参与社会发展与经济建设,原有的针对国有企业职工的养老保险制度难以适应我国经济发展的实际需要。

1984年,国有企业改革很大程度上推动了我国养老保险制度的改革。

---

[1] 转引自余桔云:《养老保险:理论与政策》,上海:复旦大学出版社2015年版,第15页。
[2] 温海红:《社会保障学》,北京:对外经济贸易大学出版社2016年版,第65页。

1986 年国务院颁布《国营企业实行劳动合同制暂行规定》,明确规定国家对劳动合同制工人退休养老实行社会保险制度,企业缴纳劳动合同制工人工资总额的 15% 左右,合同工个人缴纳比例不超过本人标准工资的 3%。这一规定表明我国城镇企业养老保险开始实行个人缴费制度。

1991 年颁布的《关于企业职工养老保险制度改革的决定》第一次提出由国家、企业、个人共同承担养老保险金的筹集,且覆盖范围包括私人企业和外资企业。1993 年通过的《中共中央关于建立社会主义市场经济体制若干问题的决定》规定要建立多层次的社会保障体系,城镇职工养老和医疗保险金由单位和个人共同负担,实行社会统筹和个人账户相结合。故此,结合中国国情与实际情况,合理确定国家、企业与个人承担养老保险费用的比例,则尤其重要和必要。

1995 年颁布的《国务院关于深化企业职工养老保险制度改革的通知》明确指出,"养老保险基金运营所得收益,全部并入基金并免征税费"。为加快企业职工养老保险制度改革步伐,1997 年国务院出台了《关于建立统一的企业职工基本养老保险制度的决定》,提出建立统一的企业职工基本养老保险制度,并对企业缴纳基本养老保险费比例、职工本人缴纳比例以及个人缴费年限等内容进行了详细说明与规定。该决定标志着我国城镇职工基本养老保险制度由现收现付制向社会统筹和个人账户相结合的部分积累制转轨。

为解决养老保险制度改革中存在的统账结合名不副实等问题,2001 年国家开始尝试"做小做实"个人账户,并以辽宁为试点。2003 年,十六届三中全会通过的《中共中央关于完善社会主义市场经济体制若干问题的决定》指出,坚持社会统筹与个人账户相结合,要求逐步做实个人账户。2004 年,将试点范围扩大至吉林和黑龙江两省。2005 年出台的《国务院关于完善企业职工基本养老保险制度的决定》对统账结构以及养老金的计发办法等内容进行了相应调整。

2013 年中共中央通过的《中共中央关于全面深化改革若干重大问题的决定》明确指出:"坚持社会统筹和个人账户相结合的基本养老保险制度,完善个人账户制度,健全多缴多得激励机制,确保参保人权益,实现基础养老金全国统筹,坚持精算平衡原则。"《中华人民共和国社会保险法》进一步明确"基本养老保险实行社会统筹与个人账户相结合"。2014 年我国全面实施城镇居民与农村居民养老保险制度的整合。为贯彻推进养老保险的全国统筹,2018 年颁布的《关于建立企业职工基本养老保险基金中央调剂制度的通知》规定,实施企业职工养老保险基金中央调剂制度。2019 年国务院办公厅颁布《降低社会保险费率综合方案》,明确要求"降低城镇职工基本养老保险(包括企业和机关事业单位基本养老保险)单位缴费比例,加快推进养老保险省级统筹,提高养老保险基金中央调剂比例"。这一方案的实施,有利于减轻企业负担,优化营商环境。2020 年中共中央、国务院颁布的《关于新时代加快完善社会主义市场经济体制的意见》进一步提出:"实施企业职工基本养老保险基金中央调剂制度,尽快实现养老保险全国统筹,促进基本养老保险基金长期平衡。"总体来看,我国城镇企业职工基本养老保险制度在改革中得以不断健全与完善。

(二)机关事业单位养老保险制度改革历程

我国城镇职工养老保险主要涉及企业职工养老保险和机关事业单位职工养老保险两类。机关事业单位养老保险制度,作为社会养老保险制度的重要组成部分,其改革的必要性和紧迫性是毋庸置疑的。

1955 年国务院颁布《国家机关工作人员退休处理暂行办法》,标志着我国国家机关和事业单位职工退休制度的建立。之后,国家陆续出台《关于工人、职工退休处理的暂行规定》(1958 年)、《国务院关于工人退休、退职的暂行办法》(1978 年)、《国营企业实行劳动合同暂行规定》(1986 年),这些政策都是对我国养老保险制度的补充与完善。

20 世纪 90 年代以后,我国的机关事业单位养老保险制度开始全面改革,较大幅度地调整与修改了养老保险制度的相关内容。1994 年,部分地区以试点的方式将合同制工人纳入养老保险制度的范畴,其余仍旧由财政负担。1997 年出台《关于机关和事业单位工作人员养老保险制度改革试点的意见》,将"统账结合"的思路运用于机关和事业单位的养老保险中,建立统筹账户与个人账户,机关和事业单位要对本单位职工负责,不能全部依赖财政负担。

2000 年颁布的《国务院关于印发完善城镇社会保障体系试点方案的通知》明确指出,要及时总结城镇社会保障体系的试点经验,不断完善相关政策。2005年国家制定了《中华人民共和国公务员法》。2008年出台的《事业单位工作人员养老保险制度改革试点方案》将山西、上海、浙江、广东、重庆选为试点,与事业单位分类改革同时进行。养老保险的费用由单位和个人共同承担缴纳,退休时的待遇与之前的缴费相关联,并逐步实行省级统筹。这也表明事业单位养老保险制度进入实质性改革阶段。

2014年《国务院关于机关事业单位工作人员养老保险制度改革的决定》对养老保险的改革范围、缴费基数和比例、基本养老金待遇计发办法、改革前后待遇的衔接政策、基本养老金待遇的调整进行了说明和规定。2015年出台《关于机关事业单位工作人员养老保险制度改革的决定》,对不同类型的事业单位进行差异化改革,实施"统账结合"的模式。2018年《中华人民共和国社会保险法》明确由政府补贴事业单位职工基本养老保险基金不足的部分。相比企业养老保险制度改革,虽然机关事业单位养老保险制度改革相对滞后,但总体处于不断变革与完善中。在机关事业单位养老保险制度改革过程中,鉴于我国不同单位的实际情况,应实施差异化改革。

(三)农村养老保险制度改革历程

长期以来,我国农村养老主要是家庭养儿防老、土地养老的传统养老模式。20世纪80年代,我国改革开放不断深入,计划生育制度落地执行,使得农村传统的家庭养老和土地养老功能不断弱化,亟待建立农村养老保险制度,以弥补传统养老保障的不足。

1986年,我国部分农村已经开始探索农村养老保险的改革。1991年出台的《国务院关于企业职工养老保险改革的决定》提出,在部分地区建立农村社会养老保险制度的试点实践。1992年出台了《县级农村社会养老保险方案(试行)》,这标志着我国农村养老保险翻开了新的一页。1999年,我国受到亚洲金融危机的影响,农村社会养老保险几乎处于停滞状态,甚至出现部分地方大规模退保的现象。

2002年党的十六大提出,"有条件的地区探索建立农村养老、医疗保险和最低生活保障制度"。自此,一些地区探索实行有财政补贴的新型地方农村社会养老保险制度,这为我国后续农村养老保险制度改革积累了宝贵经验。2007年党的十七大报告提出,"探索建立农村养老保险制度,鼓励各地开展农村养老保险试点",探索建立适合中国国情、具有中国特色的农村社会保障制度。在总结各地实践经验的基础上,2009年国务院出台《关于开展新型农村社会养老保险试点的指导意见》,决定在全国10%的县(市、区)开展新型农村社会养老保险试点。这项制度既能保障农村老年人口的基本生活需求,又在一定程度上促进了农村居民参保的主动性和积极性,还能缓解农村老龄化加剧带来的系列问题。2009年我国建立了社会统筹与个人账户相结合的农村养老保险制度。我国政府加大新农保的财政支持力度,促进了农村养老保险制度的迅速发展。2014年我国对农村居民与城镇居民养老保险制度进行了全面整合。《中华人民共和国社会保险法》进一步明确,省、自治区、直辖市人民政府根据实际情况,可以将城镇居民社会养老保险和新型农村社会养老保险合并实施。《中华人民共和国社会保险法》为新型农村社会养老保险的推进与落地提供了坚实的法律保障。

三、中国养老研究的前沿与热点问题

随着越来越多的国家步入人口老龄化社会,养老成为世界各国发展中必须面对的问题,中国也不例外。中国有关养老这一领域的研究主要集中于探讨中国养老模式、养老产业的发展、智慧养老、国外相关经验的借鉴与启示等方面。

(一) 中国养老模式

我国是世界上最大的发展中国家,也是一个老年人口超过2.5亿的大国,要满足如此巨大的老年群体的养老服务需求,并无先例可循。随着中国逐步步入老龄化社会,养老已然成为一个十分严峻且迫切需要解决的社会问题。由此,关于中国养老模式的探讨研究,逐渐成为学界关注的一个重点内容。

简单来说,养老模式就是如何赡养老人。养老模式有不同的分类,主要包括家庭养老、社会养老、居家养老、自我养老、机构养老、设施养老、集中养老、分散养老等。从家庭养老向社会养老的过渡,大力推进社会化养老,是我国养老模式发展的历史必然。① 实际上,在中国,很长一段时间内,家庭养老是我国尤其是我国农村地区最为主要的养老方式。然而,我国农村养老模式逐渐受到城乡经济结构、户籍制度、计划生育政策等多种制度的约束,传统的家庭养老模式的问题逐渐显露出来,农村家庭养老模式必然走向社会养老模式。

家庭养老与社会养老存在缺陷和不足,难以满足老年群体的实际需求,因此,以自我养老为主的养老模式逐渐成为一些老年人的选择。自我养老模式也引起学者们的广泛关注。自我养老包括家庭养老和社会养老,它不同于"工具性他人养老",本质上是一种"精神独立养老",是一种养老意志和智慧,且在未来自我养老比例可能上升。② 自我养老包括金钱养老和劳务养老。自我养老模式备受关注,但关于这一模式的作用与地位,存在很大的争议与分歧。

居家养老是指老年人住在家中,通过生活自理或家庭成员照护,并借助社会养老服务机制,实现安养晚年的养老方式。居家养老可以有效维护家庭关系,降低经济成本。③ 但也有学者认为传统的家庭养老模式已经无法承担当下中国的养老责任,居家养老的智慧化发展,才能有效解决当前我国的养老问题。④

概括而言,上述不同的养老模式,有的已被实践证明是有效的,有的在理论界与实践领域都处于探索阶段。这些实践和探索,对于解决我国复杂多样的养老问题、建设具有中国特色的养老模式都具有十分重要的参考价值。

(二)养老服务产业的发展

人口老龄化给我国的经济发展带来巨大的挑战,同时也带来了一定的机遇。在倡导扩大内需和供给侧结构改革的背景下,养老消费需求大量增长。党的十八大提出积极应对人口老龄化、大力发展老龄服务事业和服务

---

① 陈赛权:《中国养老模式研究综述》,载《人口学刊》2000年第3期,第30—36页。
② 穆光宗、淦宇杰:《给岁月以生命:自我养老之精神和智慧》,载《华中科技大学学报(社会科学版)》2019年第4期,第30—36页。
③ 石玪:《居家养老的影响因素与政策选择》,载《社会保障评论》2019年第4期,第147页。
④ 朱海龙:《中国养老模式的智慧化重构》,载《社会科学战线》2020年第4期,第231—236页。

产业的要求。养老服务产业趁势蓬勃发展,逐渐成为我国学界关注的热点问题。

养老服务产业主要涉及住宅、日用品、护理服务、文化教育、金融服务这五大方面。在养老住宅产业方面,北京太阳城、东方太阳城创造了巨大的社会效益和经济效益,吸引着越来越多的投资者关注养老住宅产业。在养老日用品方面,2013年台商敏锐地注意到养老日用产业这块大蛋糕,"2013年台湾医疗保健暨银发产业大陆行销团"在厦门开展宣传,积极寻找进入大陆市场的机会,各种老年产品层出不穷,以满足"银发族"的实际需求。

中国的养老服务产业虽然起步晚、底子相对较为薄弱,但前景广阔。从实践情况来看,机构型养老服务产业是我国养老服务产业中发展较快且发展最好的养老产业,其次为养老护理服务产业,而老年产品、老年旅游、房地产、金融保险的发展相对较为缓慢和滞后,这与现阶段我国老年群体养老服务需求结构现状以及养老服务需求层次规律相契合。[1]随着社会的发展与进步,养老服务产业难以跟上时代发展的需要,尤其是在服务质量和效率上出现众多问题。"互联网+"促进养老服务产业的转型升级,并成为未来产业发展的新方向。[2]

(三) 智慧养老

随着信息技术的高速发展与进步,以及老年人口的剧增,"智慧养老"成为学界和业界共同关注的热点问题。

左美云认为,智慧养老(Smart Care For the Aged)是指利用信息技术等现代科技技术(如互联网、社交网、物联网、移动计算等),围绕老人的生活起居、安全保障、医疗卫生、保健康复、娱乐休闲、学习分享等方面支持老年人的生活服务和管理,对涉老信息自动监测、预警甚至主动处置,实现这些技术与老年人的友好、自助式、个性化智能交互,一方面提升老年人的生活质量,另一方面利用好老年人的经验智慧,使智慧科技和智慧老人相得益彰,

---

[1] 黄清峰:《中国养老服务产业发展研究》,武汉:武汉大学,2014年,第77页。
[2] 巩英杰、张媛媛:《"互联网+"视角下养老服务产业转型升级路径研究》,载《宏观经济研究》2020年第3期,第153—163页。

目的是为老年人打造健康、便捷、愉快、有尊严、有价值的晚年生活。[1] 关于"智慧养老"的概念尚未达成统一的认识,但关于这一概念的普遍认知基本围绕在"面对以居家型、社区型和机构型为养老模式的老年人,利用物联网、互联网、智能设备等先进技术与设备,为其提供实时、快捷、高效、低成本的养老服务"。[2] 智慧养老,离不开信息技术的支持。充分利用互联网、物联网、云计算、大数据等来辅助养老事业的发展,是"智慧养老"所体现的智慧所在。智慧养老与信息技术息息相关,且这一领域的研究初具规模。[3]

相比传统养老模式,智慧养老借助现代信息技术对养老服务进行改善与整合,其优势主要有服务质量和效率的提升、服务方式的多样化与"自助式"服务的实现、满足老人多层次需求等。[4] 智慧养老是一种紧跟时代的养老模式的创新,通过"互联网+"将老人、家庭、社区、机构、政府等紧密联系起来,以更好地满足老年人的需求和要求。智慧养老通过现代科技信息技术提供专业化、精准化、人性化的服务,提高养老服务的质量和效率,为我国老龄化社会提供新方案。[5]

(四) 国外养老经验的借鉴

相比我国,西方发达国家更早步入老龄化社会,养老自然成为西方各国备受关注的主题。西方国家在养老这一领域积累了丰富的经验和丰硕的研究成果,可以为我国构建中国特色的养老保障体系提供有益的参考和启示。由此,关于国外养老问题的研究,吸引着众多学者。

养老涉及的内容囊括方方面面,有关国外养老经验的文献资料众多,覆盖主题广泛。例如,有学者通过对典型的福利国家瑞典、英国、美国、日本和法国的养老服务管理体系进行比较分析,从完善法律依据、明确职责定位和

---

[1] 左美云:《智慧养老的内涵、模式与机遇》,载《中国公共安全》2014年第10期,第49页。
[2] 戴靓华:《医养理念导向下的城市社区适老化设施营建体系与策略》,杭州:浙江大学,2015年,第154—161页。
[3] 王坚、张玥、朱庆华:《智慧养老领域的研究现状与热点分析》,载《信息资源管理学报》2019年第1期,第20页。
[4] 白玫、朱庆华:《智慧养老现状分析及发展对策》,载《现代管理科学》2016年第9期,第63—65页。
[5] 杨芳:《智慧养老发展的创新逻辑与实践路向》,载《行政论坛》2019年第6期,第133页。

加快养老服务纵向整合等方面提出完善我国养老服务管理体制的建议。① 有学者对瑞典、美国、新加坡的养老保险制度进行分析,以为我国养老保险制度改革提供启示。② 有学者探讨了四种典型的医养结合养老产业发展模式,分别为美国的商业养老模式、日本的转型医养结合养老模式、英国的税收筹资体制模式,以及德国的社会保险体制模式,为我国医养结合养老模式的改善提供有益参考。有学者对以德国和美国为代表的社会保险型农村养老保障模式,以英国、瑞典和加拿大为代表的福利保险型农村养老保障模式,以新加坡和智利为代表的储蓄保险型农村养老保障模式等进行了研究,并提出了改善我国农村养老模式的建议。③ 也有学者研究了国外典型地区农村社会养老保险制度的发展状况与经验,并提出从法律制度建设、财政投入力度等方面完善我国农村社会养老保险制度。④ 总的来说,国外在解决养老问题方面,积累了许多成果和经验。国外一些成功的经验和做法,可以为我国解决相应养老问题提供新思路,但国外的做法也并非万能,还必须考虑我国国情以适应我国的实际需要。

第四节　住房与住房制度改革

住房问题是一个直接关系国计民生的社会难题,也是福利经济学前沿研究的一个重要主题。"住房"是我国社会各界关注的大问题。进入 21 世纪以来,我国住房的供需矛盾尤其紧张,住房问题变得越来越复杂多样。面对矛盾激增的住房问题,党的十九大报告明确规定:坚持房子是"用来住的不是用来炒的"这一定位,加快建立多主体供给、多渠道保障、租购并举的住房制度,让全体人民住有所居。为解决和缓解当前我国存在的各种各样的住房问题,大力推进住房制度改革至关重要。

---

① 谷甜甜、李德智、徐萍:《国外养老服务管理体制对比及启示:以典型福利国家为例》,载《经济体制改革》2019 年第 5 期,第 149—157 页。
② 牟海侠:《国外养老保险制度的侧重点有何不同》,载《人民论坛》2018 年第 28 期,第 110—111 页。
③ 张悦玲、解聪:《国外农村养老模式有何特色》,载《人民论坛》2017 年第 3 期,第 118—119 页。
④ 黄玉君、鲁伟:《国外农村社会养老保险发展及对我国的启示》,载《求实》2016 年第 6 期,第 87—96 页。

一、住房问题及产生原因

衣食住行是人类生存与发展的基本需求。住房问题是人们面临的基本问题之一,是影响国计民生的关键问题。由此,我们需要理清什么是住房问题,产生住房问题的原因有哪些。

(一) 什么是住房问题

住房是人类居住的栖身场所,我国住房问题日益复杂和严峻。通常而言,住房问题是指住房缺乏或住房不足,指现代社会中没有住房或住房困难的现象。[①] 长期以来,住房的居住消费属性和资产投资属性交织在一起,在多种原因的综合作用下,住房成为我国居民财富和投资的主要工具。[②] 当今社会,住房问题实质上已经不仅仅是一个单纯的经济问题,也是一个社会问题,更是一个政治问题。

(二) 住房问题产生的原因

早期的住房问题主要是因自然灾害和人类文明程度较低造成的。比如,洪涝、森林火灾、地震、海啸等自然灾害,使得人类无处可居所产生的住房问题。再如,频繁的战争与低下的科学技术水平等造成人类住房的匮乏与住房困难。

随着工业化和城市化进程的高速推进,人口不断向大城市集中,使得城市住房变得越来越紧张,住房问题也就日益凸显和严峻。恩格斯在《论住宅问题》中指出:"当一个古老的文明国家这样从工场手工业和小生产向大工业过渡,并且这个过渡还由于情况极其顺利而加速的时期,多半也就是'住宅缺乏'的时期。一方面,大批农村工人突然被吸引到以发展为中心的大城市里来,另一方面,这些旧城市的布局已经不适合新的大工业的条件及与此相适应的交通,街道在加宽,新的街道在开辟,铁路铺到市里。正当工人成群涌入城市的时候,工人住宅却在大批拆除。于是就突然出现了工人以及

[①] 姚玲珍:《中国公共住房政策模式研究》,上海:上海财经大学出版社2009年版,第7页。
[②] 赵奉军、高波:《新时代住房问题内涵与长效机制建设》,载《江苏行政学院学报》2018年第3期,第54—55页。

以工人为主顾的小商人和小手工业者的住宅缺乏现象。"①恩格斯的这一论断清晰地说明,住房问题是大工业高速发展所带来的必然结果。随着我国城市化进程加快,住房问题逐渐凸显出来。此外,人口数量的剧增,也是产生住房问题的一个重要原因。

住房问题的本质和核心是居民消费和支付能力不足。住房问题是一个社会问题,在人民共享改革发展成果的今天,一个和谐稳定、住有所居的和谐社会是人人需要的社会。同时,住房问题也是一个经济问题,住房产业与其他产业紧密相连,直接影响社会经济的发展。中华人民共和国成立以来,住房是党和国家尤其重视的民生工程,我国政府一直致力于解决各类住房问题。

二、中国住房制度改革历程

我国的住房制度改革与经济体制改革紧密相连,住房制度改革是经济体制改革的重要组成部分。回顾我国住房制度改革历程,总结改革过程中的经验与教训,有利于继续深化住房制度改革,最终实现人民的美好生活。

自1949年中华人民共和国成立至1978年改革开放之前,我国的住房基本是由国家统一分配、管理与建设,形成了一套与计划经济体制相适应的福利性住房制度。这一时期,基本是由政府或单位解决城镇居民的住房。

1978年改革开放后,我国逐步推进有计划的商品住房制度。1980年,邓小平同志指出:"要考虑城市建筑住宅、分配房屋的一系列政策。城镇居民个人可以购买房屋,也可以自己盖。不但新房子可以出售,老房子也可以出售。可以一次付款,也可以分期付款,十年、十五年付清。要联系房价调整房租,使人考虑买房合算。"②邓小平的这一论断,为我国住房制度改革指明了方向。1982年以郑州、常州、四平和沙市为试点,实行"三三制"补贴售房新建住房的政策。1986年,国务院成立了"住房制度改革领导小组",以试点的方式试行提租补贴政策。1988年国务院公布《关于在全国城镇分期分批

---

① 中共中央马克思恩格斯列宁斯大林著作编译局编:《马克思恩格斯选集》第二卷,北京:人民出版社2012年版,第459页。
② 中共中央文献研究室:《邓小平年谱(1975—1997)》,北京:中央文献出版社2004年版,第615页。

推行住房制度改革的实施方案》，总结试点经验，明确提出逐步实现商品化的住房制度改革。

1994年颁布的《关于深化城镇住房制度改革的决定》明确指出，城镇住房制度改革作为经济体制改革的重要组成部分，其根本目的是：建立与社会主义市场经济体制相适应的新的城镇住房制度，实现住房商品化、社会化；加快住房建设，改善居住条件，满足城镇居民不断增长的住房需求。这表明我国开始全面推进住房的市场化、商品化改革。

1998年出台的《关于进一步深化城镇住房制度改革加快住房建设的通知》进一步明确稳步推进住房商品化、社会化，逐步建立适应社会主义市场经济体制和我国国情的城镇住房新制度，逐步实行住房分配货币化。这意味着我国住房制度改革进入全面市场化改革阶段。

2000年以来，国家进一步加快了城镇住房制度改革，住房制度的改革已经突破旧的分配体制的束缚，新的分配体制正在逐步建立。2003年的《关于促进房地产市场持续健康发展的通知》明确房地产已经成为国民经济的支柱产业。为加强政府对房地产的宏观调控，国务院陆续颁发"国四条""国八条""国十条"等一系列政策文件，用以调控和稳定房价，保障房地产业的健康有序发展。

为逐步建立新的住房保障机制，我国先后出台《经济适用住房管理办法》（2004年）、《廉租住房保障办法》（2007年）、《经济适用房管理办法》（2007年）等政策文件，以解决城市中低收入家庭与群体的住房问题。这表明我国住房制度的变革朝着由商品化为主转为以住房保障为主的住房商品化和住房社会保障的双轨制。自此，我国逐渐形成了以商品住房供应为主、保障性住房供应为辅的住房政策体系。

党的十八大以来，我国住房政策的重心逐渐由需求管理向供给侧改革过渡。党的十八大报告提出："建立市场配置和政府保障相结合的住房制度，加强保障性住房建设和管理，满足困难家庭基本需求。"党的十九大报告指出："坚持房子是用来住的，不是用来炒的定位，坚持多元主体供给、多渠道保障、租购并举的住房制度，让全体人民住有所居。"2020年中共中央、国务院颁发的《关于新时代加快完善社会主义市场经济体制的意见》再次明确"加快建立多主体供给、多渠道保障、租购并举的住房制度，改革住房公积金制度"。这表明我国住房制度步入了供给侧结构性改革的深化阶段,"房住不炒"的定位为我国住房制度的下一步改革指明了新的思路与方向。

三、中国住房问题研究的前沿与热点问题

长期以来,住房都是社会各界关注的焦点,住房问题也就成为学界研究的重点课题。中国关于住房问题的研究,主要集中于城市住房问题、农村居民住房问题、农民工住房问题等方面。

(一)城市住房问题

发达国家或发展中国家,或多或少都存在住房问题。由于不同国家所面临的住房问题的特点以及复杂程度存在较大差异,因而各国解决住房问题的政策措施以及制度安排各有特色。随着我国城市化进程的推进与发展,新的住房问题层出不穷,解决城市住房问题离不开政府长期有效的政策支持。

我国当前的城市住房问题折射出我国在体制转轨过程中出现的体制性障碍、制度性障碍以及政策失当等问题,把城市住房问题嵌入城市经济运行的总体框架中,统筹考虑住房问题的诸多方面,探讨解决我国城市住房问题的解决思路、方式与方法,是当前面临的极其重要的理论和实践课题。[1]

导致城市住房问题产生的原因十分复杂,中国城市住房问题是政策指示与制度安排所导致的。[2] 我国城市住房困境无论是从认识偏差、机制缺失和结构不当方面分析,都与住房租赁市场滞后有着十分密切的关系,因而要完善住房租赁市场供应体系等政策措施,以解决我国转型时期出现的城市住房问题。[3]

---

[1] 王振波、王丽艳:《中国城市住房问题的演变和求解:基于经济学视角的分析》,载《未来与发展》2008年第1期,第68页。
[2] 王美琴:《中国城市住房问题及住房改革研究述评》,载《求索》2008年第10期,第52—54页。
[3] 刘宝香、吕萍:《转型时期我国城市住房问题思考:基于发展住房租赁市场的视角》,载《现代管理科学》2015年第5期,第93—96页。

（二）农村居民住房问题

住房需求是社会生活中最基本的需求,改善农村居民住房问题是学界关注的重要研究课题。由于我国经济、社会正处于转型时期,我国农村居民的住房问题,不仅直接关系到农村居民的切身利益,也直接影响到我国经济社会的稳定与发展。长期以来,我国农村居民住房与国家公共住房的政策体系是相互独立的,农村居民住房具有"自建自管自用自灭"的特征。

我国农村居民住房存在诸多问题:农村住房数量已达较高水平,但浪费现象严重;农村住房质量存在低水平基础上的较大差异;农村住房建设存在严重的土地浪费现象等。要解决这些问题,需要科学引导农村住房消费偏好,加强农村住房建设统一有效规划,并建立城乡统一制度框架以加快要素合理流动。① 随着我国经济的高速发展,我国农民居住水平得以不断提升,但也存在区域发展不平衡、居住分化日益突出、土地资源浪费、基础设施和村居环境建设相对滞后等一系列的问题。② 为了解决这些问题,必须完善农村居民住房制度,强化农村住房的规划管理,加大财政支持力度,以提升我国农村居民住房质量。

（三）农民工住房问题

农民工住房问题,是我国城镇化过程中产生的一个非常特殊的问题,也是目前我国亟须解决的住房问题之一。随着改革开放的深入、社会主义市场经济体制的建立,我国大量农村人口涌入城市,然而农民进城后的住房很难得到保障,逐渐成为一个难以解决的重要社会问题。如何有效解决农民工的住房问题是我国迫切需要解决的一个现实问题。

由于农民工住房问题承载着较多的功能,需要将农民工住房同差异极大的各个城市的供给能力相匹配,提高农民工在城市的住房支付能力是解

---

① 刘宝香:《我国农村居民住房问题研究》,载《现代管理科学》2015年第12期,第115—117页。
② 顾杰、徐建春、卢珂:《新农村建设背景下中国农村住房发展:成就与挑战》,载《中国人口·资源与环境》2013年第9期,第62—68页。

决农民工住房问题的根本措施。① 有学者认为农民工城市住房问题是个体理性选择与结构性因素共同作用的结果,并提出了建立"公建为体,廉租为用"的农民工城市住房问题解决路径。② 解决农民工住房这一复杂的问题,需要各方积极的协作与努力,以提升农民工合法收入为根本。

第五节 生态环境保护与环境治理

近几十年来,我国环境恶化、资源短缺的问题日益突出,并成为阻碍社会经济发展的巨大障碍。生态环境保护与环境治理逐渐成为社会各界关注的核心议题,也正受到福利经济学研究者们的关注。

一、环境问题与生态破坏

自工业革命以来,人类社会面临着日益严峻的环境问题与资源危机,严重影响人们的生产与生活。

(一)环境问题的产生与分类

1. 环境问题的产生

环境问题的产生与人口的迅速增长、社会经济活动密切相关,并且随着人类社会的发展而不断加速扩展。目前,我们面临的环境问题大多是由人们生活和生产活动的迅速发展引起的。尤其是随着社会的发展、人口规模的扩大、生活水平的提高,人们对物质资源的消费日益增长,从而造成资源的短缺与枯竭,生态平衡的破坏,乃至生态环境的破坏。

环境问题是一个重大的社会问题。过去只顾追求经济增长而忽视环境承载力的发展模式,造成了十分严重的后果。早在 19 世纪 80 年代和 90 年代,英国伦敦连续多次发生大气污染事件,每次都造成巨大的经济损失与众多人员伤亡。2000 年中国环境状况公报指出,全国城市空气污染依然严重,

---

① 张鸿铭:《解决农民工住房问题的一些基本设想》,载《华东师范大学学报(哲学社会科学版)》2016 年第 6 期,第 141—144 页。
② 熊景维:《农民工的城市住房困境及其解决路径》,载《城市问题》2016 年第 5 期,第 98—103 页。

空气质量达到国家二级标准的城市仅占三分之一;地表水污染普遍;湖泊富营养化问题突出;地下水受到点状或面状污染,水位下降,加剧了水资源的供需矛盾;生态破坏加剧的趋势尚未得到有效控制。近年来,虽然我国的环境问题得到了改善,但总体环境状况并不乐观。

当今社会,资源和环境的制约逐渐成为全球共同面临的巨大挑战。近年来,气候的变化、淡水资源污染、大气污染、土壤污染、生物多样性的丧失等环境问题,对人类的生存和生产以及可持续发展造成了严重影响。

2. 环境问题的分类

资源和环境的问题威胁着人类的生存与持续发展,是一个备受全球关注的问题。环境污染往往经历了由局部污染向区域污染再发展到全球污染的过程。我国对环境污染的认识也是由局部向区域,然后转向全国的过程。目前,各个国家除了高度关注和重视本国的环境问题之外,也重视区域和全球环境问题。

关于环境问题的分类有多种方法,通常可以分为原生环境问题和次生环境问题两类。

原生环境问题包括地震、泥石流、台风、火山爆发、洪涝等由自然环境自身变化引起的,而非由人为因素引起的环境问题。一般来说,原生环境问题是灾害学关注的重点。

次生环境问题是由人类活动所引发的环境问题,主要是因为人类对资源的不合理利用和工业发展所造成的环境污染等问题,通常包括环境破坏、环境污染与环境干扰。

具体而言,环境破坏包括水土流失、沙漠化、荒漠化、草原退化等,是由人类盲目开发自然资源所引起的环境问题。由于科技的进步与发展,人口急剧增加,生态环境遭受破坏的规模与速度日益扩大,后果也愈来愈严重,修复的难度也不断增大。环境污染主要包括水污染、大气污染、土壤污染等,是人类活动所排放的废弃物对环境带来的污染与干扰。环境干扰包括噪声、电磁波、振动等多种类型。人类活动所带来的环境污染与生态破坏,使人类的生存与发展受到了极大的挑战与威胁。

（二）环境污染与生态破坏

环境污染，一般来说是指有害物质对大气、水体、动物、植物等造成的污染，且达到致害的程度。造成环境污染的因素众多，涉及化学污染、物理污染、生物污染等，其中，化学污染是造成环境污染的主要原因。

依据污染源的时空分布特征，可以将污染源分为点污染源和面污染源。点污染源是在很小范围内集中排放污染物的污染源。点污染源的主要特点体现为污染物的排放地点非常小且固定，所排放污染物的特性、种类、浓度相对稳定。点污染源主要有生活污水、工业废水以及突发水污染事故。面污染源也称为非点污染源，是在一个较大范围内或没有确定空间位置排放污染物的污染源。面污染源的污染物排放范围广，污染面积大，不易检测和控制。面污染源主要包括农田径流与渗流水、大气沉降与降水。

依据不同的污染对象，环境污染可分为水污染、大气污染、土壤污染等类型。

人类生活和生产活动所排放的工业废水、生活污水、畜牧业废弃物等，是造成水污染的主要原因。水污染可产生严重危害，主要表现为对人体健康的危害，对农作物和渔业生产的产量和质量的影响，以及加速生态环境的退化，甚至造成巨大的经济损失。大气污染的主要污染物涉及粉尘、碳氧化物、光化学烟雾等。依据不同的能源类型，大气污染可分为煤炭型污染、石油型污染、混合型污染和特殊型污染。土壤污染主要来源于工业废水、生活污水、固体废弃物、农药、化肥以及颗粒物。土壤污染的危害表现为对土壤的结构、功能与组成造成不良影响，进而危害植物的正常生长与品质，然后通过食物链影响到人类健康。

生态破坏是对生态平衡的破坏，主要是人类的不合理开发、自然资源的不合理利用所造成的。影响生态平衡的因素有人为因素，也有自然因素。比如，植被破坏是生态破坏的典型特征之一。由于植被破坏不仅影响一地的自然景观，而且会产生一系列的不良后果，如水土流失、土地荒漠化、生态系统恶化等，最终影响人们的生命财产安全。

二、中国环境政策的演变历程

环境政策是国家为了保护环境所制定的一系列政策措施的统称。我国的环境政策主要涉及命令—控制型、市场经济型、自愿行动型以及公众参与型等多种手段相结合。通过分析我国环境政策的演变特点，大致可以将我国环境政策分为起步构建阶段、初步形成体系阶段、战略转变阶段与综合决策阶段。

（一）环境政策的起步构建阶段（20世纪70年代）

1962年《寂静的春天》一书的出版，唤醒了人们对环境问题的思考与重视。在20世纪70年代，由于"文化大革命"，我国的政治、经济和社会处于混乱之中，出现了一些违背自然规律和经济规律的政策与开发活动。在这一时期，资源的过度开发和落后的生产方式，造成了严重的资源浪费与环境问题。

我国政府代表团于1972年参加联合国第一次人类环境会议，标志着我国环境保护事业的起步。1973年，在北京举办第一次全国环境保护会议，确定了环境保护的"32字方针"。1975年国务院环境保护领导小组印发《关于环境保护的10年规划意见》和具体要求，要求各地区和相关部门遵照执行。1978年我国明确将"国家保护环境和自然资源"写入宪法，表明我国对环境保护的高度重视。1979年制定的《中华人民共和国环境保护法（试行）》提出了"谁污染、谁治理"的环境政策，并明确加强环境保护与管理。这一阶段，我国的环境保护事业还处于刚刚起步的阶段，环境政策开始走向法制轨道，但政策内容相对零散且笼统，因而可操作性不强。

（二）环境政策的初步形成体系阶段（20世纪80年代）

在20世纪80年代，我国的环境政策法规体系得以初步形成。国务院公布了《关于国民经济调整时期加强环境保护工作的决定》（1981年）和《关于结合技术改造防治工业污染的几项规定》（1983年），提出通过采用先进技术和准备，把污染物消除在生产过程中，且排放物必须符合国家或地方规定的相关标准。1984年我国召开第二次全国环境保护会议，明确环境保护是我国的一项基本国策。同年,国务院还出台了《关于环境保护工作的决定》(1984年),成立国务院环境保护委员会,领导、组织与协调全国环境保护工作。

这一阶段,我国的环境保护初步形成了"预防为主,防治结合;谁污染,谁治理;强化环境管理"的政策框架体系。随着我国改革开放的推进与经济体制的改革,我国还提出了"环境保护目标责任制、城市环境综合整治定量考核制度、排污许可证制度、污染集中控制以及限期治理制度"等政策措施,以进一步推进环境保护与管理。这一阶段,我国的环境政策框架体系初步形成,注重加强环境管理,具有浓厚的行政管理色彩。

(三)环境政策的战略转变阶段(20世纪90年代)

20世纪90年代,我国的环境政策逐步体现可持续发展战略的要求。1992年颁布的《环境与发展十大对策》明确提出加强生态环境保护,实行可持续发展战略。1994年颁布的《中国21世纪议程》进一步将可持续发展融入我国环境与发展的各个领域。1996年《中华人民共和国国民经济和社会发展"九五"计划和2010年远景目标纲要》提出了我国环境保护的具体目标,并将可持续发展作为指导方针与战略目标。1996年7月召开的全国第四次环境保护大会制定了《污染物排放总量控制计划》等多项环境政策。1996年国务院还颁布了《关于环境保护若干问题的决定》,以进一步落实环境保护基本国策,推进实施可持续发展战略。这一阶段,我国明确要求实施污染物排放总量控制,并发展了排污权交易制度。

(四)环境政策的综合决策阶段(21世纪初至今)

在这一阶段,我国政府高度重视并积极推动我国环境政策的落地见效,制定了一系列强有力的环境保护政策与措施。例如,2002年,为促进清洁生产,保护和改善环境,促进经济与社会可持续发展,我国颁布了《中华人民共和国清洁生产促进法》。2002年,为预防因规划和建设项目实施后对环境造成的不良影响,促进经济、社会和环境的协调发展,全国人大常委会制定了《中华人民共和国环境影响评价法》。为大力发展循环经济,2005年颁发的《中共中央关于制定"十一五"规划的建议》提出大力发展循环经济是建设资源节约型和环境友好型社会的主要途径。此后，我国还陆续出台了《国务院关于做好建设节约型社会近期重点工作的通知》(2005年)、《国务院关于加强节能工作的决定》(2006年)、《"十一五"资源综合利用指导意见》(2006)、《关于落实环境保护政策法规防范信贷风险的意见》(2007年)、《关于环境污染责任保险工作的指导意见》(2007年)、《循环经济促进法》(2008年)、《规划环境影响评价条例》(2009年)、《中华人民共和国环境保护法》(2014年修订)、《环境保护公众参与办法》(2015年)、《生态环境损害赔偿制度改革方案》(2017年)、《中央生态环境保护督察工作规定》(2019年)等一系列环境政策。

总体而言，随着生活水平的提高，人们对环境质量有了更高的要求，环境问题成为一个热门话题。为保护生态环境，提升环境质量，我国逐步形成了一套成熟的环境政策体系。这一阶段，我国的环境治理由末端治理转向全过程控制，环境政策呈现出以政府与市场为主、其他社会主体共同参与的综合型治理特征。2020年中共中央办公厅、国务院办公厅印发《关于构建现代环境治理体系的指导意见》，明确提出"构建党委领导、政府主导、企业主体、社会组织和公众共同参与的现代环境治理体系"，表明我国环境保护事业步入一个新的发展阶段。

三、中国环境治理研究的前沿与热点问题

环境问题是一个备受社会各界关注的问题。有关环境治理的研究文献众多，主要集中于环境治理理论与方法、中国特色环境治理体系、中国环境治理实证研究、全球环境治理、生态补偿问题、环境治理绩效、环境协同治理等前沿与热点问题。

（一）环境治理理论与方法

由于生态环境的污染与恶化给人类生存与发展带来巨大的威胁，人类社会的可持续发展成为世界各国关注的重点问题，关于环境治理的理论与方法的研究则显得尤其必要和重要。党的十八届五中全会通过的《中共中央关于制定国民经济和社会发展第十三个五年规划的建议》明确要求加大环境治理力度。环境治理理论的演变与治理方法的创新一直都是学者们关

注的热点问题。

各种棘手、复杂的环境问题，迫切需要环境治理理论的指导。有学者对环境治理理论进行了系统梳理，将环境治理理论的演进分为起步阶段、兴起阶段、发展阶段和成熟阶段，涉及可持续发展理论、搭便车理论、多中心治理理论、市场化理论、社会网络理论、适应性治理、合作环境治理、地球系统治理、环境治理的问责、权力下放等理论，并从政策途径、政治途径、管理途径与法律途径分析环境治理的多元路径。[1] 也有学者借鉴国家干预主义理论、市场自由主义理论和社会中心主义理论来分析我国环境治理治理，阐释了"命令—控制"型、"经济—激励"型和"自治—协商"型三种环境治理模式。[2]

总的来说，环境治理理论与方法的发展与创新，不仅体现了对实践的重要指导价值，也反映了管理学、法学、经济学以及环境科学等不同学科之间知识的交叉与融合。同时，在环境治理实践推进过程中，层出不穷的新问题与新挑战，进一步倒逼环境治理理论研究的深入发展。

（二）中国特色环境治理体系

2017年10月党的十九大报告明确提出："构建政府为主导、企业为主体、社会组织和公众共同参与的环境治理体系。"中国特色环境治理体系的构建与推进，是学界研究的重要论题。

中国特色环境治理体系是国家治理体系的重要组成部分。在我国生态文明建设进程中，中国特色环境治理体系的提出是我国环境治理的最佳选择。我国长期实行以政府和市场为主体的环境管理体制，但这一结构难以维持经济社会持续高效发展，因而，其他社会主体参与环境治理，使得环境治理体系更具韧性与可行性。[3]

2020年中共中央办公厅、国务院办公厅印发《关于构建现代环境治理体系的指导意见》进一步提出构建党委领导、政府主导、企业主体、社会组织和

---

[1] 郑石明、方雨婷：《环境治理的多元途径：理论演进与未来展望》，载《甘肃行政学院学报》2018年第1期，第47—58页。

[2] 张峰：《环境治理：理论变迁、制度比较与发展趋势》，载《中共中央党校学报》2018年第6期，第101—108页。

[3] 昌敦虎、武照亮、刘子刚、魏彦庆、王华：《推进中国环境治理体系和治理能力现代化：PACE2019学术年会会议综述》，载《中国环境管理》2019年第5期，第135—136页。

公众共同参与的现代环境治理体系。党委领导是我国现代环境治理体系的显著特征。坚持政府主导、党对环境治理的绝对领导,有利于推进我国环境治理体系和治理能力的现代化。建设现代环境治理体系,地方探索是落地见效的保障,要严格问责追责监督管理制度,提升环境质量。① 由于我国面临的环境问题复杂多样且形势严峻,因而,需立足中国的实际国情,构建环境治理体系的中国方案,进而为全球环境治理贡献中国智慧。

(三) 中国环境治理实证研究

长期以来,我国坚持环境保护的基本国策。面对纷繁复杂的环境问题,我国大力推进环境的综合治理,在环境治理实践中积累了丰富的经验,取得了丰硕的成果。在环境治理领域,关于中国环境治理的实证研究得到学界的高度关注。

在农村生态环境治理实践方面,有学者以基层党组织为桥梁搭建精细化的制度体系、厘清共治主体的职权责与资源功能、打造信息开放共享与互动对话的平台和机制等方面,探索农村环境精细化治理的实践进路。② 还有学者以上海郊区、云南大理和福建龙岩三个地区农村生态环境的治理实践为例,深入分析社会力量主导、政府主导+社会动员、依托乡土资源优势+现代农业三种生态治理实践,从中梳理出适用于不同农村地区生态环境治理实践的经验。③

在城市环境治理实践方面,有学者指出中国共产党领导下的多层复合治理模式在城市环境治理中初见成效,可以为其他国家的城市解决生态环境问题提供借鉴。④ 也有学者以佛山市为例,从复杂适应性系统理论的角度,分析城市环境的协同治理,探讨提升新时代城市环境治理能力。⑤ 在经

---

① 周宏春、姚震:《构建现代环境治理体系 努力建设美丽中国》,载《环境保护》2020年第9期,第12页。
② 金太军、薛婷:《乡村生态环境的精细化治理:逻辑维度与实践进路》,载《理论探讨》2020年第4期,第158页。
③ 运迪:《新时代农村生态环境治理的多样化探索、比较与思考:以上海校区、云南大理和福建龙岩的治理实践为例》,载《同济大学学报(社会科学版)》2020年第2期,第116—124页。
④ 余敏江:《中国特色城市环境治理的道路特质》,载《探索》2019年第1期,第59—69页。
⑤ 时和兴、雷强、宋雄伟、张克:《提升新时代城市环境治理能力:广东佛山破解工业城市环境治理困局的探索》,载《行政管理改革》2018年第5期,第45—50页。

济发展与环境保护的双重压力下,我国的环境治理表现出与其他国家不同的路径特质,可以为其他国家的环境治理实践提供借鉴和启示。

(四) 全球环境治理

2017年10月党的十九大报告提出"积极参与全球环境治理,落实减排承诺"。如何完善全国环境治理,形成全球环境保护理念,一直是学术界关注的重点话题。

环境问题实质上是一个全球性的问题,具有复杂性、综合性、突发性等特点。全球环境问题给世界各国带来严峻的挑战与威胁,全面环境问题的治理也面临着各种各样的困境与难题。为了应对全球性的环境问题,要求各个国家承担环境治理应有的责任和义务。全球环境治理在实践中表现为多层级协商合作体系雏形初现,[1]通过加强国家间环境合作与要素支持,完善全球环境治理体系,积极推动环境利益共同体融入人类命运共同体。[2]

中国作为一个负责任的大国,正积极主动地参与全球环境治理,且自觉承担起全球环境治理中应尽的责任与义务。国际社会应从系统性和整体性视角出发,升级原有全球环境治理机制,构建包括主权国家、非国家行为体等多元主体参与的全球环境治理机制,以有效应对日益紧迫的全球环境问题的挑战。[3]

(五) 环境治理绩效

2016年国务院颁布的《"十三五"生态环境保护规划》指出要实施生态文明绩效评价考核,把资源消耗、环境损害、生态效益纳入地方各级政府经济社会发展评价体系。2019年4月,中共中央办公厅印发的《党政领导干部考核工作条例》进一步将"生态文明建设"纳入党政领导班子的考核内容。落实生态环境绩效考核、提升环境绩效成为环境治理领域的重要议题。

---

[1] 崔盈:《核变与共融:全球环境治理范式转换的动因及其实践特征研究》,载《太平洋学报》2020年第5期,第40页。

[2] 刘雯:《构建全球环境利益共同体的使命与路径》,载《人民论坛·学术前沿》2020年第6期,第100页。

[3] 孙凯:《"人类世"时代的全球环境问题及其治理》,载《人民论坛·学术前沿》2020年第11期,第43页。

在环境污染和经济增长矛盾激增的大背景下,我国政府为恢复绿水青山持续投入了大量资金,政府持续的环境补贴与投入对提升环境绩效发挥了较大作用,但仍然任重道远。[①] 评价指标是开展环境绩效评价的关键,是实施绩效评价的重要载体。有学者从环境质量、生态效率、绿色全要素生产率三个维度构建生态环境绩效评价指标。[②] 也有学者基于 DPSIR 模型,从驱动、压力、状态、影响和响应 5 个方面构建环境绩效评价指标体系。[③]

此外,企业环境绩效也是学者们关注的重点和热点。例如,在已有研究中,有学者研究社会公众监督与企业绿色环境绩效的关系;分析政府环境审计对企业环境绩效的影响;探讨环境管理体系认证与企业环境绩效的关系等内容。综合可知,影响环境绩效提升的因素众多,在环境治理实践中应结合实际制定有针对性的提升环境质量的措施与对策。

(六) 生态补偿问题

生态补偿是社会公认的生态环境保护的一种重要手段。生态补偿在国内外得到广泛实践,成为学者们研究的重点问题。学者们围绕生态补偿的概念、补偿标准、补偿利益相关者、补偿条件、补偿原则、补偿方式、补偿政策制度、补偿效应评估等问题进行了广泛的讨论与探索。近二十年来,我国生态补偿研究热点涉及生态补偿内涵界定、生态补偿机制构建、退耕还林项目与生态补偿、流域生态补偿、补偿标准核算和生态补偿制度构建等方面;最新研究前沿涉及草原生态补偿、退耕还林、支付意愿等话题。[④] 强化中国生态补偿制度的研究,有助于建立具有中国特色的、符合中国国情的生态补偿理论体系,从而促进我国生态补偿实践的顺利进行。

(七) 环境协同治理

环境问题与人们的生活息息相关,关系到社会公众的切实利益。环境保护与环境治理需要全民的积极参与。在环境治理领域引入共建共享共治

[①] 王杏芳、郑佳:《宏微观视域下政府环境补贴对环境绩效的影响》,载《华东经济管理》2020 年第 7 期,第 18 页。

[②] 黄磊、吴传清:《长江经济带生态环境绩效评估及其提升方略》,载《改革》2018 年第 7 期,第 116 页。

[③] 陈燕丽、杨语晨、杜栋:《基于云模型的省域生态环境绩效评价研究》,载《软科学》2018 年第 1 期,第 100 页。

[④] 赵晶晶、葛颜祥、接玉梅:《基于 CiteSpace 中国生态补偿研究的知识图谱分析》,载《中国环境管理》2019 年第 4 期,第 79—85 页。

的理念,打造多主体共同参与的新型环境治理模式,能够为解决日益复杂的环境治理问题提供新思路。[1] 在区域环境协同治理中,所涉及的治理对象具有跨域性,治理主体具有多元性,治理模式呈现网络化。跨域环境协同治理作为一种新兴的治理模式,可以发挥协调各方、平衡价值的功能,以利于促进利益相关者的共同理解和内部合法性。[2]

---

[1] 詹国彬、陈健鹏:《走向环境治理的多元共治模式:现实挑战与路径选择》,载《政治学研究》2020年第2期,第65—75 + 127页。
[2] 田玉麒、陈果:《跨域生态环境协同治理:何以可能与何以可为》,载《上海行政学院学报》2020年第2期,第95—102页。

第六章 福利经济学代表学者

福利经济学属于经济学的一个分支,是基于不同的思想流派与学说逐渐形成的。根据福利经济学的发展历程,可以划分为旧福利经济学、新福利经济学和后福利经济学三个阶段。了解一门学科的代表学者,可以更好地了解这门学科的发展演变过程。本章介绍福利经济学学科的代表学者。

第一节 旧福利经济学代表学者

旧福利经济学以基数效用和人际效用可比较假设为基本前提。一般来说,学术界将阿瑟·塞西尔·庇古的福利经济学理论体系称为旧福利经济学。这一阶段的主要代表学者有亚当·斯密、约翰·阿特金森·霍布森和阿瑟·塞西尔·庇古等。

一、亚当·斯密

亚当·斯密,英国经济学家、哲学家,被誉为"经济学之父"。斯密1737年考取格拉斯哥大学,主修哲学和数学,对经济学尤其感兴趣。斯密毕业后曾在爱丁堡大学、格拉斯哥大学任教,主要讲授政治经济学、伦理学、法学等课程。斯密1764年辞掉教授工作后,担任过一段时间的私人教师。他1787年担任格拉斯哥大学校长一职。

斯密主要的著作是《道德情操论》(1759年)和《国富论》(1776年)。《道德情操论》从主导社会秩序的人类本性谈起,揭示人的"利己主义"本质。《国富论》一书的出版,标志着古典自由主义经济学的诞生,该书对后世经济学家产生了极大影响。斯密在《国富论》一书中,主要阐述促进社会繁荣昌盛的原理。在书中,斯密提到生产率的提高可以通过分工来实现;要提高生产率,则必须增加工厂的资本积累。经济学家们长期争论的"看不见的手"

这一论断,便是斯密提出的。斯密虽然没有建立福利经济学体系,但他的著作中渗透着福利经济学的思想。

二、约翰·阿特金森·霍布森

约翰·阿特金森·霍布森,英国政治思想家、经济学家、社会改良主义者。霍布森1876年进入牛津大学,主修古典文学专业,毕业时获得文学硕士学位。他曾任牛津大学和伦敦大学教师,并积极参与英国社会改良运动。1885年霍布森与美国人佛洛伦丝·埃德加(Florence Edgar)结婚,由于婚姻关系他与美国保持着频繁的联系,他的作品逐渐深入美国且产生了较大影响。霍布森在1887年迁居伦敦,加入费边社(Fabian Society),担任《进步评论》(Progressive Review)的合作编辑,1897年加入南部宗教社(South Place Ethical Society),1898年成为《伦理世界》(Ethical World)的编辑。霍布森曾加入全国人口出生委员会(1914年)以及建设部工业关系分支机构(1916年)。1919年霍布森加入独立工党,后来还担任过国家行政委员会和工资委员会主席(1924年)以及政府顾问等职务。1924年,霍布森加入了英国工党,但他对工党却持批评的态度。1931年,霍布森拒绝申请加封为英国终身贵族;1940年逝世。

霍布森的研究领域非常广泛,涉及经济、政治、社会、哲学和伦理学等。他著述甚丰,主要代表作有:《贫穷问题》(1891年)、《失业经济学》(1896年)、《分配经济学》(1900年)、《社会问题》(1901年)、《帝国主义》(1902年)、《国际贸易》(1904年)、《工业系统》(1909年)、《工作和财富》(1914年)、《新的保护主义》(1916年)、《从资本主义到社会主义》(1932年)、《民主和变化中的文明》(1934年)等。

霍布森积极推崇国家干预计划,主张通过国家力量的干预来增进社会福利,保障个人自由。霍布森认为,为了更好地缓和社会矛盾与不平等,提供更多的社会福利,应该不断强化国家的作用。为了更好地实现社会公共利益,个人应该服从国家对社会生活的干预,同时服从社会有机体的统一规划。霍布森较早开始研究帝国主义经济与政治问题,他认为经济变革是影响帝国主义的关键所在,而不是政治与军事。霍布森对帝国主义持反对态度,希冀以非暴力革命的方式进行社会改良,幻想建立"国际帝国主义"。霍布森的社会改良主张,提倡通过社会改革来增进社会福利,一定程度上促进了英国"福利国家"政策的制定。霍布森的社会改良主义理论和社会有机体理论影响广泛且深远。他被认为是福利经济学的先驱者。

三、阿瑟·塞西尔·庇古

阿瑟·塞西尔·庇古,英国经济学家,剑桥学派的重要代表人物之一。庇古是家中长子,就读于剑桥大学,初期主修历史专业,但后来转学经济学,成为著名经济学家马歇尔的学生。庇古曾任职于剑桥大学,30岁便成为首席教授,被誉为马歇尔的继承人。此外,庇古还曾担任英国皇家科学院院士、国际经济学会名誉会长、英国通货外汇委员会委员和所得税委员会委员等重要职位。退休后,庇古仍旧留在剑桥大学从事研究工作。

庇古著述甚丰,主要代表作有:《财富与福利》(1912年)、《福利经济学》(1920年)、《产业波动》(1926年)、《公共财政研究》(1928年)、《失业理论》(1933年)、《社会主义和资本主义的比较》(1938年)、《就业与均衡》(1941年)等。

庇古投入了大量的时间和精力来研究福利经济学理论体系,其思想深受马歇尔的影响,并积极弘扬和传播马歇尔的思想,是马歇尔最优秀的学生之一。庇古系统阐述了马歇尔重视但尚未形成完整体系的福利问题,催生了福利经济学这一学科。福利经济学的诞生,是以庇古的《福利经济学》一书的出版为标志。庇古作为福利经济学理论体系的开创者,在福利经济学发展史上意义非凡,被称为"福利经济学之父"。

《福利经济学》一书共包括四编内容,分别为:福利与国民所得、国民所得的数量和资源在不同用途间的分配、国民所得与劳动、国民所得的分配。第一编重点对财富的概念进行了界定,对福利与经济福利进行了区分。在第二编和第三编中重点研究某些因素是如何影响经济福利的,这些因素均通过影响国民所得的数量作用于经济福利。第二编以讨论一般的社会生产资源如何分配于各种不同的用途为重点。第三编则重点讨论不同方面的劳动组织。第四编致力于研究未来是通过作用于国民所得的数量而影响经济福利的因素。① 总的来说,《福利经济学》全书始终围绕如何增加社会福利这一核心问题展开讨论,书中提出的"庇古税"更是享誉后世。

第二节　新福利经济学代表学者

新福利经济学是对帕累托理论体系的进一步发展。在新福利经济学阶段,学者们陆续提出了一系列福利经济学的重要理论。这一阶段的主要代表学者有维弗雷多·帕累托、埃里克·罗伯特·林达尔(Erik Robert Lindahl,1891—1960)、哈罗德·霍特林(Harold Hotelling,1895—1973)、莱昂内尔·罗宾斯、约翰·希克斯、罗伊·乔治·道格拉斯·艾伦(Roy George Douglas Allen,1906—1983)、尼古拉斯·卡尔多、亚伯拉姆·伯格森、保罗·萨缪尔森、伊恩·李特尔以及肯尼斯·约瑟夫·阿罗等。

一、维弗雷多·帕累托

维弗雷多·帕累托,意大利经济学家、社会学家。帕累托于1848年出生于法国巴黎,在都灵大学获得工程学博士学位。帕累托1874年迁居佛罗伦萨,在意大利铁路公司担任工程师,后成为铁路公司的总经理。帕累托曾在洛桑大学任教,后辞去这一工作,迁居日内瓦。帕累托于1923年逝世。

帕累托的主要代表作有:《政治经济学讲义》(1896年)、《社会主义体制》(1901年)、《政治经济学提要》(1906年)、《普通社会学》(1916年)、《事实与理论》(1920年)、《民主制的变革》(1921年)等。

帕累托最优与无差异曲线的提出,推动了福利经济学的发展。帕累托虽然关注财富在人口中的分配关系,但同时提供了一种用于计量投入和产出之间可能存在的关系,被称为"帕累托法则"。

帕累托指出,福利经济学应重点研究经济效率,分析在一定的收入分配条件下,如何合理有效地配置社会资源,使得社会总产出得以最大化,以及社会总福利得到改善。帕累托基于序数效用理论提出了社会资源配置的价

---

① 〔英〕A.C.庇古:《福利经济学(上卷)》,朱泱、张胜纪、吴良健译,北京:商务印书馆2011年版,第135页。

值判断标准,强调效率而忽视公平。帕累托原理包括"帕累托改进"和"帕累托最优"。帕累托改进属于动态社会资源配置的判断标准,帕累托最优属于静态社会资源配置标准。

帕累托最优是经济学中的一个重要概念,是资源配置的理想状态。无论什么形式的资源再分配,都不可能使至少一个人受益而不损害其他任何一个人,这种状态称为"帕累托最优状态"。帕累托改进是指在一定的经济条件下,如果一项社会改革至少改善了一部分人的社会福利,但不降低其他社会成员的福利状况。帕累托改进是实现帕累托最优状态的具体途径和方法。帕累托最优状态下的帕累托改进空间已不存在。一般来说,要实现帕累托最优,必须满足交换最优化、生产最优化和产品结构最优化三个条件。

二、埃里克·罗伯特·林达尔

埃里克·罗伯特·林达尔,瑞典经济学家,出生于斯德哥尔摩市。林达尔曾在隆德大学学习,1919年取得博士学位。林达尔曾任职于隆德大学、哥德堡大学、乌普萨拉大学、斯德哥尔摩大学。此外,林达尔还兼任过瑞典财政部顾问和国际经济学家协会主席等职务。

林达尔的研究领域十分广泛,包括经济动态学理论、经济周期理论、货币理论、国民收入理论等,尤其是关于经济动态学理论最为突出。主要代表作有:《课税的公正》(1919年)、《货币政策的范围和手段》(1929年)、《货币和资本理论的研究》(1939年)、《就业稳定问题》(1949年)等。

林达尔与萨缪尔森等人一起,继承和发展了威克赛尔(Knut Wicksell,1851—1926)的货币理论,并致力于宏观动态经济理论。林达尔作为瑞典学派的主要代表人物,他关于建立一个动态经济理论体系的主张,特别是他为此开展的一系列的开创性研究,对瑞典学派的形成和发展做出了十分突出的贡献,推动了西方经济学理论的发展。

林达尔对公共物品有效供给问题进行了研究,在1919年发表的《课税的公正》中,提出了著名的"林达尔均衡"。这一均衡表明,如果每位社会成员都按照其所获得的公共产品或服务的边际效用的大小,来捐献自己应当分担的公共产品或服务的资金费用,则公共产品或服务的供给量可以达到具有效率的最佳水平。① 林达尔研究公共物品的均衡问题,是通过一般均衡进行分析的。林达尔均衡模型的关键在于分析并找出了公共产品最优量和税收负担的局部均衡条件。林达尔模型是根据一些社会公平原则调整社会福利分配而建立的,一旦确定福利分配所遵循的原则,接着确定合理的公共支出规模与公正的税收负担份额,就可以把公共产品的供求双方推广至全体社会成员,让每个人参与决定公共产品的供应量。② 实质上,林达尔均衡是一个局部均衡,讨论的是公共物品生产中双方讨价还价过程中的显示偏好问题,若不能合理解决这一问题,就有可能产生假均衡问题。

林达尔于1939年出版的著名代表作《货币和资本理论的研究》,被认为是瑞典学派的重要代表作之一,该书集中讨论了动态经济理论。林达尔在该书以后,基本都没有离开动态经济理论这一主题的研究。《货币和资本理论的研究》全书收集了作者在1929—1939年间所写的三篇重要论文,分别关于动态理论研究、利息率和物价水平之间关系的理论、价格决定理论。林达尔在经济理论研究上所做的贡献,使他闻名于西方经济学界。

三、哈罗德·霍特林

哈罗德·霍特林,美国数理统计学家、经济学家,多元统计分析及多种统计方法的先驱者。霍特林曾在华盛顿大学学习,1919年获文学学士学位,1921年获该校文学硕士学位,1924年获普林斯顿大学哲学博士学位。1924年霍特林担任斯坦福大学食品研究所的助理研究员,1927年成为该校的副研究员和数学副教授,讲授数理统计学、概率论、微分几何学以及拓扑学课程。1931年他成为哥伦比亚大学的经济学教授,主讲数理统计学和数理经济学课程;1946年任职于北卡罗来纳大学,担任数理统计学教授,创办了数理统计学系;1966年退休。

霍特林的主要代表作有:《论折旧的一般数学理论》(1925年)、《根据随机数据计算相关比的分布》(1925年)、《误差条件下的微分方程及人口估算数》(1927年)、《竞争中的稳定性》(1929年)、《最优统计的一致性和极限分

---

① 杜振华:《公共经济学》,北京:对外经济贸易大学出版社2010年版,第58页。
② 曾康华:《当代西方税收理论与税制改革研究》,北京:中国税务出版社2011年版,第205页。

布》(1930年)、《枯竭资源的经济学》(1931年)、《统计变量合成转为主成分的分析》(1933年)以及《函数最大化的实验测定》(1941年)。

霍特林最初的研究集中在拓扑学、数理经济学和数理统计学等方面。他对统计学最重要的贡献体现在多元分析领域,是多种统计方法的创立者。霍特林提出的主成分分析方法、典型相关分析方法等,得到了十分广泛的应用。霍特林在经济学方面也取得了较多成绩,对经济理论的发展影响深远。在需求理论方面,霍特林与约翰·希克斯和艾伦几乎同时提出了在预算限制下的消费者最大满足问题。霍特林在《经济计量学》杂志发表的题为《同税收、铁路和效用率问题有关的一般福利》(1938年)的论文,用数学方法证明了国家企业和公用事业收费应按其边际成本进行定价,厂商损失由政府补贴,能使全社会效率最大化。[①] 这一观点迅速发展为新福利经济学的首要信条。霍特林在《全民福利同赋税和铁路与公路事业费用问题的关系》(1938年)一文中讨论偿付建造桥梁、隧道或铁路固定费用的方法,认为增进效率的任何政策,若同时采取补偿和课税办法,就可以使每个人的境况变得比之前更好。霍特林提出的补偿原则,对福利经济学的发展产生了重大影响。

四、莱昂内尔·罗宾斯

莱昂内尔·罗宾斯,英国经济学家。罗宾斯出生于英格兰,曾在伦敦经济学院学习政治理论,导师为哈罗德·拉斯基(Harold Joseph Laski,1893—1950),也师从于英国著名经济学家爱德温·坎南(Edwin Canan,1861—1935)。罗宾斯长期任教于伦敦经济学院,还担任过许多职务,如任英国皇家科学院院长(1962—1967年)、英国首相丘吉尔战时内阁办公室经济组负责人(1941—1945年)、英国皇家经济学会会长(1954—1955年)、英国高等教育委员会主席(1961—1964年)、《金融时报》社长(1961—1970年)等。1959年,罗宾斯获得英国终身贵族爵位。

罗宾斯不仅关注抽象经济理论,也重视应用经济问题和实际政策问题的研究,在经济理论、经济政策理论、经济学方法论以及经济思想史等领域贡献卓越。

---

① 龚鉴尧:《世界统计名人传记》,北京:中国统计出版社2000年版,第422页。

罗宾斯的主要代表作有:《经济科学的性质和意义》(1932年)、《大萧条》(1934年)、《经济计划和国际秩序》(1937年)、《阶级冲突的经济根源》(1939年)、《战争的经济原因》(1939年)、《和平与战争时期的经济问题》(1947年)、《英国古典政治经济学的经济政策理论》(1952年)、《政治学与经济学》(1963年)、《经济思想中的经济发展理论》(1968年)、《现代经济理论的进展》(1970年)、《反通货膨胀》(1979年)等。

1932年出版的《经济科学的性质和意义》一书是罗宾斯的成名作,也是20世纪经济学的伟大著作之一。该著被认为是新福利经济学的宣言和起点,包括经济学研究的内容、目的与手段、经济"量"的相对性、经济法则的性质、经济学法则与现实、经济科学的意义等六章内容。该著力求明确经济科学研究的内容和经济科学法则的性质,并且试图说明这些法则作为解释现实的指南和政治实践的基础所具有的局限性和意义。①

罗宾斯有许多与通常见解相对立的观点,虽然他在方法论上的大量研究通常被认为是先验主义和反经验主义的,但他关心着现实世界的各种问题。② 罗宾斯认为,在逻辑上经济学和伦理学两者是不可能结合在一起的,因为经济学不应该涉及伦理或价值判断。罗宾斯的研究及其观点对经济学的发展产生了重要影响,促使人们重新审视和分析传统福利经济学存在的问题。

五、约翰·希克斯

约翰·希克斯,英国经济学家。他1904年出生于英国沃里克的一个中产阶级家庭,曾在英国私立中学接受过良好教育,后进入牛津大学学习。希克斯在牛津大学最初学习数学,后转为学习经济学,1932年取得博士学位。希克斯曾任职于伦敦经济学院(1926—1935年)、剑桥大学(1935—1938年)、曼彻斯特大学(1938—1946年)、牛津大学(1946—1971年)等多所高校,于1971年退休。

---

① 〔英〕莱昂内尔·罗宾斯:《经济科学的性质和意义》,朱泱译,北京:商务印书馆2000年版,第6页。
② 〔英〕J. R. 沙克尔顿、G. 洛克斯利:《当代十二位经济学家》,陶海粟、潘慕平等译,北京:商务印书馆1992年版,第197页。

第六章 福利经济学代表学者

希克斯1961—1962年担任英国皇家经济学会会长，1964年被授予爵士爵位。1972年希克斯与美国经济学家肯尼斯·约瑟夫·阿罗共同获得诺贝尔经济学奖。

希克斯的主要代表作有：《工资理论》（1932年）、《价值与资本》（1939年）、《消费者剩余的恢复》（1941年）、《需求理论的修正》（1956年）、《资本与增长》（1965年）、《货币理论评论文集》（1967年）、《经济史理论》（1969年）、《资本与时间》（1973年）、《经济学展望》（1977年）、《动态经济学方法》（1985年）以及《货币的市场理论》（1989年）等。

希克斯从帕累托的思想中，找到了不必利用基数效用也可以求解效用最大化的新方法，并将帕累托思想重新规范提炼为"帕累托标准"。在《价值与资本》一书中，希克斯在序数效用理论的基础上，用无差异曲线重新表述效用理论，并进一步建立了一般均衡理论。他提出了无差异曲线和替代效应的新方法，促进了一般均衡理论的新发展。希克斯提出的一般均衡理论是建立在主观价值理论的基础上，修正了传统的边际效用理论。希克斯认为效用无法进行计算和衡量，承认无法计算出效用的绝对数值。他主张，对于序数效用理论取代基数效用理论，可以通过"边际代替率"替换"边际效用"，用边际代替率递减规律替换边际效用递减规律，以回避效用的计量和加总问题。

希克斯与卡尔多等人坚决反对旧福利经济学将收入均等化作为社会福利最大化的必要条件之一。希克斯提出，收入均等化问题离不开价值判断或伦理判断，自然会涉及公平问题。若是将这个问题引入经济学领域，就会使理论经济学或实证经济学变为规范经济学。由此，希克斯认为，福利经济学应排除收入分配问题，着重研究效率问题，并提出检验福利状态的希克斯补偿标准。

希克斯借用无差异曲线，在序数效用论概念的基础上，重新表述了效用理论，并进一步建立起了以序数效用理论为基础的一般均衡理论。希克斯的思想对以基数效用论为基础的传统福利经济学产生了巨大冲击，由于他和经济学家艾伦在福利经济学中的重大贡献，经济学家把这一时期的福利经济学发展称为"希克斯-艾伦革命"。① 这一时期的福利经济学主要包括序数效用论、帕累托最优的福利判断标准、效用的不可比较等三个方面的核心内容。希克斯提倡的福利经济学被称为"新福利经济学"。

六、罗伊·乔治·道格拉斯·艾伦

罗伊·乔治·道格拉斯·艾伦,英国经济学家和统计学家。艾伦1906年出生于英格兰中西部特伦河畔的伍斯特;曾在剑桥大学主修数学和统计学,1927年获文学学士学位;1928—1939年在伦敦经济学院任教,主要讲授统计学课程;1939年执教于伦敦大学,主要讲授经济统计学。艾伦曾被英国政府派往美国,在华盛顿担任英国供应委员会统计室主任(1941—1942年)、华盛顿联合生产与资源委员会英方研究与统计室主任(1942—1945年)。

艾伦的主要代表作有:《无差异曲线的性质》(1934年)、《价值理论的重新考察》(1934年,与约翰·希克斯合作)、《家庭支出》(1935年,与A.L.鲍莱合作)、《经济学家的统计学》(1949年)、《零售价格指数,1938—1951》(1952年)、《国际贸易统计》(1953年)、《数理经济学》(1956年)、《宏观经济理论》(1967年)、《官方统计与官方统计学家》(1976年)、《国民账户统计学导论》(1980年)等。

艾伦的贡献主要是在统计学和数量经济学方面。艾伦最精辟的统计著作是他与亚瑟·里昂·鲍莱(Arthur Lyon Bowley)合作出版的《家庭支出》一书。该书根据英国家庭调查报告,为家庭生活费用支出求得必需性及奢侈性的指标。在数量经济学方面,艾伦运用现代数学方法,并应用经济计量学的发展和凯恩斯主义的理论,全面系统地阐述了数理经济学。

对于无差异曲线在经济方面的应用,艾伦也进行了深入系统的研究。艾伦曾在1934年发表两篇无差异曲线的论文,一篇为发表在《经济研究评论》杂志上的《无差异曲线的性质》,另一篇是与希克斯合著的发表在《经济学》杂志上的《价值理论的重新考察》。在这两篇文章中,他在弗朗西斯·埃奇沃思(Francis Edgeworth,1845—1926)提出的无差异曲线的基础上,进一步

---

① 高启杰等:《福利经济学:以幸福为导向的经济学》,北京:社会科学文献出版社2012年版,第23—24页。

将其应用于经济分析,并用以讨论效用、消费者偏好与消费者需求等问题。为替代难以确定的基数效用,避免效用的计量、加总和比较等问题,艾伦认为可以用序数效用论和无差异曲线来解释边际效用价值,从而推广了无差异曲线分析方法的应用,使这一方法逐渐发展成为一种重要的经济分析方法。

七、尼古拉斯·卡尔多

尼古拉斯·卡尔多,英国经济学家;原籍匈牙利,出生于布达佩斯的一个犹太家庭,中学毕业后赴英国,1927—1930 年在伦敦经济政治学院学习;1932—1947 年任教于伦敦经济政治学院;1947 年曾在联合国任职,后来又回到英国剑桥大学任职,1975 年退休。1974 年,卡尔多被授予男爵爵位,成为英国上议院的终身议员。

卡尔多深受哈耶克、凯恩斯等人思想的影响,其研究领域广泛,涉及就业、经济周期、不完全竞争、福利经济学、分配、地租等内容。主要代表作有:《支出税》(1955 年)、《印度租税改革》(1956 年)、《价值与分配论文集》(1960 年)、《经济稳定与增长论文集》(1960 年)、《经济政策论文集》(两卷,1964 年)、《经济理论论文续集》(1978 年)、《应用经济学论文续集》(1978 年)、《税收报告》(两卷,1979 年)。

第二次世界大战之后,卡尔多主要关注的领域涉及宏观分配理论和经济增长理论。卡尔多和希克斯等人坚决反对庇古的收入均等化是社会福利极大化的一个必要条件这一论点。卡尔多和希克斯等人的新福利经济学对效率问题的研究限于交换和生产的最优状态,他们基本上接受帕累托最优状态,但也致力于"改进"帕累托最优的相关论点。

卡尔多发表的《经济学的福利命题与个人之间的效用比较》(1939 年)标志着西方新福利经济学的形成。在这篇文章中,卡尔多提出了判断社会福利是否增加的标准,在新福利经济学中称为"卡尔多标准"。一般来说,卡尔多标准是指,假如在 A 种情况下,受损者获得受益者的补偿之后,仍然比 B 种情况更好,那么对整个社会来说,情况 A 就比情况 B 更好。卡尔多提出的"假想补偿原则",不是实际补偿,而是一种虚拟补偿。以卡尔多和希克斯为代表的补偿原则和福利标准理论的研究,推动了福利经济学的新发展。

八、亚伯拉姆·伯格森

亚伯拉姆·伯格森,美国经济学家,新福利经济学主要代表之一。伯格森曾就读于约翰·霍普金斯大学,后进入哈佛大学攻读经济学博士学位。他曾任职于哥伦比亚大学、得克萨斯大学,1956年任职于哈佛大学,直至去世。

伯格森的主要研究领域包括福利经济学、苏联经济研究等。主要代表作有:《苏联的经济增长》(1953年)、《社会主义经济学》(1992年)等。

伯格森最先将福利函数称为经济福利函数。他1938年发表的《福利经济学某些方面的重新阐述》和萨缪尔森1947年出版的《经济分析基础》一起成为社会福利函数理论的开拓性研究文献。以伯格森为代表的社会福利函数学派的理论与卡尔多、希克斯等人的福利标准理论的主要区别在于,前者强调价值判断和收入分配在福利经济学中的作用。伯格森认为福利标准问题必须以社会福利函数理论为基础。他主张根据经济变动引起的社会福利函数的变化,来判断社会经济福利的增进情况。伯格森指出,要解决福利标准问题,必须做出一系列价值判断,并使这些价值判断体现在社会福利函数之中。

伯格森否认福利经济学是对快乐的研究,他认为福利经济学不过是从一套一致的价值原理引申出来的逻辑结论。伯格森和萨缪尔森对卡尔多和希克斯等人的补偿原则论进行了批评。其批评主要集中于两个方面:(1)卡尔多、希克斯主张福利经济学应该排除价值判断,而伯格森和萨缪尔森等人则认为福利经济学必须以一定的价值判断为基础;(2)卡尔多和希克斯主张福利经济学应排除收入分配问题,而伯格森和萨缪尔森则认为不能排除收入分配问题。[①] 伯格森最先提出社会福利函数理论,后由萨缪尔森等人加以发展。

社会福利函数指的是社会福利是社会所有个人购买的商品和提供的生产要素等有关变量的函数。[②] 用多元函数来表示社会福利函数为:

[①] 刘功、刘静:《西方经济学》,北京:中国商业出版社1994年版,第219页。
[②] 潘琼林:《当代西方经济学说评介》,长沙:湖南师范大学出版社1992年版,第155页。

$$W = W(U_1, U_2, \ldots, U_n),$$

其中 W 表示社会福利，U_1 表示第 1 个人的效用水平指标，U_2 表示第 2 个人的效用水平指标，U_n 表示第 n 个人的效用水平指标。伯格森和萨缪尔森等人将社会福利函数引入福利经济学，主要目的在于解决帕累托未能解决的唯一最优条件。伯格森的理论为福利经济学的后续发展奠定了基础，促进了福利经济学学科的发展。

九、保罗·萨缪尔森

保罗·萨缪尔森，美国经济学家。萨缪尔森在芝加哥大学获得文学学士和硕士学位，1941 年获得哈佛大学理学博士学位。1940 年他在麻省理工学院工作，1947 年晋升为正教授。萨缪尔森 1947 年获得了美国经济学会颁发的第一枚克拉克奖章；1951 年担任美国经济计量学会会长；1961 年担任美国经济学会会长；1965—1968 年担任国际经济学会会长；1970 年获得诺贝尔经济学奖。

萨缪尔森在哈佛大学读博期间，曾受教于阿尔文·汉森（Alvin Hansen，1887—1975）、约瑟夫·熊彼特（Joseph Alois Schumpeter，1883—1950）和华西里·列昂惕夫（Wassily Leontief，1906—1999）等人。在汉森的影响下，萨缪尔森成为凯恩斯的信奉者和宣扬者。萨缪尔森将凯恩斯的理论体系和新古典理论体系结合起来，形成新古典综合理论，也称为现代混合经济的"新经济学"。

萨缪尔森的博士论文《经济理论运算的重要性》曾获得哈佛大学威尔斯奖。萨缪尔森获得诺贝尔经济学奖的代表著作《经济分析基础》（1947 年）正是在他的博士论文基础上写成的。萨缪尔森的《经济学》（1948 年）成为一些国家经济政策制定的理论参考依据。他还与罗伯特·默顿·索洛（Robert Merton Solow）和罗伯特·多夫曼（Robert Dorfman）合著有《线性规划与经济分析》（1958 年）。萨缪尔森发表了许多论文，他 1976 年之前发表的论文收进四卷本《萨缪尔森科学论文集》，共有 292 篇论文。

萨缪尔森被称为经济学界的通才，其研究涉及经济领域的各个方面。在萨缪尔森的影响下，约翰·希克斯的一般均衡理论得到了进一步补充与发展。在福利经济学方面，萨缪尔森分析和评价了福利经济学研究领域的先驱者的研究成果。萨缪尔森创立了自己的新福利经济学,提出了社会福利函数理论,为国家福利理论的建立做出了重大贡献。

十、伊恩·李特尔

伊恩·李特尔,英国福利经济学家。他毕业于牛津大学;后担任牛津大学欠发达国家经济学教授。他是牛津大学万灵学院、牛津大学三一学院的研究员,牛津大学纳费尔德学院的名誉退休研究员。1999年,他被任命为牛津大学新学院荣誉院士。

李特尔的主要代表作有:《福利经济学基础》(1949年)、《消费者行为理论的重新表述》(1949年)、《社会选择与个人价值》(1952年)、《燃料价格》(1953年)、《福利经济学评述》(1957年)、《对非洲的援助》(1964年)。

李特尔指出,"最好把福利经济学看成是研究经济体系的一种形态比另一种是好还是坏,以及一种形态是否应当转变为另一种形态的问题"。[①] 李特尔认为卡尔多标准、希克斯标准以及西托夫斯基标准都只是潜在的福利增进,而非实际的福利增进。如果要实现实际福利增进,则应该在福利标准理论中考虑分配效应。他强调在福利经济学研究中不能回避关于收入分配的价值判断问题。

李特尔在《福利经济学评述》一书中将自己的福利标准理论总结为三重标准:(1) 卡尔多—希克斯标准满足了吗?(2) 西托夫斯基标准满足了吗?(3) 任何再分配都是适当的或都是糟糕的吗?[②] 李特尔写道:"一种经济变革是可取的(并能增进福利),如果它改进了财富的分配,又如果潜在的受害人不能使潜在的受益人去反对它的话。"[③]

概括来说,李特尔认为社会福利增进必须满足以下三个条件:(1) 是否满足卡尔多—希克斯标准;(2) 是否满足西托夫斯基标准;(3) 在满足前两个标准后,各种收入再分配方案的实施是否有利。实际上,李特尔的研究表明,除了他所指出的卡尔多—希克斯标准、西托夫斯基标准和再分配标准外,还要加上一个有关经济变革是否可取的价值判断标准,否则前三个标准

---

① 〔英〕李特尔:《福利经济学评述》,陈彪如译,北京:商务印书馆2014年版,第334页。
② 同上书,第124页。
③ 同上书,第133页。

都是不充分的。

不少经济学家赞赏李特尔的三重标准,认为其具有"稳当的富于常识的素质",或者推崇其"对于解决问题有真正的贡献"。① 李特尔关于效率和公平问题的认识,引起了人们对分配公平的关注,引发人们对福利经济学理论的伦理思考,对福利经济学的进一步发展意义深远。

十一、肯尼斯·约瑟夫·阿罗

肯尼斯·约瑟夫·阿罗,美国数理经济学家。阿罗曾在纽约市社会科学学院和哥伦比亚大学学习,1940 年获学士学位,1941 年获得文科硕士学位,1942 年继续攻读博士学位。由于第二次世界大战爆发,阿罗不得不中断研究生学习,应征入伍。1946 年从部队退伍后,阿罗返回哥伦比亚大学继续读研究生。1949 年,阿罗获得数学博士学位。他 1949—1968 年任职于斯坦福大学,1968 年起任职于哈佛大学,1980 年退休,但仍投身于研究工作。

阿罗在一般均衡理论与福利经济学领域做出了突出贡献,1972 年与约翰·希克斯共同获得诺贝尔经济学奖。阿罗的研究主要涉及社会选择理论、一般均衡理论、资源配置的静态和动态理论、不稳定性经济学等,尤其注重研究个人决策、信息和组织。② 阿罗利用数学分析工具来研究一般均衡问题和福利经济学,促进了福利经济学的新发展。

阿罗的主要代表作有:《社会选择与个人价值》(1951 年)、《存货与生产的数学理论研究》(1958 年,与史卡夫合著)、《公共投资、报酬率与最优财政政策》(1970 年,与喀西合著)、《一般竞争分析》(1971 年)、《风险负担理论文集》(1971 年)、《组织的极限》(1973 年)、《肯尼斯·阿罗论文集》(六卷本)(1983—1985 年)。

阿罗在《社会选择与个人价值》一书中阐述了"阿罗不可能性定理"。阿罗通过数学推理的方式得出论断:如果由两个以上不同偏好的人来进行选择,且被选择的政策也超过两个,那么就不可能做出大多数人都感到满意的

---

① 杨德明:《当代西方经济学基础理论的演变:方法论和微观理论》,北京:商务印书馆 1988 年版,第 415 页。

② 王晋辉:《60 位必知的世界经济学家》,北京:北京工业大学出版社 2012 年版,第 211 页。

决定。① "阿罗不可能性定理"开创了公共选择理论,对于福利经济学研究的发展与革新贡献巨大。可以说,"阿罗不可能性定理"的提出,是阿罗对福利经济学的重要贡献。

阿罗在其著作《一般竞争分析》中讨论了"一般均衡论"的理论。阿罗运用数理方法,证明了一般均衡的存在。他的一般均衡论的分析方法在福利经济学的最适宜的资源配置问题中得到了广泛应用。阿罗对数学方法的运用独具匠心,擅长运用数学工具研究经济问题,尤其是在社会选择理论、投票悖论、由个人偏好到社会选择以及求解一般均衡等方面,都做出了巨大的贡献。阿罗完成了从一般均衡理论向福利理论的跨越,促进了福利经济学的大发展。

第三节 后福利经济学代表学者

在福利经济学发展过程中,一些经济学家对福利的概念和福利经济学的相关命题提出了新的、不同的观点,进一步深化和发展了福利经济学的理论研究,被称为"后福利经济学"或"新新福利经济学"。这一时期的主要代表性理论包括社会选择理论、相对福利理论、公平与效率等;主要代表学者有以斯拉·约书亚·米香、詹姆斯·M.布坎南、理查德·安利·伊斯特林、阿瑟·奥肯、阿玛蒂亚·森、丹尼尔·卡内曼、黄有光和安格斯·斯图尔特·迪顿等。

一、以斯拉·约书亚·米香

以斯拉·约书亚·米香,英国著名的反传统经济学家。米香曾在伦敦经济学院任教,并被北美多所顶级大学聘为客座教授。米香的主要代表作有:《经济增长的代价》《成本效益分析》《经济学的真相:13个严重的经济学谬误》等。他对诸如"自由贸易、共同市场是最好的经济安排;工厂倒闭会导致失业;男女工资差异就意味着性别歧视"等右派和左派固守的信念进行了

---

① 陈桂玲、娄岩:《解读诺贝尔经济学大师》,北京:现代出版社2004年版,第55页。

质疑和挑战,尤其是否定"经济增长必然带来生活水准的提高"这一观点。[1]

《经济增长的代价》(1992年)全书分为由经济增长带来的经济后果和社会后果两部分。该书的核心思想为:技术进步及其所带来的经济增长虽然可以增加物质产品的数量,但不一定增加社会福利,人们反而会为经济增长付出经济和社会代价。米香认为单纯的物质产品的增加并不等于社会福利的增加。可以说,付出高昂代价的经济增长是价值不大甚至没有价值的。

米香从福利相对性出发,重新审视和批判传统的旧福利经济学。以米香和美国的理查德·伊斯特林为代表,形成了相对福利理论。相对福利理论从"快乐"出发研究社会福利,把快乐和福利两者相提并论,认为要增进福利,就要增进快乐。[2] 相对福利理论的提出,促进了福利经济学的进一步发展。米香还提出了福利标准理论,将效率和平等对立起来,强调收入分配的作用,轻视资源配置的重要性。[3] 米香的福利标准理论主要是在其《福利标准:一个反论的解决》(1973年)和《新福利标准和社会福利函数》(1976年)等文章中提出的。

二、詹姆斯·M. 布坎南

詹姆斯·M. 布坎南,美国经济学家。布坎南曾在田纳西州中部师范学院、田纳西大学学习,1948年获芝加哥大学博士学位。布坎南曾任教于多所高校,包括田纳西大学、佛罗里达州立大学、剑桥大学、伦敦经济学院、弗吉尼亚理工学院等。1986年,布坎南获得诺贝尔经济学奖。

布坎南著述丰富,主要代表作有:《个人投票选择和市场》(1954年)、《公债的公共原则》(1958年)、《财政理论和政治经济学》(1960年)、《同意的计算:宪法中民主的逻辑基础》(1962年,与塔洛克合著)、《公共产品的需求与供应》(1968年)、《成本与选择:一个经济理论的探讨》(1969年)、《公共选择理论:经济学在政治方面的应用》(1972年,与R.托尼逊合著)、《自由

---

[1] 任保平、魏婕等:《西方经济学增长理论名著导读》,北京:中国经济出版社2013年版,第392页。

[2] 赵红梅、李景霞:《现代西方经济学主要流派》,北京:中国财政经济出版社2002年版,第108页。

[3] 杨德明:《当代西方经济学基础理论的演变:方法论和微观理论》,北京:商务印书馆1988年版,第382页。

的限度》(1975 年)、《宪法契约中的自由》(1977 年)、《赤字民主:凯恩斯勋爵的政治遗产》(1977 年,与理查德·瓦格纳合著)、《宪法民主中的财政责任》(1978 年,与理查德·瓦格纳合著)、《市场、国家和道德范围》(1978 年)、《征税的权力》(1980 年)、《自由、市场和国家:八十年代的政治经济学》(1986 年)。

布坎南的主要贡献体现为将经济理论与政治决策分析结合起来研究。布坎南长期从事公共选择理论的研究,在这一领域贡献突出。布坎南以公共选择理论闻名于世,是公共选择理论的主要代表人物之一,是公共选择学派的创始人与领袖,被称为"公共选择之父"。在西方经济滞胀时期,布坎南提出公共选择理论,旨在克服政府干预的不足与局限。

《自由、市场和国家:八十年代的政治经济学》是一本以政治为导向的经济学著作,被公认为是公共选择理论的代表作。该书最鲜明的特点就是运用经济学原理来分析政治学问题,将经济问题与政治问题结合起来研究,其基本出发点是理性经济人假设。布坎南运用经济学方法来分析政治问题,取得了丰硕的成果,一定程度上填补了经济学研究领域的空白。布坎南认为公共选择理论可以为推动社会经济发展和增进社会福利提供一条全新的路径。

三、理查德·安利·伊斯特林

理查德·安利·伊斯特林,美国著名人口经济学家,南加州大学经济学教授;曾担任美国人口协会和经济史协会主席。伊斯特林的主要代表作有:《人口、劳动力和经济增长的长期波动:美国的经验》(1968 年)、《经济增长是否增进了人们的幸福? 一些实证证据》(1974 年)、《出生与财富:数字对个人福利的影响》(1980 年)、《成长的胜利:历史视角下的 21 世纪》(1996 年)等。

伊斯特林以生育供求分析理论而闻名,而且注重对主观快乐的理论研究,是最早从事幸福研究的学者之一。伊斯特林在其著作《经济增长是否增进了人们的幸福? 一些实证证据》中阐述了"伊斯特林悖论"。他的研究表明,通常在一个国家内,富人报告的平均幸福和快乐水平高于穷人,但如果进行跨国比较,穷国的幸福水平与富国几乎一样。① "伊斯特林悖论"也称为"幸福—收入之谜""幸福悖论"或"财富悖论"。现代经济学研究中一个令人迷惑的问题是:为什么更多的财富并没有带来更大的幸福?这就是"幸福悖论"的表现。伊斯特林悖论表明,随着收入的增加,人们的快乐与幸福感并不一定随之增加。伊斯特林的观点表明,人们的幸福感更多地取决于相对收入而非绝对收入。

伊斯特林和英国经济学家米香对相对福利理论的发展贡献巨大。相对福利理论认为快乐或幸福是通过比较得出的,是相对的,而不是绝对的,因此,判断福利的标准应该为相对收入水平。

四、阿瑟·奥肯

阿瑟·奥肯,美国经济学家。他曾在哥伦比亚大学学习,获得博士学位。奥肯曾在耶鲁大学任教。

奥肯的主要学术贡献是他对平等与效率的替换关系的研究,并提出了著名的"奥肯定律"。奥肯的主要代表作有:《繁荣政治经济学》(1971年)、《平等与效率——重大的抉择》(1975年)、《价格与数量:一项宏观经济分析》(1981年)。

奥肯的平等思想影响深远且广泛,他在《平等与效率——重大的抉择》一书中重点研究了平等与效率的关系问题,提出了影响广泛的"平等与效率兼顾"理论。奥肯认为平等与效率的选择是一个最为困难的抉择问题,在社会政策的各个方面困扰着我们。奥肯还认为,虽然平等与效率两者存在矛盾,但也应该强调两者的"兼顾","我们无法在保留市场效率这块蛋糕的同时又平等地分享它"。② 概言之,奥肯的平等思想主要内容包括:(1)界定"平等"是一件困难的事情;(2)机会均等与收入均等是不同的,机会均等的价值高于收入均等的价值;(3)机会均等是资源配置效率的保证,机会均等与效率两者是正相关关系,维护机会均等会实现社会的收入平等。③ 为了阐

---

① 王珂:《经济伦理学》,北京:北京理工大学出版社2013年版,第129页。
② 〔美〕阿瑟·奥肯:《平等与效率》,王奔洲译,北京:华夏出版社1987年版,第2页。
③ 孟祥仲:《平等与效率思想发展研究:经济思想史视角》,济南:山东人民出版社2009年版,第44—46页。

明平等与效率二者的兼顾关系以及如何兼顾,奥肯还设计了著名的"漏桶试验",以此检验"漏桶"口径的大小及关闭时间等。

奥肯提出了著名的"奥肯定律"。奥肯定律用来近似地描述失业率和实际 GDP 之间的交替关系,其内容是失业率每高于自然失业率一个百分点,实际 GDP 将低于潜在 GDP 两个百分点。① 这条定律阐述了实际 GDP 与失业率之间的关系,成为经济学中一条重要的经验规律。

五、阿玛蒂亚·森

阿玛蒂亚·森,印度经济学家,1933 年出生于印度森蒂尼盖登。他曾在加尔各答学院学习,后转入剑桥大学学习,并在剑桥大学获得学士学位、硕士学位和博士学位。在剑桥大学,他跟随皮埃罗·斯拉法和琼·罗宾逊研究经济学。阿玛蒂亚·森曾任职于剑桥大学(1957—1963 年)、德里大学(1963—1971 年)、伦敦经济学院(1971—1977 年)、牛津大学(1977—1980 年)、剑桥大学(1980—1987 年)。1987 年秋,他任教于哈佛大学;1998 年又回到剑桥大学担任三一学院院长;2003 年后,又返回哈佛大学工作。

阿玛蒂亚·森在福利经济学和社会选择理论方面做出了卓越贡献,于 1998 年获得诺贝尔经济学奖。阿玛蒂亚·森一生致力于研究根据社会公众的生活状况来评估政府的经济政策是否得当这一福利经济学试图解决的问题,被称为"经济学界的良心"。②

阿玛蒂亚·森的研究跨越经济学、哲学、社会学、政治学等众多领域,尤其在福利经济学和社会选择理论方面建树丰富。他的主要代表作有:《技术选择》(1960 年)、《集体选择与社会福利》(1970 年)、《论经济不公平》(1973 年)、《就业、技术与发展》(1975 年)、《贫困与饥荒:论权利与剥夺》(1981 年)、《选择、福利和量度》(1982 年)、《资源、价值和发展》(1984 年)、《商品与能力》(1985 年)、《伦理学和经济学》(1987 年)、《不平等的再测量》(1992 年)、《论经济上的不平等》(1997 年)、《以自由看待发展》(1999 年)、《理性

---

① 李胜兵、李航敏:《解读管理术语》,北京:企业管理出版社 2007 年版,第 32 页。
② 王晋辉:《60 位必知的世界经济学家》,北京:北京工业大学出版社 2012 年版,第 242 页。

与自由》(2002年)等。

阿玛蒂亚·森著作的一贯主题是致力于研究人类能力的开发以及这种能力如何在社会及家庭中产生更大的福利。①《集体选择与社会福利》这部著作影响深远,它将形式逻辑、福利经济学和道德哲学紧密结合起来,激发了许多研究者对基本福利问题的兴趣。在该书中,阿玛蒂亚·森主要讨论了少数服从多数原则、个人权利以及有关福利及信息的可获得性等内容,书中不仅对"阿罗不可能性定理"的公理性条件进行了更为明确的表述,而且对"阿罗不可能性定理"进行了修改与扩展。② 阿玛蒂亚·森解决了"投票悖论"问题,并引入个人选择的概念,丰富了公共选择理论的内容,证明在尊重个人权益与做出集体决定之间存在基本矛盾。③

阿玛蒂亚·森关于贫穷与饥荒问题的研究成果大多集中在《贫困与饥荒:论权利与剥夺》一书中。他以1940年以来印度和非洲撒哈拉等贫穷国家和地区的数起灾荒为例进行实证研究。他认为,若要弄清楚造成饥荒的实质原因和形成机制,必须系统分析不同的社会经济因素如何对不同的社会经济群体产生影响,进而造成严重的灾难性后果,致使一些社会成员连最基本的食物都无法获得满足。森得出的结论是:饥荒不仅仅是因为食物的缺乏,更是因为不平等的食物分配机制。因此,防止饥荒的发生要充分重视权利和能力的作用。④

六、丹尼尔·卡内曼

丹尼尔·卡内曼,以色列与美国双重国籍。曾在以色列希伯来大学、美国加州大学学习,1961年获心理学博士学位。卡内曼曾任职于以色列希伯来大学(1961—1978年)、加拿大不列颠哥伦比亚大学(1978—1986年)、美国伯克利加州大学(1986—1994年)以及普林斯顿大学(1993年至今)等多所大学。

---

① 王艳萍:《克服经济学的哲学贫困:阿玛蒂亚·森的经济思想研究》,北京:中国经济出版社2006年版,第7页。
② 同上书,第16页。
③ 张世贤:《西方经济思想史》,北京:经济管理出版社2008年版,第432页。
④ 王艳萍:《克服经济学的哲学贫困:阿玛蒂亚·森的经济思想研究》,北京:中国经济出版社2006年版,第20—21页。

2002年卡内曼与美国乔治·梅森大学弗农·史密斯(Vernon L. Smith)教授共同获得诺贝尔经济学奖。卡内曼的主要代表作有:《思考,快与慢》《不确定状况下的判断》《幸福:快乐经济学的基础》等。

卡内曼将心理学和经济学结合起来研究,运用心理学分析方法来分析经济学问题。卡内曼认为"经济人假设"这个前提是有缺陷的。研究发现,复杂的决策行为不能仅仅从外部因素来解释,因此,卡内曼将心理学分析方法引入经济学研究。卡内曼最重要和最突出的成就是对不确定条件下人类决策的研究。他证明了人类的决策行为是如何偏离标准经济理论预测的结果。他的研究启发了经济学研究者运用心理学方法研究经济问题,进一步丰富了经济学的理论研究。

卡内曼还一直致力于研究"国民幸福指数",用以度量人们的幸福感。卡内曼在研究中发现,人们的幸福感与收入之间的关系不一定是正相关的。此外,卡内曼认为情绪是衡量人们幸福感的重要因素。他还提出了痛苦指数,用于度量人们的幸福感或福利效用。他认为,人们的情绪是有两面性的,负面情绪对幸福感的影响要比正面情绪显得更加突出。在公共决策中,政府可以通过减少或消除人民的负面情绪、感受来增强人民的幸福感。卡内曼认为使用痛苦指数更容易度量幸福感。

卡内曼在行为经济学的研究方面贡献也十分突出。他与阿莫斯·特沃斯基教授共同提出了"展望理论"。展望理论针对理性经济人假设这一前提,从实证研究的角度,着重从人的心理特征和行为特征两方面揭示影响人们选择或决策行为的非理性心理因素。

七、黄有光

黄有光,澳大利亚著名华裔经济学家,澳大利亚科学院院士。他出生于马来西亚,1971年获悉尼大学博士学位。他任教于多所高校,包括澳大利亚蒙纳什大学、新加坡南洋理工大学等。

黄有光的研究涉及福利经济学与公共政策、宏观经济学的微观基础、中国经济问题等众多领域。主要代表性著作有:《福利经济学》(1979年)、《综观经济学》(1986年)、《专业化与经济组织》(1993年,与杨小凯合著)、《效率、平等与经济政策》(2000年)、《经济与快乐》(2000年)、《金钱能买快乐吗?》(2002年)、《福祉经济学》(2004年)、《社会福祉与经济政策》(2005年)等。

在福利经济学研究中,"Welfare Economics"向来被译为"福利经济学"。黄有光认为"福利"比较容易被误认为是指"福利开支",或被误认为是只限于有关物质利益的福利,所以应把"Welfare"译为"福祉",可以正确地理解为幸福或快乐。①《福利经济学》是黄有光的代表性著作之一,该书介绍了福利经济学的新发展。在《福利经济学》一书中,作者对帕累托最优性、福利标准和计量、社会选择、收入的最优分配、外部效应、公共物品等福利经济学常见问题进行了研究,具有特色的是作者对边沁社会福利函数的赞同、对李特尔福利标准的捍卫,及作者自己提出的新论点——第三优理论。② 黄有光还认为,福利经济学应该是一门规范与实证相结合的科学,强调福利经济学的实用性。

第三优理论对于提高资源配置效率、促进资源实现最佳配置等有着重要意义。黄有光对第三优理论提出了四个命题,分别为:命题 1 是对最优世界采用最优法则;命题 2 是在次优世界采用次优法则;命题 3 是信息贫乏时在第三优世界采用最优法则;命题 4 是信息不完善时,在第三优世界采用第三优法则。③ 他通过对这些命题的分析,系统阐述了第三优理论。在一个合理的凹性假设下,采用最优法则能使预期效益最大化,但是当得到较多(不是完美的)信息时,则应采用第三优政策。④

八、安格斯·斯图尔特·迪顿

安格斯·斯图尔特·迪顿,英国与美国双重国籍。他在剑桥大学获得学士、硕士和博士学位;曾任教于布里斯托尔大学、普林斯顿大学。迪顿在消费、贫困与福利领域的研究方面做出了重大贡献,于 2015 年获得诺贝尔经

---

① 〔澳〕黄有光:《社会福祉与经济政策》,唐翔译,北京:北京大学出版社 2005 年版,第 1 页。
② 〔澳〕黄有光:《福利经济学》,周建明、蔡江南、黄渝祥等译,北京:中国友谊出版公司 1991 年版,第 5 页。
③ 〔澳〕黄有光:《社会福祉与经济政策》,唐翔译,北京:北京大学出版社 2005 年版,第 138—140 页。
④ 〔澳〕黄有光:《福利经济学》,周建明、蔡江南、黄渝祥等译,北京:中国友谊出版公司 1991 年版,第 297 页。

济学奖。

迪顿的主要代表作有:《经济学与消费者行为》(1980年)、《理解消费》(1992年)、《家庭调查分析:发展政策的微观计量方法》(1997年)、《伟大的印度贫困辩论》(2005年)、《胜利大逃亡:健康、财富和不平等的起源》等。迪顿早期的研究成果多集中于家庭经济行为与消费经济领域。他对家庭与家庭成员的投资与消费行为范式进行了系统的研究。他通过对约翰·斯通(John Stone)等经济学家的消费者寻求理论的综合分析,提出了一个几近理想的需求系统模型(Almost Ideal Demand System, AIDS),该系统模型在分析消费者需求、阐释福利经济学、公共政策的制定与分析等多个方面提供了极大的研究便利。

在消费者行为研究领域,迪顿以简单非参数检验的方式对持久收入假说进行了分析预测,推出持久收入的平滑性实际上比当期收入小,居民的实际消费比预估消费值小,而且消费变化会小于收入变化。这一理论分析的概念,后来逐步发展为著名的"迪顿悖论"。另外,针对消费经济问题的分析研究,迪顿提倡规范研究与实证研究相结合的研究方法,推动了对消费者行为的研究。

随着时间的推移,迪顿的研究兴趣逐步延伸到了更广泛的经济学领域,包括贫困的衡量和经济福利,以及健康和发展经济学。迪顿曾与美国盖洛普公司合作,对世界各国幸福感的数据进行分析,得到国家经济水平发展越高、人民的幸福感就越强的结论。迪顿还与卡内曼共同测量生活评估与享乐影响。他认为收入是影响幸福感的重要因素,而且居民享乐影响与其收入呈正相关关系,它会随着收入的增加而增加。他还指出,人们的福祉与社会地位、所处环境、健康、主观幸福感等因素相关。在他与卡内曼合著的《高收入提高了生活评价但没有改善情感福祉》一文中,他提出高收入不足以带来更多的幸福感以提升人们的情感福祉,但低收入会影响人们的情感,降低其主观幸福感,从而影响福祉。

迪顿一直关注"金钱与幸福感的问题",并对收入与福祉的关系进行了深入研究。他认为货币在一定程度上可以作为衡量个人幸福感的直接标准,但他更提倡直接对个人幸福感进行提问,他认为该方式所得到的结果较之金钱度量更有效、更真实。在迪顿看来,货币可以用于衡量个人福利,但并不是最关键的度量指标。

在20世纪80年代,经济学家们一度认为发展经济学遇到重大瓶颈,他们认为当时的经济理论缺乏更高的严谨性,且没有更多的调查数据来为相关理论研究提供支撑。随着微观计量经济学的发展,经济学缺乏数据支撑的障碍逐步得到解决。迪顿对此做出了重大的贡献,无论是在发展经济领域、贫困问题,还是在经济分析方法方面;从特定的国家和全球范围内贫困的衡量,到创造性地使用微观家庭调查数据进行实证分析。[①] 在世界银行工作时期,迪顿便对世界银行贫困度量方式(计算世界上个人日生活费用低于1美元的人数)提出质疑,他认为该方法的可实践性较差,且以美元为度量标准会受到各国货币对美元汇率变动的影响,增加贫困数据计算的不确定性,从而影响数据的真实性和有效性。

迪顿还特别研究了印度贫困问题,他通过对印度贫困数据的分析,重新对印度的贫困标准和贫困发生率进行考量。他认为用贫困线作为贫困度量标准会受到通胀等多方面经济变动的影响,为此,迪顿主张采用家庭消费数据等来度量贫困程度。这种微观计量分析方式在经济学理论研究中的应用,极大地推动了发展经济学的发展,一定程度上也促进了人们对人类福祉的理解。

[①] 陈建东、周晓蓉:《安格斯·迪顿:消费、贫困和福利》,载《经济学动态》2015年第11期,第98—112页。

第七章 福利经济学经典文献

福利经济学自产生以来,经历了不同的发展阶段,涌现了大量的经典文献。本章按照福利经济学的发展阶段,简要介绍福利经济学的经典文献。

第一节 旧福利经济学经典文献

一、《道德情操论》

(一) 基本信息

《道德情操论》(*The Theory of Moral Sentiments*)一书由英国伦理学家和经济学家亚当·斯密所著。作为亚当·斯密讲授道德哲学的讲义,该书是他于1759年出版的第一部著作,也是他辞世前于1790年最后定版的一部著作。在这三十年间,他对该书进行了5次修订,形成了《道德情操论》的6个版本。

(二) 作品内容与结构

《道德情操论》全书分为7篇,对人类丰富多彩的道德情操世界进行了系统且简明的理论阐述。第一篇论述行为的合宜性,包括合宜感、各种感情合宜的程度、处境的顺逆对人类评论行为合宜与否的影响。第二篇论功劳与过失,即论奖赏与惩罚的对象,涉及功过感、正义与仁慈、运气如何影响人类对于行为功过的感觉。第三篇阐述了人们评判自己的情感和行为的基础,兼论义务感。第四篇论效用对赞许感的影响。第五篇论社会习惯与风气对道德赞许与谴责等情感的影响。第六篇论好品格,阐述有关美德的品质以及个人品格对自身幸福和他人幸福所能产生的影响。第七篇论道德哲学体系,包括道德情感的理论应该探讨的问题、各种说明美德性质的学说、各种关于赞许之原理的学说和人们处理道德实务规则的方式。

(三) 核心思想与观点

《道德情操论》体现了亚当·斯密对弗兰西斯·哈奇森、大卫·休谟等人的情感主义思想的继承和发展。他以哈奇森的"道德感"学说和休谟的"同情"学说为基础,建立了一个以"同情"为基础的伦理学体系。休谟的"同情"主要是指对社会道德所起到的作用,而并非怜悯;亚当·斯密所阐述的"同情"包括怜悯,也包括对他人幸福的共情,因此亚当·斯密的"同情"学说是广义的。亚当·斯密认为:同情是每一个人都具备的人类最原始的一种情感特质,是人与人之间建立联系的纽带,同时也制约着人们对个人名利的过度追求;同情具有目的性,旨在让双方获得情感上的满足,增进人们彼此的好感,从而引导和促进人际交流;同情需要建立在一致情感的基础之上,只有双方的情感一致,才能发挥同情的作用;尽管每个人都存有私心,但是一般不会将自私的态度表露出来,而是压抑自己的私心,使其下降到他人能够接受的程度,这在本质上讲就是为了获得他人的同情与支持,从而有利于自己的生存和发展。

在该书中,亚当·斯密论述了正义、仁慈、良心、克己等道德情操产生的根源,阐释了道德评价的性质、原则和各种美德的特征,并对各种道德哲学学说进行了介绍和评价,进而揭示出人类社会赖以维系及和谐发展的基础,以及人的行为应当遵循的一般道德准则,全面地构建了自己的伦理体系。

(四) 主要影响与评价

《道德情操论》是亚当·斯密出版的第一部主要著作,由此奠定了他在知识界的地位。该书也是他人生最后数年里竭尽全力修订完善的一本书,可见他对道德真理的探讨是贯穿始终的。该书是斯密系统分析人类情感的作品,是一部全力呼吁社会财富由社会成员共享的伦理学经典。不读《道德情操论》,我们就不能真正理解西方经济学的鼻祖。

作为情感伦理学的早期代表作,《道德情操论》对现代西方情感主义伦理学有重要影响。该书对于增进人类福利这一更大的发展目标起到了更为基本的作用,是市场经济良性运行不可或缺的"圣经"。1976年度诺贝尔经济学奖得主、美国经济学家米尔顿·弗里德曼(Milton Friedman,1912—2006)曾说:不读《国富论》,不知道应该怎样才叫"利己";读了《道德情操论》,才知道"利他"才是问心无愧的"利己"。英国经济史专家埃里克·罗尔曾说:"我们不能忘记《国富论》的作者就是《道德情操论》的作者。如果我们不了解后者的一些哲学知识,就不可能理解前者的经济思想。"

二、《国富论》

(一)基本信息

《国富论》一书由英国伦理学家和经济学家亚当·斯密所著。该书全称为《国民财富的性质和原因的研究》(*An Inquiry into the Nature and Causes of the Wealth of Nations*,简称 *The Wealth of Nations*)。该书初版于1776年,之后斯密曾多次修订再版该书,因此该书有多个英文版本,并被翻译成多种文字在全球发行。在中国,该书也有多个版本的中文译本,最早的译本是1902年严复翻译的《原富》,传播得最广的是郭大力和王亚南的译本,1930年初版时译名为《国富论》,商务印书馆1972年再版时改名为《国民财富的性质和原因的研究》,后来又使用《国富论》书名。

(二)作品内容与结构

除了导论及全书设计外,《国富论》全书分为5篇。第一篇为"论劳动生产力增进的原因并论劳动生产物自然而然地分配给各阶级人民的顺序",共11章,主要分析形成和提高劳动生产力的原因以及国民财富分配的原则。第二篇为"论资财的性质及其储蓄和用途",共5章,主要讨论资本的性质、构成、形态、积累方式和使用。第三篇为"论不同国家中财富的不同发展",共四章,主要从经济史的角度分析促进或阻碍国民财富增长的途径与原因,论证采用自由放任的经济政策有利于分工和国民财富的发展。第4篇为"论政治经济学体系",共9章,主要阐述不同国家在不同阶段的各种经济理论,对阻碍国民财富增长的重商主义和重农主义的理论和政策作了分析、比较和批判。第五篇为"论君主或国家的收入",共3章,主要论述国家财政收支对国民财富发展的影响。

(三) 核心思想与观点

亚当·斯密在《国富论》的开篇"导论及全书设计"中列出了六大问题，涉及分工、分配、资本、经济政策、经济学说和财政。这些论题既自成体系，又可集合起来构成一个庞大的理论体系。作者明确提出了政治经济学研究的目标在于裕民和富国，唯有裕民方能富国。无论是裕民还是富国，都要以国民财富的增加为基础，因此需要弄清什么是国民财富，以及如何才能增加国民财富，前者涉及国民财富的性质，后者涉及国民财富增加的原因。

亚当·斯密认为，国民财富的增加主要有两种途径。第一种途径是提高劳动生产力，这需要分工的深化和市场交换过程的顺畅；第二种途径是提高资本利用效率，这依赖于资本积累和适当的资本运用。在提高劳动生产力和资本利用效率中，充分发挥市场这只"看不见的手"的作用，坚持自然自由制度和经济自由主义是最根本的制度保障。

亚当·斯密在抨击重商主义时提出了"看不见的手"的观点，认为自由市场是个自行调整机制，会自动倾向于生产社会最迫切需要的货品种类的数量。作为理性的经济人，人们在经济活动中都追求自己的利益。如果这种经济活动不会受到干预，那么，经由价格机制这只"看不见的手"的引导，人们不仅会实现个人利益的最大化，还会增进整个社会的福利。亚当·斯密主张"自由放任"，认为政府的主要职责在于对外抵御敌国、对内执行司法以及创建并经营某些公共事业。

(四) 主要影响与评价

《国富论》奠定了资本主义自由经济的理论基础，是影响人类历史进程的划时代巨著之一，被誉为西方经济学界的"圣经"。该书的出版标志着古典政治经济学理论体系的建立，也意味着经济学作为一门独立学科的诞生。

该书对当时处于成长时期的英国资本主义乃至世界资本主义社会的发展都产生了重大的促进作用。亚当·斯密的观点不仅影响了后来众多领域的学者和思想家，而且也影响了当时的立法和政府政策。

美国政治经济学家、创新经济学的鼻祖熊彼特在《经济分析史》中评价道:《国富论》不仅是最为成功的经济学著作,而且或许是除了达尔文的《物种起源》外最为成功的科学著作。

三、《道德与立法原理导论》

(一) 基本信息

《道德与立法原理导论》(*An Introduction to the Principles of Morals and Legislation*)一书由英国法理学家、功利主义哲学家、经济学家和社会改革者杰里米·边沁所著,1789年出版。边沁在政治上表现比较激进,被称为英国法律改革运动的先驱者,他的主要研究领域是功利主义、动物权利、反自然权利和社会福利制度等。

(二) 作品内容与结构

《道德与立法原理导论》是一部集政治和道德科学于一体的著作,共分为17章。第一章为功利原理,介绍了功利原理、共同体的利益、功利法规等相关概念,并基于功利原理的偏见提出建议。第二章为与功利原理相反的原理,阐述了禁欲主义原理、厌恶原理及神学原理等。第三章为快乐和痛苦的四种约束力,介绍了自然约束力、政治约束力、道德约束力和宗教约束力。第四章为如何估算快乐和痛苦的值,介绍了估算快乐或痛苦的值的程序,即按照一个人和苦乐本身、一群人和其他苦乐的顺序进行估算。第五章为快乐和痛苦的类型,主要从简单和复杂两种角度区分快乐和痛苦。第六章为影响敏感性的因素分析,介绍了健康、体力、耐力等是影响敏感性的主要因素,性别、年龄、地位等是次要因素,并从财务角度分析了对敏感性的影响程度。第七章为一般人类行动,介绍了一项行动中需要考虑的因素,解释了积极行动和消极行动、外在行动和内在行动、表述性行动等行动的类型。第八章为意图,主要阐述了自愿和非自愿与不同行动、后果之间的关系。第九章为知觉,介绍了知觉、失误和何种情况下意图可能是清白的。第十章为动机,主要介绍了动机的不同含义,解释了为什么不存在绝对动机,总结了各种苦乐对应的动机类型,对动机进行等级排序,并分析了动机之间的冲突。第十一章论人类的一般性情,阐述了十种不同情况下倾向和动机的性情,并介绍了如何评价一个人性情堕落的程度。第十二章为有害行动的后果,主要分析了行动害处的表现形式和行动害处受哪些因素影响等。第十三章为不适于惩罚的情况,介绍了无理由惩罚、惩罚绝对无效、惩罚无益和惩罚无必要等。第十四章为惩罚与罪过之间的比例,主要介绍了惩罚的四种目的和决定惩罚与罪过之间比例的 13 种规则。第十五章为惩罚应有的特性,主要包括可变性、稳定性、表示性、节约性、大众性和可减免性等 11 种特性。第十六章为罪过的分类,介绍了罪过的 5 大类及其亚类和支类,并推断出 5 大类罪过的特性。第十七章为刑法的界限,主要介绍了私人伦理与立法艺术的界限、法学及其门类等。

(三) 核心思想与观点

《道德与立法原理导论》一书的基本思想可追溯到古希腊时代,例如苏格拉底哲学思想、德谟克利特的幸福论、亚里士多德的伦理学和伊壁鸠鲁的快乐论,同时也受到切萨雷·贝卡利亚(Cesare Beccaria,1738—1794)和约瑟夫·普里斯特利(Joseph Priestly,1733—1804)"最大多数人的最大幸福"原理的影响。边沁是英国经验主义伦理学的继承者,书中提出的功利主义思想的理论基础是苦乐原理,即人们的本性是趋乐避苦。边沁认为快乐没有"质"和"量"的区别,但他更青睐快乐的"量"。在该书中,边沁主要表述了两个原理,即功利原理和自利选择原理。功利主义哲学观的"最大多数人的最大幸福"原则,不仅是衡量人的道德标准,也是政府部门制定法律法规的标准。他认为个人可以从整体利益中获取自己的幸福,即少数人可以从日益增多的社会幸福中分享利益。边沁指出,每个人自己最了解自己的痛苦和快乐,不仅清楚地知道自己的幸福是什么,还知道如何让自己幸福。所以,个人趋利避害是正当的,不应该受到任何阻碍,国家也不应该干预私人经济活动。

《道德与立法原理导论》把伦理和立法联系起来,寻找道德和法律之间的平衡点。该书提到的基本原理和学说,为效用主义经济学说奠定了基础,建立了功利主义的基本理论框架。

(四) 主要影响与评价

早在 1827 年,《道德与立法原理导论》中表述的惩罚原则和目的就被应用到英国减轻刑法的法律改革中。英国法院在讨论法律改革时,英国大法官兼上院议长布鲁厄姆勋爵(Lord Brougham,1778—1868)曾说:"改革时代就是边沁时代。"边沁提出的功利主义受到了约翰·斯图亚特·穆勒(John Stuart Mill,1806—1873)、罗伯特·欧文(Robert Owen,1771—1858)等一批追随者的继承和发展。

英国哲学家、心理学家、经济学家约翰·斯图亚特·穆勒称边沁为"所有既成事物的伟大怀疑者",并认为边沁的功利原理有力地支持了法律的改革运动。英国法理学家、哲学家哈特在《道德与立法原理导论》的导言中提到:"在对待所有政治和道德论题的方式方面,边沁的《道德与立法原理导论》引起了一场静悄悄的革命。思想习惯焕然一新,整个政论界都不知激励来自何处,却充满了新精神。"

四、《功利主义》

(一)基本信息

《功利主义》(*Utilitarianism*)一书由英国哲学家、经济学家和心理学家约翰·斯图亚特·穆勒所著。约翰·斯图亚特·穆勒是19世纪最具有影响力的古典自由主义思想家之一。穆勒是最早把实证主义思想引入英国的学者,并提出把实证主义思想与英国经验主义传统相结合,因此被称为近现代功利主义创始人之一。该书也被译为《效用主义》,1861年发表于《弗雷泽杂志》,从1863年开始以单行本出版。

(二)作品内容与结构

《功利主义》在伦理思想史上具有非常重要的地位。该书共5章。第一章为绪论,主要是引出问题,介绍本书的整体框架。第二章为功利主义的含义,主要内容有两点:一是阐述了功利主义的基本观点,即回答了道德规范问题和人生意义问题;二是清晰地区分了"幸福"和"快乐"的概念。第三章论功利原则的最终约束力,介绍了功利主义道德标准对人们的约束力来源问题。穆勒认为,功利主义道德标准包括内在和外在的约束力,并且它是完全符合人性的。第四章是论功利原则能够得到何种证明。穆勒认为,论证

"功利主义",只能诉诸事实,证明过程分为两个步骤:一是用人类经验证明得出人生追求的最终目的是"最大多数人的最大幸福"的推论;二是依据上述得出的结论推导出每个人的幸福都是一种善,社会幸福就是对所有人的集体的善。第五章论功利与正义的联系,从正义的行为规则和情感两方面介绍了正义的概念,分析了正义与功利之间的三种关系:第一,正义的基础是权利和利益,正义是对正当权利的维护;第二,社会需要对正义进行保护;第三,依据功利主义解决人们理解公平正义时存在的争议。

(三)核心思想与观点

《功利主义》是伦理学巨著,它的基本思想可追溯到古希腊唯物主义哲学家德谟克利特(Demokritos,公元前460—前370)的幸福哲学论、阿里斯提卜(Aristippos,公元前435—前360)的享乐至善理论、伊壁鸠鲁(Epicurus,公元前341—前270)的快乐主义学说、亚里士多德(Aristotle,公元前384—前322)的幸福观念及大卫·休谟的怀疑主义等。穆勒的功利主义思想是对边沁功利主义思想的继承和发展,具有明显的利他主义色彩。穆勒认为由于他人利益或社会利益而放弃个人利益的行为是值得赞扬的,社会利益占据主导地位,个人利益为从属地位,个人利益是要服从社会利益的。

穆勒强调个人利益要服从于社会利益,从而实现社会发展的最终目标,即"最大多数人的最大幸福"。他指出,为了社会整体利益,个人可以舍弃自身利益,这一定程度上提高了边沁功利主义的思想高度。首先,穆勒把自由主义原则和功利主义原则进行交叉融合;其次,他创造性地强调内在道德约束的力量;最后,穆勒对高等快乐和低等快乐进行区分,并认为在质的方面,高等快乐与低等快乐相比较高。边沁的功利主义仅仅考虑偏好快乐的量而忽略了质,过于主观和狭隘。穆勒在边沁的功利主义的基础上,引入了快乐的质,丰富了功利主义思想的理论体系,由此,功利主义思想的发展迈入了最为辉煌的时期,成为当时西方经济学界最受欢迎的学说。

(四)主要影响与评价

虽然上述分析提到《功利主义》一书存在局限,但其影响力不容忽视。穆勒的功利主义能够作为道德原则,指导和监督个人行为,为人们在做出选择时提供思路。穆勒构建了完善的功利主义体系,是功利主义的集大成者,为功利主义奠定了理论基础。

英国功利主义哲学家、伦理学家和经济学家亨利·西季威克认为,穆勒在《功利主义》一书中的功利主义理论系统地阐述了常识道德,但是穆勒的推理过程存在漏洞,即在现实生活中,无法证明每个人或者大多数人的生活目标是追求"最大多数人的最大幸福"。现代功利主义代表人物之一、澳大利亚学者斯马特(J. J. C. Smart,1920—2012)对穆勒的功利主义提出了质疑,认为行为的对与错应该由结果的好与坏决定。

五、《经济学原理》

(一) 基本信息

《经济学原理》(Principles of Economics)由英国经济学家、新古典学派的创始人阿尔弗雷德·马歇尔所著。马歇尔是19世纪声名显赫的经济学家,创立了剑桥学派,所著《经济学原理》是与亚当·斯密的《国富论》、大卫·李嘉图的《赋税原理》齐名的经典著作。马歇尔从1877年就开始该书的写作,1890年出版。

(二) 作品内容与结构

《经济学原理》一书重点阐述了财富与人类欲望之间的关系,强调了货币能够作为标准来间接地评价人类情感和动机这一思想。该书共分为6卷。第一卷为导言,分4章,由绪论、经济学的实质、经济规律、经济研究的目的与课题组成,主要是引出经济学问题,简要介绍了全书的整体框架。第二卷为基本概念,分4章,阐述了该书所用到的经济学名词的内涵,主要有财富、生产、消费、劳动和必需品、收入与资本等。第三卷论需求及其满足,由6章内容组成,分析了欲望与活动、消费者需求的等级、需求弹性、物品不同用途的选择、价值与效用等内容。第四卷为生产要素,共12章内容,主要介绍了土地的肥力、人口的增长、人口的健康与强壮、工业训练、财富的增长、工业组织、分工及机械的影响、专门工业集中于特定的地方、大规模生产、企业管理、报酬递增倾向与报酬递减倾向、从报酬递增规律看需求和供给的均衡、正常需求和正常供给变动的理论、垄断理论等。第五卷为需求、供给与价值的一般关系,共 9 章,主要分析了市场、需求和供给的暂时均衡、正常需求和正常供给的均衡、资金的投放与分配、各种需求与供给、混合企业各部门应分担的费用、边际成本和价值的关系、边际成本和农产品价值的关系、边际成本和城市土地价值的关系等内容。第六卷为国民收入的分配,由 9 章内容组成,主要介绍了分配、劳动工资、资本的利息、资本与经营能力的利润、地租、土地租佃、分配总论、进步对价值的一般影响、进步和生活程度的关系等方面的内容。

(三) 核心思想与观点

《经济学原理》一书中的基本思想可以追溯到李嘉图的"地租论"、马尔萨斯的"人口论"、萨伊的"实现论"、西尼尔的"节欲论"、穆勒的"生产费用论"、杰文斯的"负效用论"等学说和思想。马歇尔在吸收以往学者理论的基础上,融合了各流派的思想,重新定义了经济学,即研究财富和人的学科。在古典学派的理论方法、历史学派的历史方法和数理学派的数学方法的基础上,马歇尔提出了方法论。马歇尔倾向于把复杂的理论简单化,把数学方法引入经济学,强调"连续性原理"在经济研究中的作用,创造性地提出"均衡价值论"。马歇尔认为,商品的价值取决于供给价格和需求价格的均衡;供给价格取决于商品的成本;需求价格取决于消费者的偏好和边际效用;供给和需求对商品的价值起共同作用。"均衡价值论"把商品的价格和价值一概而论,把"生产费用说""边际效用说"及"供给需求说"并为一体,系统地总结了"庸俗价值论"。

20 世纪初,西方资本主义国家由自由资本主义开始向垄断资本主义过渡,《经济学原理》一书为资本主义发展做了良好的辩护,被资产阶级奉为经典。该书基本上整理了经济学中所有要用到的理论,构建了新的经济学体系,为新古典经济学和剑桥学派的产生奠定了基础。

(四) 主要影响与评价

马歇尔创立的新古典主义理论成为当时新的主流经济学,《经济学原理》被誉为经济学界具有里程碑意义的经济学教科书之一,甚至有学者称该书为"英国新古典学派的圣经"。马歇尔把《经济学原理》定位为经济学入门教材,该书以"均衡价值论"为主线,基本上涵盖了经济学研究的全部领域,体系框架完整。同时,该书浅显易懂,能够让普通民众更好地理解经济问题,得到了很高的评价。

在几百年的经济思想发展史中,《经济学原理》可谓是最具有里程碑意义的巨著之一。英国经济学家琼·罗宾逊(Joan Robinson,1903—1983)在纪念《经济学原理》出版六十周年活动中曾说,"我来到剑桥开始读经济学时,马歇尔的著作就是圣经"。英国经济学家西德尼·温特劳布(Sidney Weintraub,1914—1983)认为,由于马歇尔《经济学原理》一书的出版,剑桥学派对经济学发展的影响才更具有权威性。

六、《社会问题:生活与工作》

(一) 基本信息

《社会问题:生活与工作》(*The Social Problem: Life and Work*)一书由英国政治思想家、社会学家和经济学家约翰·阿特金森·霍布森所著,1901年出版,之后多次再版。霍布森的主要研究领域是帝国主义、消费不足理论、地租理论和边际生产率分配理论等。

(二) 作品内容与结构

《社会问题:生活与工作》是关于社会和社会进步的著作,主要分为两部分。

第一部分是社会进步的科学,强调批判性。为了解决存在的社会问题,霍布森提出把人文评价与新功利主义相结合,把政治经济学所考虑的经济成本转为人文成本,把国家收入转为人文效用,对消费者进行培训教育,提高人们使用物品获得服务的能力,增进人们的福利。在确定个人权利的范围时,霍布森认为社会效用必须是至上而绝对的,反对天赋个人财产权利的学说,主张个人财产权利要和社会效用协调一致。霍布森认为生活、工作、个性与需求之间存在关系的前提是自然,自然基础可以帮助社会确定个人财产权。霍布森认为,个人不可能利用道德行为解决社会问题,个人行为也不能实现社会目的,社会的问题需要社会自身处理,政府可以利用拥有的社会财产,为实现社会目标提供资金,对日常必需品工业进行组织和管理,满足人们的需求,从根本上解决社会问题,让社会生活更加健康、和谐,增进社会的整体福利。

第二部分是社会进步的艺术,强调建设性。霍布森认为,知识或艺术的垄断会造成资源浪费,只有建立公共文化机构和公共教育才可以打破这种垄断,满足人们在知识和艺术方面的需求,提高人们的福利。资本主义制度约束了人们个性的自由发展,扼杀了人们的艺术品位的萌芽。伟大的艺术永远是个性化的,富有创造性的艺术应该让私人或私人机构来实现。霍布森认为极端个人主义所坚持的理想是错误的,只有把个性和社会性区分开,才能消除个人和社会之间的矛盾。随着社会的进步,人类发展目标也随之变化,个人从事的专业化的社会服务会减少,个性化的艺术活动会增加。

(三) 核心思想与观点

《社会问题:生活与工作》一书的基本思想来源于斯密的"看不见的手"、穆勒的自由主义以及边沁的功利主义。霍布森主张国家全面干预经济,提出了"国家社会主义"思想。他认为"看不见的手"支配的市场和谐状态并不存在于垄断资本主义阶段,资本主义存在着剩余价值,而剩余价值是占有别人的劳动所得,这种分配是不平等的,束缚了生产力的发展,国家可以通过税赋、建立公用事业等手段实现"最大的社会福利"。

霍布森认为福利经济学的核心应该是社会福利,使用最小的人类成本,换取最大的人类效用,最后获得最多的福利,并提倡国家干预经济和改良主义政策,以实现"最大社会福利"。在该书中,霍布森以社会效用作为评价一切的标准,对旧功利主义进行了改造,提出了新功利主义。这主要体现在三个方面,即把个人主义的社会观改为有机的社会观,把评价标准由纯粹量化改为质化,把人的需求满足程度进行简单比较改为从低级到高级排序。霍布森认为一切财富和价值都是有社会来源的,主张对私人财产和公共财产进行公平合理的划分,让个人和社会都能够拥有维持生活和进步所需要的财产。

霍布森对古典经济学提出了质疑和批判,被称为"福利经济学的直接先驱者"。霍布森提出的经济学理论包含福利思想,倾向于分配和社会两方面制度的改革,对福利经济学的产生做出了一定的贡献,尤其是"最大社会福利"思想,对庇古的福利经济思想影响很大。

(四)主要影响与评价

霍布森是新自由主义的主要代表人物之一,主张自由主义与经济学、政治学、社会学有机结合,对英国自由主义思想产生了显著影响,将自由主义的研究方向转向社会改革和福利。他非常重视劳动者的消费福利,主张收入要相对均衡,为福利经济学的产生打下了基础,但他并没有建立完整的福利经济学体系。学者们对霍布森的学说也褒贬不一。美国俄亥俄州立大学学者哈格蒂认为,《社会问题:生活与工作》思想上的缺陷表现在对效用理论研究的总结方面。要真正了解国民收入的具体效用,我们需要知道:(1)商品和服务是什么;(2)谁将使用它们;(3)实际消费者能够在多大程度上最大限度地利用它们。英国华威大学教授罗伯特·斯基德尔斯基曾说:"从霍布森那里我们知道了财富和分配结构会影响不稳定投资带来的社会问题。"

七、《福利经济学》

(一)基本信息

《福利经济学》(*The Economics of Welfare*)一书由英国经济学家阿瑟·塞西尔·庇古所著,1920年由英国麦克米伦出版社出版。

(二)作品内容与结构

《福利经济学》一书共分为4篇66章。第一篇为"福利与国民收入",共11章,主要论述经济福利与国民收入的关系,把对经济福利的研究变为对国民收入的研究。第二篇为"国民收入的大小与资源在不同的用途之间的分配",共22章,主要论述社会资源的最优配置问题。第三篇为"国民收入与劳工",共20章,主要论述国民收入与劳动的关系。第四篇为"国民收入的分配",共13章,主要论述国民收入分配与经济福利的关系。

(三) 核心思想与观点

庇古把研究的主题限定在能够用货币计量的那部分社会福利即经济福利上。为了计量经济福利,庇古提出了边际效用基数论,认为边际效应递减不但适用于商品的边际效用,而且适用于货币的边际效用。庇古根据边际效用论提出两个福利基本命题:一是国民收入水平越高,社会福利就越大;二是国民收入分配越均等化,社会经济福利也就越大。他认为,经济福利取决于国民收入的总量及其在社会成员间的分配状况。因此,要想增加经济福利,就必须在生产方面增加国民收入总量,在分配方面消除或减轻收入分配的不均等。

庇古由此提出社会资源最优配置的主张,并建立了"收入均等化"学说。庇古认为增加国民收入总量是增进经济福利的主要因素,而要增加国民收入总量,就必须使生产资源在各生产部门的配置达到最优状态。庇古认为,在完全竞争的条件下,竞争与资源的自由流动最终会使边际私人纯产值等于边际社会纯产值,即社会资源配置达到了最优状态。然而,由于种种原因,现实中边际私人纯产值和边际社会纯产值往往并不相等,因此,庇古主张政府出台相应的政策对资源配置进行干预。政府采取的基本政策是:对边际私人纯产值大于边际社会纯产值的部门进行征税,而对边际私人纯产值小于边际社会纯产值的部门进行补贴。"收入均等化"学说的基本论点是:若将富人收入的一部分转移给穷人,社会的福利就会增大。转移的方式主要有四种,即自愿转移、强制转移、直接转移、间接转移。

(四) 主要影响与评价

该书为福利经济学的奠基之作和经典著作,在整个福利经济学乃至西方经济学领域占有极其重要的地位。作为福利经济学之父,庇古认为经济研究的主要目的是帮助社会改良,庇古的经济学说是以解决社会贫困问题、增加人类经济福利为出发点和目的的。可以说,经济学发展到庇古时代才真正系统地探索了经济活动对社会福利的影响,是庇古将经济学研究的中心由财富的增长转向福利的增加,这是一种伦理上的进步。庇古建立了较完整的福利经济学的理论体系,《福利经济学》的出版使福利经济学成为一门新的经济学分支学科。

作为福利经济思想的集大成者,庇古对国民福利的影响因素与增进途径有着独到且深刻的见解。庇古的许多分析在当代经济学领域中仍然扮演着极其重要的角色,为研究现代市场经济的运行提供了坚实的理论基础。

第二节 新福利经济学经典文献

一、《政治经济学教程》

(一) 基本信息

《政治经济学教程》(*Manual of Political Economics*)一书由意大利经济学家和社会学家维弗雷多·帕累托所著。帕累托是洛桑学派的主要代表人物之一,在洛桑大学教书期间,他致力于经济学和社会学的研究,被经济学界称为"数理经济学之父"。1906年,《政治经济学教程》在意大利米兰出版。

(二) 作品内容与结构

《政治经济学教程》全书分为9章,帕累托在书中提出了他的福利经济学思想。第一章为总则,论述了经济科学的一般原理、纯理论与具体现象的关系以及知识的局限性。第二章为社会科学导论,阐述了帕累托社会学导论的要素,分析人类行为超越纯粹经济的各个方面,例如心理、道德和情感。第三章为经济一般均衡的概念,概述了偏好和障碍之间相互作用所产生的经济一般均衡。第四章为偏好,第五章为障碍,第六章为经济均衡,这三章主要对偏好、障碍和经济均衡进行详细的图形解释和文字描述。第七章为人口问题,讨论了收入分配、马尔萨斯理论以及贵族的继承标准。第八章为土地和资本资产,主要分析了收入、储蓄、和利润率等。第九章为具体经济现象,强调了纯粹理论与经济现实之间的差异,特别是在消费、国际贸易、收入分配和经济危机等方面。该书中的理论为现代微观经济学奠定了基础,同时也对经济科学的性质及局限性进行了反思。

（三）核心思想与观点

古典经济学代表人物斯密、穆勒等人在研究福利问题时，强调经济扩张的动态过程，而帕累托在《政治经济学教程》中强调经济效率的静态性，其基本假设是投入和收入分配已定，这与现实是相脱离的。帕累托试图建立中性的福利标准，把福利经济学变成伦理的价值判断问题。由于人口数量不固定，人们的偏好和需求可能会改变，所以这种思想在逻辑上和伦理上是有缺陷的。帕累托认为福利问题不仅仅要考虑经济学，还要考虑社会学中的政治和伦理科学。因此，政府部门在制定福利政策时，不能只考虑经济学，还应该从社会学中寻找答案。帕累托在书中指出，经济运行规律就是人的"偏好"和满足偏好所遇到的"障碍"之间的均衡，而"偏好"和"障碍"的均衡贯穿于生产、交换和分配等环节。帕累托在研究里昂·瓦尔拉斯的边际效用主义思想时指出，效用是不可计量的，但人们对物品的偏好程度不同，可根据偏好或物品的重要性排序，并提出了"帕累托最优状态"。

帕累托以社会学的精英理论为基础，深化理论研究，除了研究不同类型的人类行为的逻辑及其对经济和社会学科学的影响之外，还提议将总体均衡重新定义为偏好和障碍之间的对立关系。帕累托重新定义了瓦尔拉斯的一般均衡，并提出了福利最大化的条件；创造性地提出了效用序数论，与旧福利经济学的三大理论基础不同；利用英国资产阶级经济学家埃奇沃斯的无差异曲线分析法，提出了"帕累托最优状态"，构成了帕累托福利经济学的框架。

（四）主要影响与评价

20世纪30年代兴起的新福利经济学就是沿着帕累托的社会福利体系理论发展起来的。帕累托被认为是新福利经济学的奠基者。《政治经济学教程》被认为是现代微观经济学的主要理论基础之一，特别是它对效用的有序性和经济效率概念的肯定。但西方经济学家认为帕累托最优的要求过于严格，难以在现实中广泛推行应用，应该对其进行改进，于是卡尔多、希克斯、西托夫斯基等人提出了福利的补偿标准。

美国当代著名经济学家约翰·奇普曼（John S. Chipman,1926— ）认为帕累托在《政治经济学教程》中的学术贡献是了不起的，不仅重新定义了瓦尔拉斯一般均衡理论，还将其思想扩展到各种领域，例如福利、国际贸易、应用统计学、政治学、社会学和科学方法论等。

二、《经济科学的性质和意义》

（一）基本信息

《经济科学的性质和意义》（An Essay on the Nature and Significance of Economic Science）一书由英国经济学家莱昂内尔·罗宾斯所著，1932 年由麦克米伦出版有限公司出版。

（二）作品内容与结构

《经济科学的性质和意义》全书分为 6 章，主要围绕经济学的基本命题展开，摒弃了历史归纳主义。第一章界定经济学研究的内容，对经济学的"唯物主义"定义提出了质疑，主张经济学是一门从目的与手段的关系来研究人类行为的学科。第二章讨论目的和手段在经济学研究中的地位，认为经济学并不关注目的本身，而是聚焦于事物之间的联系。第三章阐述经济"量"的相对性，说明稀缺性是指资源的相对有限性。第四章主要探究经济法则的性质和由来，并对其局限性和意义进行考察。第五章讨论经济学法则与现实之间的关系，说明经济法则存在的局限性。第六章论述经济科学的意义，认为经济学可以帮助人们充分了解不同选择的含义及其之间的区别。

（三）核心思想与观点

在《经济科学的性质和意义》一书中，罗宾斯致力于探讨经济科学研究的内容和经济科学法则的性质，并试图说明经济理论和方法在解释现实活动时的局限性和意义。该书主要从四个方面来论述其核心观点。第一，罗宾斯基于"稀缺"的视角对经济学研究的内容进行界定，认为某物之所以是财富，并不是因为它具有财富的性质，而是因为它是稀缺的。第二，罗宾斯重新考虑目的和手段这两个因素在经济学研究中的定位,认为经济学根本不关心目的本身,而只有当目的影响手段的配置时,经济学才关心目的。第三,罗宾斯对实证与理论研究的关系进行了反思,强调了实证分析的重要性。罗宾斯认为实证研究对假设条件要求严格,兼具复杂性、多维性、动态性的特点,同时可以对理论假设进行验证和进一步修正,但只有理论可以提供问题的答案以解释事实。第四,罗宾斯强调"价值中立",认为应该对科学领域与道德哲学领域进行区分,经济学和其他自然科学一样,不应涉及道德哲学问题。

(四)主要影响与评价

该书不仅详细介绍了经济学的基本命题,强调假设的重要性,论述了经济学方法论,而且明确指出经济学虽无法免除人们选择的责任,但能让人们清楚不同的选择之间的本质区别,这就是经济学的意义。该书对经济学的定义成为西方现代经济学的标准定义,极大地影响了经济学家对经济科学研究的看法。

罗宾斯对经济学发展的贡献主要体现在经济理论、经济学方法论、经济政策理论及经济思想史四个方面。该书是西方经济学方法论领域中里程碑式的著作,也是 20 世纪西方经济学极有影响的著作之一。

三、《福利经济学某些方面的重新论述》

(一)基本信息

《福利经济学某些方面的重新论述》(A Reformulation of Certain Aspects of Welfare Economics)一文由美国学者亚伯拉姆·伯格森所著,1938 年发表于《经济学季刊》。

(二)作品内容与结构

《福利经济学某些方面的重新论述》全文分为 4 部分,主张社会福利研究不仅要关注效率问题,而且要把收入分配问题放在突出位置,以免脱离价值判断;只有兼顾公平和效率问题,才有可能实现社会福利最大化。第一部分论经济福利函数最大化的一般条件,主要通过数学形式对一般情况下的社会福利最大化条件进行了阐述。第二部分论三组价值主张,指出只有将个人偏好比较假设包含在社会福利函数之中,才能确定最高的社会福利水平。第三部分阐述了价值判断引入的重要性和必要性,通过简要回顾各种论述的相关要点,分析该文与先前理论的偏离之处。第四部分论福利研究中的特殊符号——dE。在福利研究中,该文仅针对少数调整组指定 dE 的符号,dE 可正、可负,也可为零,即为了达到社会福利最大化的最优状态,需要从任何相邻点进行一系列必要的调整。

(三) 核心思想与观点

《福利经济学某些方面的重新论述》作为公共选择理论的开端之作,首次提出了社会福利函数理论,指出将社会福利函数作为一种新的排序手段,且与帕累托的优化配置模式存在本质上的不同之处。该文主张,为了实现福利的最大化,还是要以适当的收入分配为首要条件。

在该文中,伯格森将消费、交换、分配和生产等因素纳入统一的分析之中,建立起较为完善的社会福利函数。社会福利的函数值取决于诸多因素,包括家庭消费量、劳动投入量和资本投入量等。伯格森强调社会福利是个人福利之和,而个人福利通过效用水平来表示,则社会福利是个人效用水平叠加的函数。假设一个社会有 n 个人,以 W 表示社会福利,社会福利函数可以记作:$W = F(U_1, U_2, \cdots, U_n)$。其中,$W$ 表示社会福利,F 代表函数,U_1,$U_2, \cdots, U_n$ 表示影响福利的因素。在其他条件不变的情况下,个人效用的增加能够实现社会福利水平上升;在社会福利水平不变的情况下,个人福利间的替代能力递减。社会福利函数理论认为,判断个人福利最大化的主要条件是个体的自由选择,随着个人福利的增减,社会福利随之而增减。伯格森主张既要注重效率也要兼顾公平,只有将收入分配和其他影响福利的因素都列入社会福利函数之中,函数值的最大化才表示实现了社会福利最大化,即只有把经济效率变成必要条件,合理的收入分配是充要条件时,社会福利才能够达到最大。

(四) 主要影响与评价

该文从伦理的视角分析福利经济学思想,提出了社会福利函数论,认为收入分配问题应由一定的道德标准去决定,这不仅丰富了福利经济学的理论,而且对于解决经济领域的一些现实问题具有一定的借鉴意义。

四、《经济学的福利命题与个人之间的效用比较》

(一) 基本信息

《经济学的福利命题与个人之间的效用比较》(Welfare Propositions of Economics and Interpersonal Comparisons of Utility)一文由英国当代经济学家尼古拉斯·卡尔多撰写,最早发表于《经济学杂志》1939 年第 49 卷第 195 期。作为 20 世纪 30 年代的作品,该文中的理论尚未完全突破传统的边际主义经济学框架,但已颇具创见。作者尼古拉斯·卡尔多研究领域广泛,涉及厂商理论、福利经济学、资本理论、国民收入分配理论、经济周期、经济增长理论以及国际贸易理论等,是新剑桥学派的主要代表人物之一。

(二) 作品内容与结构

《经济学的福利命题与个人之间的效用比较》一文分为三部分。第一部分简要回顾了罗宾斯教授于 1938 年在《经济学杂志》中提到的关于个人效用可比性的问题,并提出该文的写作目的在于探究该问题与福利经济学之间的相关性。第二部分借助《谷物法》的案例进行福利分析:《谷物法》的废除即实行自由贸易使得谷物价格下降,人们的实际收入增加,同时导致社会中的收入分配出现改变,部分人的个人满足感下降,这导致人们尝试对某些人的收益与损失进行比较。但事实上,废除《谷物法》后,政府可以通过对收益受损的人进行补偿,对收入增加的人进行征税来确保收入分配保持稳定。如此一来,社会中所有人的福利都没有下降且有部分人福利增加,社会总福利增加。同时,文章认为是否进行补偿是一个政治问题。第三部分讨论了庇古在《福利经济学》中将福利分为"生产"和"分配"两部分的命题。文章指出关于"生产"的部分是更为重要的,因为它涉及社会福利的增加、就业刺激、社会净产值均等化和边际成本均衡等多个领域。经济学家们对这些领域的评判标准也是有根据的,因为人们相比于"更少"总喜欢"更多",且"更多"可以带来更高的个人满足感;而对于"分配"问题,经济学家们能做的、应该做的是找出人们所期望的收入分配方式。

（三）核心思想与观点

《经济学的福利命题与个人之间的效用比较》一文中所提出的补偿理论对于帕累托标准进行了弥补。帕累托改进标准的缺陷在于对一部分人福利增加而另一部分人福利减少的情况难以做出判断。卡尔多提出了虚拟的补偿原则：如果受益者能够完全补偿受损者之后还有剩余，那么社会的整体福利就有所改善，则说明该政策是可取的。

（四）主要影响与评价

《经济学的福利命题与个人之间的效用比较》一文提出的虚拟补偿原则弥补了帕累托标准的缺陷，但是现实中受益者并没有对受损者进行补偿。同时，现实生活中如何比较社会中增加的福利与减少的福利也一直存在争议，因为并没有明确的可以计算福利大小的方式，这导致卡尔多的虚拟补偿原则缺乏一定的实用性。美国经济学家提勃尔·西托夫斯基在《关于经济学福利命题的一个注解》一文中指出，卡尔多虚拟补偿原则在实际应用中的问题在于，当判断某项政策是否应该实施时，"使用相同的标准，两种状态都可以比另外一种状态要好"，也就是说政策实施与否的两种状态的互变都可称为"改善"，从而会出现矛盾。

五、《价值与资本》

（一）基本信息

《价值与资本》（*Value and Capital*）一书由英国经济学家约翰·希克斯所著，1939 年由牛津大学出版社出版。

（二）作品内容与结构

《价值与资本》全书分为 4 篇 24 章，主要探讨价值学说、资本及利息理论。第一篇陈述主观价值论，这部分包括 3 章。其中，第一章阐述效用及偏好，第二章提出消费者的需求定律，第三章对替代物和补充物进行说明。第二篇研究一般均衡理论,这部分共 5 章。其中,第四章提出交换的一般均衡,第五章探究一般均衡体系的运行状况,第六章研究企业的均衡问题,第七章讨论技术的补充和技术的替代问题,第八章探究生产的一般均衡。第三篇探究动态经济学的基础,这一部分共 6 章。其中,第九章总结分析的方法,第十章讨论均衡与不均衡的关系,第十一章将利息视为货币现象来研究,第十二章探讨利率的决定,第十三章研究利息与货币的关系,第十四章关注收入问题。第四篇阐述动态体系的运行,这一部分共 10 章。其中,第十五章陈述生产的计划,第十六章讨论价格和生产计划的关系,第十七章讨论利息与生产计划的关系,第十八章讨论支出与贷款的关系,第十九章研究货币的需求问题,第二十章阐述整个经济体系的暂时均衡状态,即经济体系在特定周期内的均衡状态,第二十一章论述暂时均衡体系存在利率、价格刚性等稳定因素,第二十二章总结暂时均衡体系的运行法则,第二十三章探究资本的累积,第二十四章进行回顾和总结。

(三) 核心思想与观点

在《价值与资本》一书中,希克斯从主观价值论出发,坚持一般均衡分析法。该书主要从三个方面来论述其核心观点。第一,希克斯提出用边际替代率递减规律取代了边际效用递减规律,并通过无差异曲线、预算线以及埃奇沃思盒状图论证主观价值论。第二,希克斯研究了静态一般均衡的稳定条件,并探讨了多边交换体系下的一般均衡问题,认为市场的稳定状态不会因其他市场的直接或间接影响而发生变化。第三,希克斯试图建立动态的一般均衡理论,促进了动态均衡理论的发展。"预期""计划""肯定的预期"是"动态理论"的三个关键词,其中,"预期"是指可忽略价格变化的一段时间,"计划"是指价格不变的预期内计划也不会发生改变,"肯定的预期"是指假设人们的预期是肯定的。

(四) 主要影响与评价

该书基于修正的主观价值学说,创造性地提出了一般均衡理论,并运用于经济系统的动态分析之中,为动态经济学的发展做出了重要贡献。该书的首创性贡献使希克斯在 1972 年获得诺贝尔经济学奖。中国经济学家胡代光指出,该书是西方经济学界论述价值理论问题最重要的著作。

六、《关于经济学福利命题的一个注解》

(一) 基本信息

《关于经济学福利命题的一个注解》(A Note on Welfare Propositions in Economics)是美国经济学家提勃尔·西托夫斯基的一篇论文,1941 年 11 月在《经济研究评论》上发表。

(二) 作品内容与结构

《关于经济学福利命题的一个注解》全文分为 8 节,主要探究福利判断标准的发展状况,以唤起人们对福利问题的关注。第一节阐明对福利命题的不同假设进行区分的重要性。第二节讨论福利经济学的原则,即在已利用资源的总量给定的情况下,如果它们的替代率对每个人来说都是相等的,那么它们将在不同用途之间可得到最好的分配。第三节阐述了经济效率标准的局限性,即对于一部分人的福利增加而另一部分人的福利减少这种十分普遍的情况无法做出判断。第四节主要通过两个示意图从广义上说明经济制度或政策的变化。第五节详细解释了两个示意图的内涵。第六节提出并阐述了新的福利补偿检验标准。第七节表明福利命题的两个标准与生活成本指数理论中的拉氏指数(用基期数量作权数的综合指数)和帕式指数(用报告期数量作权数的综合指数)相似。第八节阐述了卡尔多原则和希克斯原则的福利标准,并论证了其存在的缺陷。

(三) 核心思想与观点

在《关于经济学福利命题的一个注解》一文中,西托夫斯基主张福利经济学的目的是对经济制度在利用社会生产资源方面的效率进行检验,并为社会福利判断提供了新的评判标准。长期以来,人际效用比较的不可能性被认为是对经济学家的严格限制,这使得福利经济学始终处于争论之中。然而,这些限制并没有想象中那么严格。西托夫斯基在该文中对这些问题进行了详细分析。

该文认为,卡尔多标准和希克斯标准只片面地考虑了变化之前的福利分配,忽略了变化后的福利分配情况。所以,卡尔多标准和希克斯标准是非对称的,造成了不同的实际福利分配情况。鉴于卡尔多标准和希克斯标准的缺陷,西托夫斯基认为一种同时通过了卡尔多标准和希克斯标准的变化,才算是一种效率改进。首先,人们要判断在新的情况下是否有可能重新分配收入,以至每一个人都比原来的情况更好。其次,若再回到最初的状况,每个人是否仅靠收入的重新分配能优于改革后的新情况。即当某项政策的变革提高了社会整体福利,而从变革后再恢复到变革前不会对社会整体福利产生影响,此时的政策变革才是可取的。因此,西托夫斯基标准也被称为双重检验标准。西托夫斯基的双重检验标准,既满足卡尔多—希克斯的补偿检验的要求,也满足反转补偿检验的要求。这种反转检验,实际上是要求在维持改变后的收入分配的情况下,使既得利益者能够得到利益。

(四) 主要影响与评价

该文提出的双重检验标准在一定程度上弥补了卡尔多标准和希克斯标准的缺陷,为判断社会福利的改善状况提供了更加全面的检验原则。此外,西托夫斯基在财富增长与经济福利等福利经济学方面的思想,为宏观经济研究提供了微观基础。

七、《统制经济学:福利经济学原理》

(一) 基本信息

《统制经济学:福利经济学原理》(*The Economics of Control*:*Principles of Welfare Economics*)由美国著名经济学家 A. P. 勒讷所著。该书出版于1944年,被认为是统制经济学产生的标志。作者 A. P. 勒讷出生于俄国,成长于英国伦敦,后就读于英国伦敦政治经济学院,曾任美国罗斯福大学教授、加利福尼亚大学教授。他曾提出"勒讷指数""马歇尔—勒讷条件"等重要理论,代表作有《统制经济学》《就业经济学》等。勒讷是较早研究宏观福利经济问题的福利经济学家之一,有关思想在《统制经济学:福利经济学原理》一书中得到了很好的体现。

（二）作品内容与结构

《统制经济学：福利经济学原理》一书共分为 29 章。第一章"统制经济引言"阐述了"统制经济"的定义——既不存在资本主义社会的教条，也不存在集体主义社会的死板，而是将两种纯粹经济形态中最能促进社会利益的政策加以实施。随后，作者阐述了统制经济与管理的不同之处，以及统制经济面临的三个主要问题——就业、垄断和收入分配。第二章和第三章阐述了在单纯考虑福利最大化时，对一定数量的货物以及收入进行分配的原则以及政府可能干涉的最适度配置。第四章论述了统制经济下收入分配与货物分配的原则。作者认为收入再分配的方式应通过直接转移货币的形式进行，而货物分配的最适度标准为所有消费者对于货物的边际替代率的均等化，但人为控制货物供给量或价格以获得最适度配置是不明智的。相比之下，政府可以通过税收或发放补贴的手段改善公众的处境。另外，作者论述了"实行购买力的配给"，即"限制花在一切种类稀缺货物上面的货币额"在货物最适度分配中的益处，以及"反投机局"在防止垄断组织对价格影响中的作用。第五至第七章分别对集体主义经济、完全竞争情形以及在资本主义经济与统制经济中的生产活动进行了研究。第八章阐述了竞争性投机的可取性及其带来的社会效用。第九章论述了福利方程的另一个公式以及若要达到资源的最优配置，任一要素价格必须与边际产品价值相等的唯一性。第十、十一章阐述了以上生产"规则"分别在各要素间与各产品间的比例是固定和可变的两种复杂生产中的适用程度，以及如何进行资源分配与要素配置。第十二至二十章分别论述了各种要素对于生产以及资源分配的影响，涉及递减的边际转变率、替代弹性与报酬渐减率、生产成本、不可分性、固定要素、时间长短、赋税等。第二十一章至二十五章论述了利息、投资、资本与就业的相关内容。最后四章阐述了"规则"在国外贸易中的应用，以及资本主义经济与统制经济中国外贸易的运营。

（三）核心思想与观点

《统制经济学：福利经济学原理》一书所提出的统制经济学认为，资本主义经济中，产品没有达到最优分配且贫富差距较大，但在统制经济中，交换自由使得社会产品的边际替代率相等,产品达到最优分配且社会总福利最大。作者提出的福利方程为边际社会效益、边际产品价值、边际私人收入、边际私人成本、边际要素价值和边际社会成本彼此相等,这在完全竞争市场中是成立的,而在非完全竞争市场中通过统制经济可以使其成立,从而达到社会总福利最大。

(四) 主要影响与评价

《统制经济学:福利经济学原理》一书被认为是统制经济学的开山之作,它的主张既不同于自由放任经济,也并不一定是集体主义,而是将两种制度成分融合,取其精华,去其糟粕,慎重选择两者中最有效的政策使得社会公众利益最大化。该书使人们意识到在福利经济学中,自由主义与社会主义是可以调节的,这为社会寻求最大福利开拓了新的思路并提供了理论基础。勒讷的论述也推动了人们对宏观福利经济问题的思考和对宏观福利经济理论的探讨,从而拓展了福利经济学的视野。

八、《福利经济学评述》

(一) 基本信息

《福利经济学评述》(*A Critique of Welfare Economics*)是英国经济学家李特尔的著作,1950 年由克拉伦登出版社出版。

(二) 作品内容与结构

在《福利经济学评述》一书中,李特尔对福利经济学领域进行了批判,主要对卡尔多、希克斯福利标准提出了批判性建议,并探讨福利经济的评判标准以及伦理基础。该书的主要目的是建立一个新的社会福利标准,作为福利国家的指导原则。该书共有 15 章。第一章探究功利主义经济学,对功利主义经济学进行阐释,指出功利主义福利理论的一般结论是试验性质的。第二章对消费者的行为进行分析,通过假设 X 和 Y 两种货物的世界,运用无差异曲线对消费者行为进行分析。第三章讨论选择标准,讨论消费者在实际选择中如何选择从而获得最高收益。第四章为福利分配,强调社会福利并不是由个人福利的加总而得到的,从而对福利分配进行深层探讨。第五章为价值判断与福利经济学,讨论价值判断在福利经济学中的作用与重要性。第六章阐述新福利经济学的福利标准,指出新福利经济学的创新点在于提出生产与交换的"最适度"条件并不是个人"效用"加总。第七章阐述新福利经济学的经济福利函数,对经济福利函数作出某些价值假设。第八章论述生产和交换的"最适度"条件,提出"个人偏好"可以作为达到帕累托最优的基础条件。第九章在第八章的基础上考虑更加复杂的实际环境,对生产和交换的条件进行分析。第十章论述不可分性与消费者剩余,探讨在边际分析不适用情况下对外部效用的分析。第十一章讨论国有企业的产量与价格政策,许多经济学者运用福利经济学理论对国有企业与国家价格政策进行分析,作者分析了几篇相关论文,并指出自己的看法和见解。第十二章对国民收入进行估计,对希克斯、西托夫斯基的福利标准进行阐述并说明其中存在的不足——许多统计学家根据这种标准进行国民收入的估计,作者对此提出批判性的意见。第十三章探究福利理论与国际贸易的关系,分析各种贸易政策的福利含义。第十四章讨论福利理论与政治的联系,指出福利理论的逻辑地位。第十五章得出结论,对一些学者的福利标准的不足进行总结,提出新的福利标准。

(三)核心思想与观点

在新福利经济学形成后,李特尔根据一些学者的理论研究,辩证地分析了学者们提出的福利标准。在该书中,作者通过复杂的论证对卡尔多、希克斯等学者依据"帕累托最优"条件建立的新福利经济学提出了批判性意见。作者认为在进行福利分配的时候,必须关注价值判断,这是不可避免的。作者也指出伯格森和萨缪尔森的社会福利函数太过抽象,与实际政策缺少联系。作者在最终结论中提出一套新的社会福利标准,将其作为经济变革的充分标准:"一种经济变革是可取的,如果满足两个条件:(一)它会导致福利的适当再分配;(二)潜在受害人不能贿赂潜在受益人反对这一变革。"作者指出一个社会要达到最优状态,除了满足生产与交换最优条件外,还要满足福利在个体间的理想分配。

(四) 主要影响与评价

《福利经济学评述》是新福利经济学领域的代表性著作之一,是对实现帕累托最优边际条件的"查漏补缺"。该书试图建立一套新的社会福利标准,作为"福利国家"的指导原则。李特尔阐述了福利经济学的重要理论,指出其他学者的福利标准存在不足之处,进一步提出了自己的福利标准,即三重标准,从而突出了伦理判断。李特尔的福利经济理论标志着西方"实证经济学"或"纯粹经济学"向"规范经济学"的过渡。

九、《社会选择与个人价值》

(一) 基本信息

《社会选择与个人价值》(*Social Choice and Individual Values*)一书由美国经济学家肯尼斯·约瑟夫·阿罗所著。该书源于作者1951年的博士学位论文;第二版出版于1963年,第三版出版于2012年,均由耶鲁大学出版社出版。

(二) 作品内容与结构

全书分为8章。第一章为引论,主要介绍社会选择的类型。第二章为偏好与选择的性质,对偏好与选择进行详细分析,了解个人偏好与集体选择对社会状态排序的影响。第三章为社会福利函数,通过数学函数研究社会价值与个人价值之间的关系。第四章为补偿原则,补偿原则是指在帕累托最优条件时,社会福利受益者是否可以对利益受损者进行补偿。第五章为社会福利函数的一般可能性定理,作者通过运用集合论分析方法得到社会选择的一般特性,提出了阿罗不可能性定理。第六章为个人主义的假设,对个人主义进行阐释以及假设。第七章为社会福利判断之基础的相似性,对完全的一致同意以及单峰偏好进行分析。第八章为社会选择理论札记,主要针对前期的社会选择理论进行回顾与探讨,最后对社会问题进行解释。

(三) 核心思想与观点

在该书中,阿罗主要是从个人偏好与集体选择的关系的角度对社会选择理论进行阐释。首先,在对个人偏好进行研究时,他发现了个人偏好的传递性,但是社会选择有时却不存在传递性。其次,他对投票选择机制进行数学分析,运用数学推理的方式得出结果,即如果由两个以上偏好不同的人来进行选择,而被选择的政策也是超过两个,那么就不可能做出大多数人都感到满意的决定。因此,作者在"一般不可能性定理中"提出不可能寻找出满足以下所有条件的社会偏好以及符合逻辑的社会福利函数:第一,个体可以有任何偏好;第二,社会价值与个人价值之间有正向关联;第三,不相干的选择是互相独立的;第四,社会排序不应该是强加的;第五,没有独裁者——不存在能把个体偏好强加给社会的可能。

(四)主要影响与评价

该书是阿罗的第一部著作,在经济学、社会学领域都具有举足轻重的地位。作者在书中提出的"阿罗不可能性定理"是对福利经济学的革新,是新福利经济学的重要组成部分。除此之外,作者运用数学逻辑对一般均衡进行探讨与分析,这也影响了作者后来的学术研究领域。阿罗也因为福利经济学的学术成就在1972年获得诺贝尔经济学奖。

十、《福利经济及国家理论》

(一)基本信息

《福利经济及国家理论》(Welfare Economics and the Theory of State)一书由美国经济学家威廉·鲍莫尔所著。该书是鲍莫尔1949年春季提交给英国伦敦大学的博士论文修订版,由美国哈佛大学出版社于1952年出版。作者威廉·鲍莫尔曾是美国普林斯顿大学经济学荣誉教授,美国纽约大学经济学教授,主要著作有《微观经济学》《超公平主义》《成本疾病》等。他所提出的经济学理论十分具有原创性,在经济学领域具有深远的影响,诺贝尔经济学奖获得者约瑟夫·施蒂格利茨(Joseph Eugene Stiglitz,1943—   )曾称赞鲍莫尔是他这一代人中最伟大的经济学家之一。

(二)作品内容与结构

《福利经济及国家理论》共分为两篇,第一篇为"外部经济论的推广",主要论述关于福利经济学的一般理论;第二篇为"走向国家的一种经济学说",主要阐述了国家对于经济福利的干预理论和方法。其中,第一篇分为九章,分别为引论、早期的某些讨论、理想产量问题(两章)、积极追求利润、作为准则的竞争、失业均衡及有关问题、国际关系的有关问题和论点的推广等。在第一篇中,鲍莫尔在简要回顾了有关福利经济的一般理论后,运用社会无差异曲线对"理想产量"进行了分析。通过分析,鲍莫尔论述了理想产量并不唯一且偏离方向与大小难以分辨,若可以分辨,便可以通过赋税或奖惩措施来修正偏离。然后,他对造成偏离产量最主要的原因之一——垄断及其成因进行了分析。最后,鲍莫尔将正规的外部经济论拓展到福利理论的几个问题上,着重论述了失业均衡与国际关系。

第二篇分为五章,分别为关于理想的含义、理想与非理想情况的稳定、经济理论与国家学说、论见闻不全以及结束语。鲍莫尔首先阐述了帕累托、伯格森、卡尔多等人的最大集体福利理论,随后将帕累托标准作为主要论点,结合"理想情况"与"非理想情况"论述了政府干预经济生活的必要性。

(三) 核心思想与观点

《福利经济及国家理论》一书在方法论方面将"新古典主义"的理想产量理论利用无差异曲线进行了全新的阐述和分析,同时在目的论方面又有效地结合了凯恩斯等人的国家干预经济的学说。鲍莫尔认为,理想产量的偏离情况很难分辨,但如果可以分辨偏离的方向和大小,中央机构或其他组织可以采取一定的干预方法进行校正。然而,在校正过程中不应该忽视市场机构的作用,因为中央机构或其他组织完全替代市场机构进行资源配置,消除理想产量偏离的效果并不一定更好,而且消费者需求的预估错误会导致更严重的后果。

(四) 主要影响与评价

《福利经济及国家理论》一书在方法论方面的突出贡献在于使用数学公式推论发展了帕累托以来的无差异分析方法。《当代西方经济辞典》评价该书"除对理想产量进行的数理分析外,其他部分的分析比较粗糙,逻辑也不够严密"。但作为鲍莫尔较早期的作品,该书对于福利经济学的无差异分析理论做出了崭新的尝试。

十一、《理论福利经济学》

(一) 基本信息

《理论福利经济学》(*Theoretical Welfare Economics*)是由南非经济学家格拉夫所著,1957年由剑桥大学出版社出版。作为英国新古典主义福利经济学家,格拉夫在福利经济学领域具有较高的学术造诣,对社会福利函数的完善做出了很大贡献。《理论福利经济学》是格拉夫博士论文的修订版,格拉夫对其十分重视,十年里进行了六次修订。该书是格拉夫在福利经济学领域的代表作之一,作者也因为该书而闻名。

(二) 作品内容与结构

《理论福利经济学》全书共分为12章。第一章为导论,概述了福利经济学与实证经济学之间的联系,并从个人福利角度出发,区别一般福利与经济福利,还阐述了集体福利、商品分类等概念。第二章运用边际率作为物质的计量,论述变换函数和财富分配等问题。第三章讨论嗜好,以主观标准作为福利分析基础,从偏好与社会选择上进行分析,论述了无差异曲线的边界。第四章为潜在的福利,对一般最适度、福利边界、潜在利益等问题进行探讨。第五章为可能有的福利,主要研究效率轨迹、潜在利益、补偿测验等。第六章论述投资与界限,作者设定三个有关投资的假设进行阐释。第七章阐述不可分性,前几章福利函数研究主要基于个人偏好与价值判断,该章推翻货物与劳动的可分性,对资本货物和消费货物的不可分性进行论述。第八章阐述无定性,讨论社会对无定性的看法如何形成、无定性以何种方式影响福利变化。第九章阐述对外贸易,通过分析贸易关系,寻找最适度的贸易额。第十章论述边际成本与公平价格,对边际成本定价的原因进行分析。第十一章讨论社会收入与指数,对国民收入统计学家编写的指数进行解释。第十二章为结论。

(三) 核心思想与观点

格拉夫对庇古所提出的福利经济学进行了深入阐释和发展。他从早期福利经济学研究中探究一些特殊的福利经济学规则,进而阐述了公平与国民收入的均衡关系。作者认为个人福利属于伦理问题,但对某种事物进行检验属于事实问题。作者从个人自由主义立场出发,认为个人本身是福利最好的判断者,视个人偏好和自由选择为获取福利的必要条件。作者运用实证方法研究福利经济学,反对实证经济学与福利经济学对立的看法。他曾说:"经济学对人类福利所能做的最大贡献,大体说来是通过实证的研究——通过帮助我们认识经济制度实际上如何运行——而实现的,而不是通过规范的福利经济理论本身来实现的。"该书论证了新福利经济学理论的完整性,对新福利经济学的发展与完善具有重要的意义。

(四) 主要影响与评价

格拉夫对福利经济学有着浓厚兴趣,长期执着于福利经济学的研究与探索。在福利经济学领域,他是推导出公平与国民收入均衡关系的第一位学者。他在福利经济学领域的研究主要受到萨缪尔森、鲍莫尔等学者的影响,在理论上属于社会福利函数论这一学派。该书系统地介绍了福利经济学的理论,运用函数分析方法对个人福利与社会福利之间的关系以及福利的不可分性进行深层分析,并提出了个人的见解。书中很多观点被学界广为引用,在福利经济学领域产生了较大的影响。萨缪尔森曾这样评价该书:"如果有人问我什么是新福利经济学,我会向他们推荐格拉夫的《理论福利经济学》。"

第三节 后福利经济学经典文献

一、《次优的一般理论》

(一) 基本信息

《次优的一般理论》(The General Theory of Second Best)一文是由加拿大经济学家理查德·李普西和美国经济学家凯尔文·兰开斯特合作发表的。该论文于1956年发表在《经济研究评论》杂志第24卷第1期。李普西和兰开斯特的学术贡献主要体现在微观经济学和福利经济学领域。

(二) 作品内容与结构

实现帕累托最优的前提是满足交换最优、生产最优、生产和交换最优三个条件,但在实际市场运行中,垄断、外部性、公共产品和信息不对称等会导致"市场失灵"现象的发生,市场的资源配置不可能达到帕累托最优。李普西和兰开斯特在《次优的一般理论》一文中提出了"次优理论"。该文分为八个部分。第一部分为引言,主要是提出了次优理论的一般定理,并得出一个重要的否定推论,即对于不能全部满足帕累托最优条件的各种情况无法进行排序。第二部分论述了次优理论的范围,认为考虑经济理论中约束条件的作用可能是限定次优理论范围最好的办法。第三部分对次优理论的文献进行简要评述,主要总结分析了米德、维纳等学者的观点。第四部分讨论了次优理论对政策建议的影响,表明"零碎的福利经济学"是无效的。第五部分举例说明次优理论在关税理论中的应用,并得出结论,即与完全取消关税相比,降低部分关税更有可能提高社会福利。第六部分讨论了次优理论在垄断经济下国有化行业的应用,即对于垄断的国有化行业,制定商品价格时,既要保证商品价格高于边际成本,又要考虑商品价格不能远远高于边际成本。第七部分详细论述了次优理论,并进行了严格的证明;在简要分析次优解存在的可能性之后,对次优解的性质进行分类讨论,证明次优理论的一些重要否定推论。第八部分对多层次优问题进行了简要的讨论。

(三) 核心思想与观点

《次优的一般理论》一文中的基本思想,最早可追溯到斯密在《国富论》中提到的"看不见的手"原理,该原理认为利己主义下的资本主义制度可以实现资源的最优配置。经过多年的发展,实现资源配置最优的状态被称为"帕累托最优"。随后,萨缪尔森、维纳、米德等经济学家在进口税、税率、税收收入等方面对次优问题展开研究,李普西和兰开斯特在以往学者研究成果的基础上,提出了次优理论。次优理论的核心问题是:在达不到最优位置时,离开所有可能达到的最优位置就是次优位置。利普西和兰开斯特对次优理论作了概括。第一,在一个经济系统中,假如帕累托最优的条件出现一项约束条件而其他条件都能得到满足,那么,就达不到最优状态。第二,一部分条件得到满足而另一部分条件没有得到满足的各种状态,是不能进行事先评价的。第三,满足较多最优条件时的状态不一定优于满足较少最优条件时的状态。次优理论表明,在不能全部满足完全竞争模型所要求的假设条件的情况下,就算微观经济政策弥补了现实与假设条件之间的差异,政策的执行还是不能保证帕累托最优状态的实现。与帕累托最优条件相比较,次优条件涉及的信息更多也更复杂。次优理论构成了福利经济学和公共经济学的重要内容。

(四) 主要影响与评价

次优理论的提出,不仅对完全竞争模型是一次冲击,同时也对西方微观经济学造成了严重的冲击。这主要体现在以下两方面:第一,使完全竞争模型失去了作为评判微观经济运行优劣的标准;第二,动摇了完全竞争模型被用来作为微观经济政策的理论基础。《次优的一般理论》一文为兰开斯特和李普西在经济学界带来了很高声誉。美国学者戴维·威恩斯指出次优理论比我们想象得还要普遍,在政策有效执行的抽象规范原则和应用理论方面具有重要意义。华裔经济学家黄有光认为,次优理论的经济效率要求决策者在不花费代价的前提下,获取准确的信息,以克服各种达到"最优"的约束因素,现实中很难实现,并在此基础上提出了"第三优理论"。

二、《福利经济学评价》

(一) 基本信息

《福利经济学评价》(*Welfare Economics:An Assessment*)一书由英国经济学家米香所著,该书由北荷兰出版公司于1969年出版。

(二) 作品内容与结构

《福利经济学评价》全书分为6篇,主要评估福利思想的发展状况,探究经济学家从中得出的各种思想及方法论。第一篇阐明福利经济学在发展过程中存在以下三方面的问题:第一,福利经济学并不一定是规范性研究;第二,福利经济学得出的结论不能令人满意;第三,福利主张的应用既不必要又具有误导性。第二篇讨论福利经济学的本质,指出福利经济学是经济学的分支,从社会福利角度探究资源配置的原理。第三篇阐述了帕累托改进概念的一些初始难题。第四篇讨论福利标准辩论的曲折历程。第五篇讨论从福利标准辩论中可以得到的重要结论。第六篇评估常见的福利经济学分配命题和派生技术。

(三)核心思想与观点

在《福利经济学评价》一书中,米香主张从个人和社会两个层面来审视福利经济学,且从个人层面到社会层面的转变必须有价值判断。基于个人层面,米香把福利当作满意或满足的同义词。只要一个人相信他的福利增加了,他的福利就增加了;一个人的福利增加了,则表明他过得更好了。基于社会层面,米香认为,如果每个人都过得和以前一样好或更好,那么社会福利就会增加;如果福利的分配在某种意义上更好,那么社会福利就会增加。

该书对福利理论的发展进行了介绍和评价,强调从福利的相对性和主观性出发研究福利,对"福利"的概念及福利经济学的命题提出了不同的看法。该书认为不应把国民收入等同于社会福利,社会福利不一定随国民收入的增加而增加。一个人对自己福利的评价不仅取决于绝对收入水平,也取决于相对收入水平。不同的人会在不同的时间、地点因欲望的满足而感到快乐。因此,提高国民收入水平、资源配置最优化和国民收入均等化等政策都不必然增加社会福利。而且,由于人的欲望是无止境的,因而福利永远不能得到满足。"相对福利"既否定了全面提高国民收入水平的意义,也否定了收入均等化措施。

在米香看来,人类正在透支未来福利以满足当前的福利,福利的可持续发展正在遭受前所未有的威胁。人们对物质福利的盲目追求已使社会普遍出现消费过度与浪费的现象,财富收入对于提升福利有一定作用,但财富收入无法作为人们福利的等价物,并不能认为财富收入的提高就能无限提升民众的福利水平。福利水平的标准难以确定,要充分考虑构成福利的各种因素,如人们的生活质量、人身安全、精神状态、社会联系和社会生态环境等。

(四) 主要影响与评价

该书基于杜森贝利的"相对收入假定",阐述了福利评价标准特性,表达了处在不同时代、不同社会层次的人的福利比较的不同伦理判断,促进了相对福利经济学的发展。

三、《集体选择与社会福利》

(一) 基本信息

《集体选择与社会福利》(*Collective Choice and Social Welfare*)一书由印度经济学家阿玛蒂亚·森所著,1970年出版。作者阿玛蒂亚·森在福利经济学方面著述颇丰,于1998年获得诺贝尔经济学奖。

(二) 作品内容与结构

《集体选择与社会福利》全书分为11篇,主要研究如何将众多不同的个体偏好汇集成集体偏好,以使该集体对某类事物做出有效的优劣排序问题。作为经济学和数学交融的著作,该书前10篇的每一篇都分为带星号(经济学论述)和不带星号(数学推论)的两部分。第一篇为引论,论证了偏好关系。第二篇讨论一致性,阐明集体选择规则,并通过"补偿试验"的形式对帕累托规则进行了推广尝试。第三篇阐述了集体理性,并对社会福利函数进行了论述。第四篇指出社会福利函数是社会选择规则的一种特定类型,它要求社会偏好具有完备性、传递性与自反性。第五篇讨论价值与选择,并对匿名性、中立性和响应性进行了对比分析。第六篇评估冲突与困境,并讨论了自由主义悖论。第七篇分析人际汇集和可比性,并假设个体福利具有基数可测性,研究非基数效用的汇集。第八篇讨论在给定个体福利函数和可比性假设的情况下,如何确定一个社会偏好的函数形式。第九篇阐述了平等和公正问题,并对公正评分的原则进行了探究。第十篇讨论多数选择与相关系统,并探究受限制偏好和理性选择问题。第十一篇进行理论与实践分析。

(三)核心思想与观点

在《集体选择与社会福利》一书中,阿玛蒂亚·森将集体选择和社会福利融为一体,系统地论述了集体选择的序数理论和基数理论,并且扩展了福利经济中关于人际效用信息的可比性和不可比性的研究。森发展了"阿罗不可能性定理",通过引入选择函数,将阿罗"社会福利函数存在不可能性结果"发展为"社会决定函数的可能性结果",使集体选择与社会福利的研究取得了突破性进展。

该书是福利经济学领域的一部重要著作,拓宽了社会选择理论研究的范围,在社会选择方面提出了新见解。森认为,个人排序与社会选择之间可能出现冲突,主要是由于两方面的原因:第一,个人价值反映个人的偏好;第二,个人价值与集体选择规则的选择有关。这两方面所反映的价值很容易发生冲突,且两组判断都可能不是基本的。因此,森放宽了关于个人偏好的假设,认为如果对个人偏好施加价值限制条件,则阿罗不可能性定理就会得以解决。此外,森揭示了个人自由与帕累托有效配置原则之间的冲突,被称为"森的不可能性定理"。森提出了社会福利函数的信息结构分析的理论框架,推进了社会选择理论的研究进程。

(四)主要影响与评价

该书是现代福利经济学中集体选择与社会福利方面的一部经典著作,对阿罗的理论进行了完善与发展,将阿罗不可能性定理发展为社会决定函数的可能性结果,使集体选择和社会福利的理论研究取得了突破性进展。此外,该书详细阐释了集体选择理论,提出了备受经济理论界推崇的"森不可能性定理",对福利和补偿标准做出了精辟论述,为福利经济学的发展做出了重要贡献。

四、《正义论》

(一)基本信息

《正义论》(*A Theory of Justice*)一书由美国政治哲学家、伦理学家约翰·

罗尔斯所著,1971年出版,罗尔斯于1999年进行了修订。《正义论》一书学术内容丰富,不仅详细剖析了西方学术界颇引争议的主题"正义",而且深刻反映了西方社会的内在矛盾,同时也为学术界对正义的研究提供了理论基础。约翰·罗尔斯曾任教于美国普林斯顿大学、康奈尔大学、麻省理工学院和哈佛大学,主要著作有《正义论》《政治自由主义》《作为公平的正义:正义新论》《万民法》等。自20世纪50年代起,罗尔斯便潜心研究社会正义问题,他是20世纪70年代西方新自然法学派的主要代表之一,也被认为是20世纪最伟大的哲学家之一。

(二) 作品内容与结构

《正义论》共分为3篇,分别为理论篇、制度篇和目的篇。第一篇为全书的重点,阐述了罗尔斯的"公平的正义"的理论基础。此篇共分为三章。第一章"公平的正义",主要阐述"正义论"的理论基础。罗尔斯强调正义是社会制度的第一美德,并指出"正义的对象是社会的基本结构——即用来分配公民的基本权利和义务,划分由社会合作产生的利益和负担的主要制度"。第二章"正义的原则"阐述了"公平的正义"应用于社会制度层面维护公民政治权利与调节经济和利益分配的两个原则:第一个原则为自由平等原则,用于社会中基本权利和义务的分配;第二个原则为机会平等原则与差别原则相结合,用于社会和经济利益(包含权利、地位、收入、财富等)的分配。同时,罗尔斯认为第一个原则优先于第二个原则。第三章为"原始状态",对正义的两个原则进行了社会契约式论证。在罗尔斯设想的"原始状态"中,人们在"无知之幕"后会选择最坏结果中最优的选择对象,而该结果所得到的两个正义原则应是终极性和永久的。

第二篇为制度篇,阐述了当正义的两个原则应用于制度时如何得以实行,分为第四章、第五章和第六章。第四章"平等的自由"论述了平等自由在政治、法律中所起到的作用,阐述了一个良好的社会应体现自由的优先性,遵循第一个原则优先于第二个原则。第五章是"分配的份额",阐述了正义的第二个原则的应用范围,即除基本自由之外的经济领域内关于收入、财产、机会等其他分配问题的应用。第六章"义务与职责"论述了用于个人层面的正义最重要的是公平原则和个人的义务。

第三篇为目的篇,分为"理性的善""正义感"和"正义的善"三章,探讨了理性的善的必要性、何为理性的善、公民正义感的获得以及公平的正义与善的一致性。罗尔斯试图将善的理论应用于社会制度,阐述了正义理论如何与社会价值和共同体的善建立联系,从而构建正义的社会制度,并论证正义制度具有稳定性。

(三) 核心思想与观点

《正义论》创作于第二次世界大战之后,美国对外刚刚经历朝鲜战争、越南战争,对内国内民权运动以及黑人抗暴斗争频发,这导致国民贫富差距逐渐增大,收入不平等日益严重。此时,《正义论》尝试为社会基本结构的设计确立合理的标准和原则,从而解决平等自由、收入分配等社会问题。为了获得这个原则,罗尔斯创造了一个理想的"原始状态",指的是"一种其间所达到的任何契约都是公平的状态,是一种各方在其中都是作为道德人的平等代表,选择的结果不受任意的偶然因素或社会力量的相对平衡所决定的状态"。"无知之幕"的提出保证了正义原则的选择是公平的。由此,罗尔斯得到了两个"正义的原则",即自由平等原则和机会平等原则与差别原则相结合。

(四) 主要影响与评价

《正义论》提出的正义原则,对社会的发展进步具有十分重要的现实意义。世人对于该书的评价很高,称其为"哥白尼式的革命",它为西方公共政策的制定提供了方向以及相应的理论支持,使得政府可以借此改善社会中所有人的利益,具有博爱精神。《正义论》被视为第二次世界大战后西方政治哲学、法学和道德哲学中最重要的著作之一。

五、《平等与效率:重大的抉择》

(一) 基本信息

《平等与效率:重大的抉择》(*Equality and Efficiency: The Big Tradeoff*)一书由美国著名经济学家阿瑟·奥肯所著。该书是阿瑟·奥肯1974年于美国哈佛大学肯尼迪政府学院的戈德金讲座(Godkin Lectures)内容的修订和扩充版。阿瑟·奥肯主要研究领域为宏观经济理论、经济预测与政策的制定分析等,代表作有《平等与效率》《繁荣政治经济学》《不公平的市场:如何解决市场中的不平等》等。

(二)作品内容与结构

《平等与效率:重大的抉择》一书共分为4章,对平等与效率的关系以及抉择问题进行了详细论述。第一章为"权利与金钱",阐述了权利的特征、理由和影响范围以及保护权利免受金钱侵害的重要性。奥肯认为"如果存在一项统一、集中的专门补偿计划能够克服金钱对权利的严重侵犯,那么该计划的设立应成为社会改造者最重要的财富"。第二章为"市场状况",论述了各种倾向于市场资本主义的论点,同时将资本主义与社会主义下的自由、平等以及效率进行了对比。第三章为"收入平等与机会均等",详细论述了经济不平等和机会不均等的性质和范围,同时论述了两者之间的关系。阿瑟·奥肯认为机会均等可以带来更大的收入平等,但市场机制会掩盖机会不均等的事实,导致机会不均等的恶性循环。第四章为"在一个有效率的经济体中增进平等",对累进税、对低收入阶层的转移支付、职业计划等制度与政策的潜在能力与作用进行了论述。

(三)核心思想与观点

《平等与效率:重大的抉择》一书站在超越经济领域的高度,深刻分析了平等与效率的关系以及两者的抉择问题。对于罗尔斯主张的"机会平等原则优先"与弗里德曼推崇的"效率优先,兼顾公平",阿瑟·奥肯持有不同的观点。他认为平等与效率应相互兼顾,相互增进,要"在一个有效率的经济体中增进平等"。对两者进行抉择时,奥肯提出了新的抉择理论:"以多元取向相统一"为抉择的出发点,以"效率优先,增进平等"为抉择的方法,以"恰当的政府干预措施"为抉择的机制。虽然不同的社会制度或处于不同发展阶段的社会对于平等与效率的定义存在差异,但政府应以两者相互增进为目标,在平等与效率之间寻求平衡状态,使得平等的损失和效率的损失均处于社会可接受的范围内。

(四) 主要影响与评价

阿瑟·奥肯在《平等与效率:重大的抉择》一书中对于平等与效率的关系以及抉择问题的分析被认为是目前该研究领域较高水平的成果,在社会科学领域内作为经典被广泛引用。平等与效率的关系及抉择问题本身就是一个价值判断问题,涉及经济、政治等多个领域。奥肯在其中融入了自己的价值分析与判断,以多元化的视角,为政府在市场经济中解决平等与效率的问题提出了颇具特色的抉择理论,对制度改革和经济发展具有重要的借鉴意义。

六、《无政府、国家和乌托邦》

(一) 基本信息

《无政府、国家和乌托邦》(Anarchy, State, and Utopia)一书由美国学者罗伯特·诺奇克(Robert Nozick,1938—2002)所著,1974年出版。

(二) 作品内容与结构

《无政府、国家和乌托邦》主张权利优先,每个人都拥有权利,他人、群体或国家都不能加以侵犯,反对无政府主义,提倡建立"最低限度的国家"。全书分为10章。第一章提出为何要探讨自然状态理论的问题。第二章界定自然状态,并解释了该状态下社团或机构是如何产生的。第三章讨论道德约束和国家间的关系,并指出从自然状态过渡到"超低限度的国家"以及从"超低限度的国家"过渡到"最低限度的国家"都是道德上合法的。第四章分析禁止、赔偿和风险之间的关系,旨在说明当一种制度除了为受害方索取赔偿之外,还要对施害方给予(准备给予)处罚时,那么这种制度就是不允许(禁止)这种行为的发生。第五章论述地域内的保护性社团成为国家有两个关键条件,其一是要拥有必需的垄断权,其二是要保护该地域内所有人的权利。第六章是关于国家之论证的进一步思考。第七章论证分配正义的重要性。第八章剖析平等、自尊、嫉妒等理念或情绪存在的原因。第九章探究民主过程。第十章提出一种乌托邦的框架。

(三) 核心思想与观点

在《无政府、国家和乌托邦》一书中,罗伯特·诺奇克坚持自由至上的理念,重视维护人的权利。诺奇克认为再分配将不可避免地侵犯个人权利,实行再分配是不公平的,因此主张一种功能最少、权力最小的国家。诺奇克所设想的国家必须满足两个必要条件:第一,国家具有垄断权,禁止任何个人或群体私自的索取或惩罚行为;第二,国家状态比自然状态要好,能保护所有公民。满足这些条件的国家被称为"最低限度的国家"。诺奇克以权利理论为基础,尝试解决以下三个问题:第一,反驳无政府主义,证明"最低限度的国家"的产生不仅是符合道德的,而且没有侵犯任何人的权利,因此,从自然状态向国家状态的转变是必然的;第二,证明"最低限度的国家"是功能最多的国家,比它功能更多的任何国家都是不道德的,都会侵犯人的权利;第三,证明这种"最低限度的国家"同时也是乌托邦,拥有美好的前景。

(四) 主要影响与评价

该书强调个人权利神圣不可侵犯,论述了基于权利的正义问题,反对任何形式的再分配,同时对国家的起源及存在的问题进行了探究,提出了"最低限度的国家",并构建出一种乌托邦框架以激发人们的创造性。该书于1975年获得美国国家图书奖,对当代政治哲学的发展产生了重大的影响。《无政府、国家和乌托邦》和《正义论》是对当代政治哲学影响最大的两部经典著作。两本书的作者同为当代自由主义的代表。

七、《经济增长是否改善了人类的命运?一些实证证据》

(一) 基本信息

1974年,美国人口经济学家理查德·安利·伊斯特林发表了论文《经济增长是否改善了人类的命运?一些实证证据》(Does Economic Growth Improve the Human Lot? Some Empirical Evidence)。该论文发表在学术出版社出版的《经济增长中的国家和家庭:纪念摩西·阿布拉莫维茨论文集》一书中。

(二) 作品内容与结构

《经济增长是否改善了人类的命运？一些实证证据》共分为 4 个部分，论文以伊斯特林在 1946—1970 年的 30 项调查报告数据为基础，研究对象涵盖亚洲、非洲和拉丁美洲的 11 个国家，借助相对收入理论研究了收入与人们幸福之间的关系，提出了"伊斯特林悖论"（Easterlin Paradox，也叫幸福悖论）。该论文的第一部分为幸福的内涵与标准，在以往学者研究的基础上提出了幸福的定义；介绍了国家民意研究中心（NORC）提出的 3 种幸福层级——非常幸福、一般幸福和不太幸福。第二部分为实验，主要介绍了一个国家内部的收入与幸福比较，美国、日本、印度等 11 个国家之间的收入与幸福比较，将美国按照时间序列进行 3 层级幸福的分类。第三部分是解释，介绍了论文所用的理论；阐述了"相对收入"的依据；最后举例分析。第四部分为总结和结论性意见，即通过对美国等国的分析，发现"经济越增长，收入和幸福感就越高"的结论并不能完全成立。

(三) 核心思想与观点

伊斯特林在该文中阐述的幸福思想最早是由柏拉图等哲学家提出的，后被边沁、穆勒、斯密等人引入经济学中。"幸福悖论"产生的根源是边际效用递减规律，即增加相同的收入，穷人比富人的边际效用大。伊斯特林从相对收入理论方面对"幸福悖论"进行了解读，即由于经济增长致使个人的绝对收入增加，但相对收入没有增加，所以总效用水平并无变化。伊斯特林提出的"幸福悖论"核心观点为：(1) 一国之内，不同收入阶层的人们幸福感不同，且收入与幸福呈正相关，即富人的主观幸福感指数比穷人的高；(2) 通过十几个国家之间的对比分析，发现富裕国家和贫困国家之间的主观幸福感没有显著的差距；(3) 从一个国家的时间序列数据来看，国家经济增长并没有增加人民的主观幸福感。"幸福悖论"具有开创性，伊斯特林结合经济学和心理学两个学科进行交叉研究，改变了人们对幸福的固有认知，指出收入不等于幸福。另外，以往经济学家们普遍认为幸福是可以利用"效用"计量的，但伊斯特林主张幸福由个人的主观感觉决定。

(四) 主要影响与评价

"幸福理论"有十分重要的经济意义,可以为政府协调经济政策和提升人们的主观幸福感提供理论支持,然而当出现"幸福悖论"时,政府就要从经济增长之外的其他路径提高人民的幸福感。"幸福悖论"是对"经济增长必然提升人们的幸福感"论断的直接挑战,轰动了整个经济学界,此后经济学家们也开始重视对国家幸福感的研究。

伊斯特林提出"幸福悖论"之后,得到了很多学者的支持,也受到了质疑。1975年,经济学家杜肯发表了《金钱购买幸福了吗?》。他明确指出,伊斯特林的理论在该文中是可以得到证明的。1980年,纳亚德引入了相对地位的追求(Status Ranking),通过计量模型进行实证分析,支持了伊斯特林提出的"幸福悖论"。但英国上议院议员罗伯特·斯基德尔斯基将多个国家的人均收入和主观幸福感进行关联分析,发现两者存在相关性,他认为伊斯特林在提出"幸福悖论"时并没有分析幸福和人均GNP之间的联系。

八、《公共选择理论》

(一) 基本信息

《公共选择理论》(*Public Choice*)一书由美国著名经济学家丹尼斯·缪勒(Dennis C. Mueller,1940—)所著,1997年由英国剑桥大学出版社出版。作者丹尼斯·缪勒是奥地利维也纳大学经济学名誉教授,曾任马里兰大学教授,主要研究方向为公共选择、产业经济学以及宪法的政治经济学,代表作有《公共选择理论》《公司》《宪政民主》等。

(二) 作品内容与结构

《公共选择理论》除导论外共分为六部分,对公共选择研究领域的各个主题如寻租、政府膨胀、国家的兴衰、政治经济周期、再分配的性质和程度等社会选择问题进行了详细论述。第一部分为"国家的起源",包含两章,分别为"集体选择的理由——配置效率"和"集体选择的理由——再分配"。这一部分论述了市场失灵为分析国家的起源提供了理论解释,同时构成了以提高配置效率与再分配作为主要目标的集体行动的模型。第二部分为"直接民主制中的公共选择理论",包含六章,详细论述了各种投票规则的性质与形式。第三部分为"代议制民主中的公共选择理论",包含九章。这一部分论述了联邦制、两党竞争、多党竞争下的不同投票机制,同时阐述了公共选择中存在的投票悖论、寻租,以及投票结束后政府内部立法机关、官僚机构等进行政治斗争以决定政治结果的社会问题。此外对独裁制进行了详细论述。第四部分"应用与检验"包含四章,阐述了公共选择理论在解释现实世界现象中的四个方面的应用,分别为"政治竞争与宏观经济绩效""利益集团、竞选捐款和游说""政府规模"以及"政府规模与经济绩效"。第五部分为"规范的公共选择理论",包含五章,对于社会福利函数、社会排序的不可能性、社会契约的公正性、宪法以及自由权利与社会选择等有关公共选择的规范性理论进行了回顾。最后一部分"收获",详细论述了"公共选择理论是否为政治学做过贡献"这一问题,同时也对全书进行了总结。缪勒指出现有的公共选择文献对政治制度有效运转的条件及原理提出了深刻的见解,也提出了各种改善政治制度绩效的建议,然而,公共选择理论中的许多重要问题还需要进一步的探索,这对于改善民主制度是十分重要的。

(三) 核心思想与观点

《公共选择理论》一书涉及公共选择理论的众多论题,诸如国家为什么会存在、投票规则、联邦主义、俱乐部理论、两党和多党选举制、寻租理论、官僚制、利益集团、独裁制、政府的规模、投票者参与规则和政治经济的循环等。此外,该书还对公共选择方面的规范性研究进行了梳理与汇总,包含简单多数规则的规范分析、伯格森-萨缪尔森社会福利函数、阿罗和森的不可能性定理、罗尔斯的社会契约理论以及布坎南和塔洛克的政治经济理论等。丹尼斯·缪勒将社会决策分为市场决策和非市场决策,使用囚徒困境、阿罗不可能性定理分析公共物品供给问题,同时借助帕累托改进与边际成本分析帮政府做出非市场决策。在研究选民、政府官员、政客的行为时,丹尼斯·缪勒假设以上个体都是理性且自利的,而政府更是各种追求私利至上的个体集合体,作者在此基础上研究他们在各类不同社会体制下进行的互动。

(四) 主要影响与评价

《公共选择理论》一书对于公共选择以及政府决策都有相当的借鉴意义,但在具体的理论阐述和学术研究中却过于"利益化",将社会中的个体都看作是追求个人利益的"经济人",这在一定程度上过于宣扬个人利益,阿玛蒂亚·森曾对其产生的社会影响进行过批判。此外,该书对于社会中追求个人理想价值和社会价值而非个人利益的个人或组织行为无法做出解释。詹姆斯·布坎南与戈登·塔洛克也曾评价《公共选择理论》一书"只能用理性选择的私利动机来解释社会和政治行为的一部分,这种模式并不适用于一切社会行为"。

九、《自由、市场和国家:20世纪80年代的政治经济学》

(一) 基本信息

《自由、市场和国家:20世纪80年代的政治经济学》(*Liberty, Market and State: Political Economy in the 1980s*)一书由美国经济学家詹姆斯·布坎南所著,1986年出版。

(二) 作品内容与结构

《自由、市场和国家:20世纪80年代的政治经济学》全书分为5篇24章,主要探讨公共选择理论在政治、经济及社会秩序方面的应用。第一篇陈述社会制度可供选择的前景,这部分包括6章。其中,第一章阐述自由、市场和国家的关系。第二章论述1957—1982年政治经济学的发展历程。第三章对公共选择的历史、发展和内容进行说明。第四章阐明经济学"科学"和政治经济学"科学"之间的区别与联系。第五章指出政治学被解释为"科学"时,就有出现"暴政"的潜在可能性。第六章探究反对宪法改革的根源。第二篇探究市场秩序的产生与发展,这部分共5章。其中,第七章通过秩序出现的过程说明秩序,第八章探究文化发展和制度改革状况,第九章讨论作为过程的政治,第十章讨论权利、效率和交换的关系,第十一章阐述道德社会、道德秩序或道德无政府状态。第三篇讨论正义问题以探究正义理论,这一部分共5章。其中,第十二章通过分析契约论者对分配正义的评论以明确公正比赛的规则,第十三章讨论正义与平等,第十四章阐述分配和再分配准则的区别,第十五章探讨税收的伦理限度,第十六章讨论是否应该舍弃福利国家。第四篇阐述债务和赤字问题,这一部分共4章。其中,第十七章分析导致负债财政的道德或伦理因素,第十八章分析公债和资本形成的过程,第十九章通过列举公共选择的例子来研究负债、民众和福利国家的关系,第二十章阐述赤字的经济后果。第五篇对个人与国家的关系进行总结,这一部分共4章。其中,第二十一章论述私人、代理人和集体在决策时的个人选择,第二十二章总结"契约论"的准则,第二十三章探究宪法民主、个人自由和政治平等的关系,第二十四章讨论政治经济学和社会哲学的区别。

(三)核心思想与观点

在《自由、市场和国家:20世纪80年代的政治经济学》一书中,布坎南基于理性经济人假设,重点分析交易过程,以崭新的视角对公共制度与集体行为进行了规范分析。布坎南认为政治制度与市场制度非常相似,政府的决策者在政治市场里就像企业家,公民就像消费者。政府的决策者以利益最大化为行为准则,追求最大的政治利益,而不管这些利益是否符合公共利益。同样,公民也是基于成本—收益原则,追求个人利益最大化,不愿花费成本去了解政治,从而不参与投票,无法对利益集团形成制约作用。所以,政治市场滋生了种种弊端。此外,布坎南认为政府官员为了彰显业绩,往往会选择扩大财政开支以加强基础设施建设、兴办福利事业,从而引发财政赤字。

布坎南认为政府本应是弥补市场经济的不足,但由于政府内部监督机制缺乏以及外部监督力量有限,政府官员感受不到严格限制的压力。此外,当政治学被解释为科学时,一些自认为对问题有独特认知的人就会把高压政治视为符合道德规范的。布坎南认为政府并不是无私的分配者,为了追逐显著的政绩,政府行为往往会造成财政赤字,因此要通过宪法改革对政府权力进行约束和限制。

(四)主要影响与评价

该书基于理性经济人的假设,提出了公共选择理论,并借助一般均衡分析框架将其应用于公共财政和宪政问题研究,形成了公共财政理论和宪政经济学,不仅展示了独特的分析视角,为经济理论研究做出了重要贡献,而且有助于完善经济和政治的决策过程。

十、《伦理学与经济学》

(一) 基本信息

《伦理学与经济学》(*On Ethics & Economics*)一书由印度经济学家阿玛蒂亚·森所著。该书由阿玛蒂亚·森于1986年在伯克利加州大学洛尔讲座(The Royer Lectures)的讲稿汇总而成。

(二) 作品内容与结构

《伦理学与经济学》全书分为3篇,主要论证了经济学与伦理学的长期分离成为当代经济学发展的一大缺陷,主张经济学和伦理学应相互联系、相互融合,福利经济学与现代逻辑经济学之间应相互贯通。第一篇讨论了经济行为与道德情操的关系。第二篇讨论了经济判断与道德哲学的关系。第三篇阐述了自由与结果的联系。

(三) 核心思想与观点

在《伦理学与经济学》一书中,阿玛蒂亚·森提出经济学具有两个中心问题:一个是关于人类行为的动机问题,另一个是关于社会成就的判断。由此探究经济学的两个根源,一个是经济学与伦理学密切联系,另一个是经济学与"工程学"方法(只关心基本的逻辑问题,而不关心人类行为动机)存在联系。这两种根源本应是平衡的,但不同学者研究的侧重点有所不同。从亚里士多德到亚当·斯密,比较注重伦理问题,而威廉·配第、大卫·李嘉图等更注重"工程学"方面。现代经济学在发展的过程中丰富了"工程学"方面,而忽略了伦理方面。

该书认为经济学问题本身就可能是极为重要的伦理学问题,包括苏格拉底的疑问:"一个人应该怎样活着?"因此,经济学和伦理学应相互融合。森主要从四个方面展开介绍。第一,从起源来看,经济学的研究同伦理学紧密相连。在很长一段时间内,经济学科曾经被视为伦理学的一个分支。第二,从作用来看,经济学与伦理学不可分割。缺乏"工程学"方法的经济学是没有逻辑的,缺乏伦理视角的经济学是机械的。第三,从人类行为动机来看,伦理学与经济学之间内在联系紧密。森反对理性人假设的绝对性,认为人的行为动机是多元的。第四,通过对"斯密问题"存在的误区进行分析,强调了伦理学与经济学应相互借鉴。

(四) 主要影响与评价

森试图重塑经济学和伦理学之间的内在联系,不仅具有重大的理论意义,推动了学术界对经济伦理学的研究,而且有利于人们在现实生活中寻求经济与伦理价值的结合,提升民众的经济生活质量。

美国圣母大学教授乔治·恩德勒在《面向行动的经济伦理学》一书中指出,阿玛蒂亚·森在伦理学和经济学两方面都取得了突出的学术成就。而且,他非常精细地探索了两者之间的交汇处,建立了一些桥梁,这些桥梁使得不同的观点更有意义。

十一、《以自由看待发展》

(一) 基本信息

《以自由看待发展》(Development As Freedom)一书由印度经济学家阿玛蒂亚·森所著,1999年出版。这是一本划时代的巨著,引起了极大的反响。目前,《以自由看待发展》已成为国内很多高校学习发展理论的一本重要教科书。

(二) 作品内容与结构

《以自由看待发展》全书分为12篇,主要围绕人的全面发展探究自由发展观。第一篇提出自由的观点。第二篇讨论发展的目标和手段。第三篇阐述了自由与正义的基础。第四篇讨论作为剥夺可行能力的贫困。第五篇讨论市场、国家与社会机会之间的内在联系。第六篇论证民主的重要性。第七篇探究饥荒和其他危机。第八篇为妇女的主体地位与社会变化。第九篇讨论人口、粮食与自由的联系。第十篇阐述了文化与人权的本质。第十一篇讨论社会选择与个人行为的关系。第十二篇主张个人自由是社会的承诺。

(三) 核心思想与观点

在《以自由看待发展》一书中,阿玛蒂亚·森以"发展即自由"为主题,重点研究印度、中国等发展中国家的发展现状,为发展提供了一把"量尺"。主流经济学坚持可促使资源有效配置与经济高速增长的发展模式,通过 GDP (GNP) 增长、技术进步、社会现代化水平等指标直接测度经济发展状况,认为经济发展可以顺其自然地解决大量社会问题。森反对这种狭隘的发展观,基于人的发展的视角,提出了以自由为核心的新型发展观。从本质上看,自由的增进是衡量社会进步或发展的标准,即社会的发展或者社会福利水平的提高来自个人能力的培养与提高,而不是财富或收入的增长及效率的提高。

森主张自由是人类追寻的最高价值,自由是一种实质性能力,即人们拥有可过上理想生活的可行能力。换言之,自由是一种福祉,可通过可行能力反映出来。自由具有建构性和工具性两大作用:建构性作用旨在说明实质自由对提升人们生活质量的重要性,即实质自由的扩展是发展的首要目的;工具性作用则表明自由可以对经济发展过程做出富有实效的贡献,即工具性自由是促进发展的有效手段。该书提出的自由发展观,不仅为国民经济发展提供了新思路,也开创了福利经济学理论研究的广阔领域。

(四) 主要影响与评价

该书阐释了自由的内涵及自由如何促进社会良性循环和可持续发展,并对制度、文化、妇女、粮食等社会发展领域进行了论述,进而揭示出发展是一个涉及政治、经济、文化等多方面因素的动态过程,由此全面地提出了自由发展观。

该书对阿玛蒂亚·森的学术思想进行了综合表述。诺贝尔经济学奖获得者肯尼斯·阿罗认为该书运用历史事例、经验证据以及严谨的分析阐述了一个理念,即经济发展就其本性而言是自由的增长。联合国前秘书长科菲·安南指出全世界贫穷的人们找不到比阿玛蒂亚·森更能坚定而明晰地捍卫他们利益的经济学家,而该书更是对发展的理论与实践产生了革命性的影响。

十二、《福祉经济学：一个趋于更全面分析的尝试》

(一) 基本信息

《福祉经济学：一个趋于更全面分析的尝试》(Welfare Economics：Towards a More Complete Analysis)一书由华裔经济学家黄有光所著,2004 年由英国麦克米兰出版有限公司和美国马丁出版公司出版。

(二) 作品内容与结构

《福祉经济学》一书分为 12 章。第一章为简介,主要介绍了福祉经济学的概念、特点、福祉和效用的关系、效用的测量、福祉的人际比较等。第二章为帕累托最优,阐述了什么是帕累托标准以及实现的三个条件。第三章为福祉标准,介绍了李特尔标准、单纯分配排序的缺陷、帕累托改进等。第四章为消费者剩余,首先介绍了朱尔斯·杜普特和马歇尔的消费者剩余概念起源;其次分析了约翰·希克斯的四个度量方法和平均成本差异;然后阐述了剩余度量的近似性和钻石物品的消费者剩余;最后介绍了消费者剩余度量的应用。第五章是社会选择,主要分析了阿罗不可能性定理、肯普-黄的不可能性命题、偏好的强度、"一元即一元"原则以及帕累托自由主义的可能性。第六章为最优收入分配,解释了最优分析的内涵、最优收入分配与税收理论、一般均衡理论等。第七章为外部性,主要阐述了外部性的概念和分类、偏离最优点的税收和补贴方案、科斯定理和权责规则等。第八章为公共物品,介绍了公共物品的概念、特点、最优供给量以及对社会福利的影响。第九章为最优、次优和第三优,主要介绍了三个理论的具体内容并进行证明。第十章为超越边际分析,详细介绍了劳动分工的超边际分析。第十一章为从偏好到快乐,简要介绍了偏好和快乐的概念、特点,分析了偏好和快乐之间的区别和联系。第十二章为结论。

（三）核心思想与观点

《福祉经济学：一个趋于更全面分析的尝试》一书对福祉经济学的相关研究进行了全面的梳理。黄有光认为，经济学的研究成果在应用到政策上时，应该把福祉或快乐作为最终的目标，并且要极大化人们的长期福祉。他指出，大多数经济学家只考虑效用，忽略了快乐，甚至部分经济学家还质疑快乐是否可以准确地评价。该书认为，人们在大多数情况下是非完全理性的，而且现实市场经济中存在信息成本和交易成本，最优理论和次优理论均无法实现，只有第三优理论才可以实现。因此，他认为20世纪末的主流经济学研究是存在缺陷的，但主流经济学的主体理论是没有问题的。

《福祉经济学》一书的贡献主要是把西方经济学界流行的"福利经济学"改为"福祉经济学"，使得这门学科的研究范围更加清晰。该书不仅系统地梳理了传统福祉经济学，还介绍了新兴福祉经济学，被称为"黄氏福祉经济学"。

（四）主要影响与评价

在《福祉经济学》一书中，黄有光提出"一元即一元"原则，并将福祉经济学从"偏好"层面改进到"快乐"层面，这为制定公共政策重新确定了理论基础，把福祉经济学推到了更加全面分析的高度。

十三、《高收入提高了生活评价但没有改善情感福祉》

（一）基本信息

《高收入提高了生活评价但没有改善情感福祉》(High Income Improves Evaluation of Life But Not Emotional Well-Being)一文是由丹尼尔·卡内曼和安格斯·迪顿合写。卡内曼和迪顿两人均是美国普林斯顿大学教授，分别在2002年和2015年获得诺贝尔经济学奖。该论文于2010年发表在《美国国家科学院院刊》第107卷第38期。

（二）作品内容与结构

通常，对人们生活满意度的检验会选择与福祉相关的指标。卡内曼和迪顿在《高收入提高了生活评价但没有改善情感福祉》一文中,以 1000 名美国公民在 2008 年和 2009 年填写的 45 万份盖洛普健康方式幸福指数(Gallup-Health Ways Well-Being Index)的调查问卷报告为数据,详细分析了收入与福祉之间的关系。该论文分为四部分。第一部分为概述,主要解释了情感福祉(Emotional Well-Being)和生活评价(Life Evaluation)的区别;总结了以往收入对福利影响的错误分析;举例说明收入对情感福祉和生活评价都很重要;并提出论文的研究目的,即对以往情感福祉和生活评价之间相关性的结论进行检验,分析所选指标与收入之间的关系。第二部分为分析过程及结果。首先,对样本数据进行处理,剔除月收入小于 499 美元和收入数据缺失的样本;然后,利用二分法定义情感福祉(积极情感、消极情感和压力),并做了四方面福利措施(生活评价、情感福祉、收入和其他收入标准化的因素)对人口统计变量的回归分析;最后,对生活评价和情感福祉的收入满意度进行检测。第三部分为结果讨论。首先,根据实证分析得出,更多的钱不一定能买到更多的幸福,但是钱少了会带来情感上的痛苦。其次,发现在一定收入水平之上,个人的情感福祉受教育、宗教、婚姻及生活环境等因素的影响;再次,认为情感福祉和生活评价之间存在差异,前者对社会经济地位敏感,后者对引起情感变化敏感;最后,提出问题,即生活评价或情感福祉作为幸福感指标来评估福利和指导政策是否更加适合。第四部分为论文素材和方法介绍。文章的数据是通过双帧随机数字拨号法进行电话采访获得的;调查问卷内容涵盖了美国盖洛普组织和卫生组织要求的主题;利用手机抽样,扩大样本的覆盖面和代表性。

(三)核心思想与观点

《高收入提高了生活评价但没有改善情感福祉》一文的基本思想最早可追溯到边沁的功利主义,但该论文认为功利主义加剧了社会不公平问题。同时,卡内曼和迪顿肯定了伯格森-萨缪尔森社会福利函数在分析社会不公平问题时的重要性,认为福利研究应该考虑收入、健康、婚姻、宗教、教育等问题,兼顾公平和效率。该论文利用相关变量对主观幸福感进行实证研究,发现情感福祉和生活评价有不同的相关性;收入和受教育程度与生活评价的关系更密切,而健康、照顾、孤独等则是情感福祉的重要影响因素;低收入会加剧离异、健康和孤独等带来的痛苦,影响情感福祉;高收入得到的是生活满意度,不是幸福本身;低收入是与较低的物质生活和情感福祉相关的。在该文发表之前,"金钱是否能够买到幸福"的问题在许多研究文献中被提及,但没有一篇文章可以明确地解决这个复杂的问题。该文的发表,证明了"金钱是否能够买到幸福"这一问题的答案是相当复杂的,并确立了收入与情感福祉关系理论。

(四)主要影响与评价

卡内曼把幸福分为"体验的幸福"与"评价的幸福"两个部分。体验的幸福指人们在生活的过程中对自己情感状态的满意度;评价的幸福是对生活的主观评价。迪顿致力于收入与福祉之间的关系研究。卡内曼和迪顿合著的《高收入提高了生活评价但没有改善情感福祉》融合了两人的研究专长,将心理学和经济学交叉研究,为福利研究提供了新思路。法国学者阿雅迪·纳维尔指出,该文从微观来理解宏观,用实证验证理论,并将微观研究方法广泛应用于对发展中国家经济增长、健康、福祉等问题的研究,推动经济学从粗糙的宏观理论研究向高质量的微观基础发展。

十四、《逃离不平等:健康、财富及不平等的起源》

(一)基本信息

《逃离不平等:健康、财富及不平等的起源》(*The Great Escape: Health, Wealth, and the Origins of Inequality*)一书是由美国、英国双重国籍经济学家安格斯·迪顿所著,2013年由普林斯顿大学出版社出版。

(二)作品内容与结构

在《逃离不平等:健康、财富及不平等的起源》中,作者纵观历史,发现社会虽然始终在向前发展,但贫富差距仍然很大,许多人在疾病的困境中挣扎,这些社会发展问题是无法忽视的。作者通过真实的数据,运用讲故事的方式,从社会学、心理学、经济学等多学科角度对社会问题进行剖析,更加辩证地看待健康与财富对社会进步以及社会不平等的影响。全书共分为三部分。第一部分谈生存与死亡，主要通过历史纵线从社会发展角度阐述人类健康、福祉现状。第二部分论大分化时代。科学革命和启蒙运动使人们的寿命得以延长，物质生活水平也得以提高，但是国与国之间的差距也进一步扩大，不平等性质发生了变化，大分化时代到来了。作者通过对美国的物质生活现状以及全球化发展下的人类不平等问题进行分析，阐述了大分化时代的特征。第三部分论述救助与全球贫困。社会发展导致差距扩大，先进者帮助落后者是一种新理念，但是这种理念是加快了人类大逃亡的进程，还是因为其他因素的掺杂而导致社会问题的恶化？作者在这一部分对这种援助方式进行了分析，通过具体数据以及社会发展现象来剖析这个问题。

（三）核心思想与观点

迪顿在书中指出，社会发展速度不减，繁荣带来社会进步，同时也出现一些弊端，社会发展开始与平等形成对立之势。人类开展工业革命、启蒙运动都是为了提高人们的生活质量，期望构建一个思想开放、健康平等的社会环境。人们一直在努力逃离贫穷与贫困带来的不幸。经过两个多世纪的努力，人类寿命明显延长，物质生活质量明显提高，但是仍然有人在困境中挣扎着，国家之间的差距也在扩大。虽然有一部分人会想尽办法，竭尽全力从贫困、疾病的困境中逃脱，但仍有一部分人继续在困境中生存。这些身处困境的人更多是由于受益者的践踏而没有机会逃离造成的。迪顿在书中指出整个资本主义的发展历史都可以称为"大逃亡"时代，并通过对美国健康、财富等发展与变化的研究来剖析人类社会的不平等状况。

（四）主要影响与评价

2013 年，该书被《福布斯》评为当年最佳图书，并获得美国出版人协会 2013 年度经济散文荣誉奖。《经济学人》期刊在对此书进行推荐的评语中写道："世界正在变成一个越来越公平、富裕的地方吗？极少有经济学家能够比来自普林斯顿大学的安格斯·迪顿有更多的储备或资历来回答这个问题。多年来,他一直致力于评估衡量国际福利状况,不害怕为此追溯历史。不同于常规的研究视角,在这本书里,迪顿超越了简单的经济叙事,关注到那些经常被忽视的领域的进步,如人类的健康改善……要驾驭这样综合的主题,需要有大的格局和大胆的构想规划,安格斯·迪顿同时具备了这两点。"2015 年,安格斯·迪顿获得诺贝尔经济学奖,该书的成就是他获奖的重要原因之一。

第四节　福利经济学其他重要文献

除了前三节所介绍的经典文献外,读者还可关注和阅读本节列出的其他重要文献。鉴于期刊杂志上的文章较多,而且容易查阅,故这里仅列出著作文献。

1. J. Tinbergen, *Economic Policy: Principles and Design*, Amsterdam: North-Holland Publishing Company, 1956.

2. Robert Dorfman, Paul A. Samuelson, and Robert Merton Solow, *Linear Programming and Economic Analysis*, Toronto: Mc Graw-Hill Book Company, Inc. 1958.

3. Eric Lindahl, *Die Gerechtigkeit der Besteuerung, eine Analyse der Steuerprinzipien auf Grundlage der Grenznutzentheorie*, Berlin: Verlag von R. L. Prager, 1919.

4. 〔英〕大卫·李嘉图:《政治经济学及赋税原理》,周洁译,北京:华夏出版社 2005 年版。

5. 〔英〕约翰·阿特金森·霍布森:《财富的科学》,于树生译,北京:商务印书馆 2015 年版。

6. 〔英〕A. C. 庇古:《就业与均衡》,王远林译,北京:商务印书馆 2017 年版。

7. 〔美〕保罗·萨缪尔森、〔美〕威廉·诺德豪斯:《经济学》(第 19 版),萧琛主译,北京:商务印书馆 2013 年版。

8. 〔美〕保罗·萨缪尔森:《经济分析基础》,何耀、傅征、刘生龙、陈宏卫、王兴林译,大连:东北财经大学出版社 2006 年版。

9. 〔英〕E.J.米香:《经济增长的代价》,任保平、梁炜等译,北京:机械工业出版社 2011 年版。

10. 〔美〕詹姆斯·M.布坎南、〔美〕戈登·塔洛克:《同意的计算:立宪民主的逻辑基础》,陈光金译,北京:中国社会科学出版社 2000 年版。

11. 〔美〕詹姆斯·布坎南:《公共物品的需求与供给》,马珺译,上海:上海人民出版社 2009 年版。

12. 〔荷〕汉斯·范登·德尔、〔荷〕本·范·韦尔瑟芬:《民主与福利经济学》,陈刚、沈华珊、吴志明等译,北京:中国社会科学出版社 1999 年版。

13. 〔美〕戈登·塔洛克:《公共选择理论》,李政军、杨蕾译,成都:西南财经大学出版社 2007 年版。

14. 〔美〕戈登·塔洛克:《论投票:一个公共选择的分析》,李政军、杨蕾译,成都:西南财经大学出版社 2007 年版。

15. 〔英〕詹姆斯·E.米德:《效率、公平与产权》,施仁译,北京:北京经济学院出版社 1992 年版。

16. 〔印度〕阿玛蒂亚·森:《论经济不平等:不平等之再考察》,王利文、于占杰译,北京:社会科学文献出版社 2006 年版。

17. 〔印度〕阿玛蒂亚·森:《贫困与饥荒:论权利与剥夺》,王宇、王文玉译,北京:商务印书馆 2001 年版。

18. 〔澳〕黄有光:《社会福祉与经济政策》,唐翔译,北京:北京大学出版社 2005 年版。

19. 〔英〕安格斯·迪顿、〔英〕约翰·米尔鲍尔:《经济学与消费者行为》,龚志民、宋旺、解烜、向洪金译,北京:中国人民大学出版社 2005 年版。

20. 〔美〕理查德·A.伊斯特林:《幸福感、经济增长和生命周期》,李燕译,大连:东北财经大学出版社 2017 年版。

21. 〔瑞士〕布伦诺·S.弗雷、〔瑞士〕阿洛伊斯·斯塔特勒:《幸福与经济学:经济和制度对人类福祉的影响》,静也译,北京:北京大学出版社 2006 年版。

22. 〔意〕路易吉诺·布鲁尼、〔意〕皮尔·路易吉·波尔塔:《经济学与幸福》，傅红春、文燕平等译，上海：上海人民出版社2007年版。

23. 〔美〕本杰明·雷德克利夫：《人类幸福的政治经济学》，仲为国译，北京：北京大学出版社2018年版。

24. 〔美〕威廉姆·H.怀特科、〔美〕罗姆斯·C.费德里科：《当今世界的社会福利》，解俊杰译，北京：法律出版社2003年版。

25. 〔德〕路德维希·艾哈德：《大众福利》，祝世康、穆家骥译，北京：商务印书馆2017年版。

26. 〔英〕尼古拉斯·巴尔：《福利国家经济学》，邹明泇、穆怀中译，北京：中国劳动社会保障出版社2003年版。

27. 〔美〕汤姆·戈·帕尔默：《福利国家之后》，熊越、李扬、董子云等译，海口：海南出版社2017年版。

28. 〔英〕马丁·鲍威尔：《理解福利混合经济》，钟晓慧译，北京：北京大学出版社2011年版。

29. 〔英〕尼古拉斯·巴尔、〔英〕大卫·怀恩斯主编：《福利经济学前沿问题》，贺晓波、王艺译，北京：中国税务出版社2000年版。

30. 厉以宁、吴易风、李懿：《西方福利经济学述评》，北京：商务印书馆1984年版。

31. 罗国杰：《伦理学》，北京：人民出版社1989年版。

32. 方福前：《公共选择理论：政治的经济学》，北京：中国人民大学出版社2000年版。

第八章　福利经济学学术期刊与学术团体

如经济学其他的分支学科一样,福利经济学也鲜有专门的学术期刊与学术团体。然而,从事福利经济学及其相关领域研究的学者很多,刊载福利经济学及其相关领域研究成果的期刊也不少。本章在大量查阅国内外资料的基础上,对部分期刊和学术团体与机构予以介绍。

第一节　福利经济学学术期刊

一、国外福利经济学重要学术期刊

1.《美国经济评论》(AMERICAN ECONOMIC REVIEW)

《美国经济评论》创刊于 1911 年,是美国经济学界最受尊敬的学术期刊之一,也是经济学领域最具学术声望的重要期刊之一。《美国经济评论》由美国经济学会(AEA)主办,2011 年之前,每季发行一次(发行月份为 3、6、9、12 月);2011 年之后改为双月刊(发行月份为 2、4、6、8、10、12 月);2014 年开始每年发行 12 期,另外每年 5 月还会出版美国经济学会年会的论文专辑。该期刊的宗旨是让读者了解、掌握经济思想和重大经济事件的发展进程,研究内容涉及经济理论、应用经济学和经济政策的各个领域。该期刊敏锐反映经济学界关注的焦点,堪称经济学界的风向标。

2.《经济学季刊》(THE QUARTERLY JOURNAL OF ECONOMICS)

《经济学季刊》于 1886 年创刊,是最早创办的顶级经济学英文期刊之一,由哈佛大学经济系主办,每季发行一次(发行月份为 2、5、8、11 月),由麻省理工学院出版社出版。《经济学季刊》涉及经济学研究领域的各个方面,包括传统的重点关注领域、微观经济理论以及宏观经济的理论和实证研究。对于全世界经济学研究人员来说,《经济学季刊》是非常重要的专业期刊。

3.《经济研究评论》(THE REVIEW OF ECONOMICS STUDIES)

《经济学研究评论》由一群年轻的英美经济学家于1933年创办,每年出版4期(季刊),由牛津大学出版社出版。该期刊旨在鼓励理论经济学和应用经济学的研究,特别是青年经济学家的研究,致力于在经济学的各个领域发表有力度的论文,尤其在发表理论和应用经济学领域的开创性论文方面享有盛誉。自1989年以来,《经济研究评论》每年举行一次五月会议,为经济学和金融学的年轻学生提供机会向欧洲的读者展示研究成果。

4.《计量经济学》(ECONOMETRICA)

《计量经济学》于1933年创刊,每年出版6期(双月刊),是国际计量经济学会的会刊,经济学领域最重要的综合性期刊之一。该刊涉及经济学的各个学科领域,既有理论抽象又有实证应用,注重对理论发展前沿、经济问题现状以及计量经济学研究方法创新等进行探索。该刊以其开放性、新颖性、科学性赢得了广泛声誉,很多知名经济学家在该刊发表其研究成果和见解,它也是众多诺贝尔经济学奖获得者的摇篮。

5.《政治经济学杂志》(JOURNAL OF POLITICAL ECONOMY)

作为最具声望的经济学期刊之一,《政治经济学杂志》自1892年以来就在经济理论和实践方面传播重要的学术成果。该期刊每年出版6期(双月刊),2020年开始每年出版12期(月刊),由美国芝加哥大学出版社出版。它的目标是发表具有高度选择性的、被广泛引用的、与当前问题相关的、将对经济学研究产生长期影响的文章。该期刊致力于货币理论、财政政策、劳动经济学、发展经济、微观和宏观经济理论、国际贸易与金融、产业组织和社会经济学等多个领域的分析、解释和实证研究,是经济学家了解该学科研究的重要读物。

6.《环境与资源经济学》(ENVIRONMENTAL AND RESOURCE ECONOMICS)

《环境与资源经济学》创刊于1991年,每年出版12期(月刊),由荷兰沃尔特斯·克鲁维尔(Wolters Kluwer)出版集团出版。该期刊的内容包括评价和拟订环境政策、成本效益分析、部门环境政策影响分析、建模与仿真、制度安排、资源定价和环境产品的估价及环境质量指标研究。该刊主要关注将经济理论和方法应用于环境问题和管理策略分析。

7.《生态经济学》(ECOLOGICAL ECONOMICS)

《生态经济学》于1989年开始发行,每年出版12期(月刊),由荷兰爱思唯尔(Elsevier)出版集团出版。该期刊的内容以生态经济学为主,主要包括可再生资源管理和保护、潜在的经济和生态模式及其选择的影响因素、基因工程生物体的经济和生态后果、基因库盘点和管理、评估自然财富的替代原则、将自然资源和环境服务纳入国民收入和财富核算、执行有效环境政策的方法、经济—生态冲突或和谐的案例研究等。

8.《经济杂志》(THE ECONOMIC JOURNAL)

《经济杂志》于1891年创刊,每年出版8期,由美国的威利-布莱克威尔(Wiley-Blackwell)出版集团出版,是英国皇家经济学会(Royal Economic Society)的旗舰期刊,也是现代经济学的创始期刊之一。在过去的一个多世纪里,《经济杂志》为高质量和富有创造力的经济研究提供了一个平台,赢得了世界声誉,是学界、商界、政界的专业经济学家获取关键研究信息的重要来源。

9.《公共经济学杂志》(JOURNAL OF PUBLIC ECONOMICS)

《公共经济学杂志》创刊于1972年,每年出版12期(月刊),由荷兰爱思唯尔集团出版,是公共经济学领域公认的国际顶级期刊。该刊涵盖政治科学、经济学以及经济史等方面的内容。《公共经济学杂志》的创刊目的是鼓励学者们在公共经济学领域发表原创性成果,特别强调现代经济理论和定量分析方法的应用。它提供了一个论坛,供国际读者讨论有关公共政策方面的问题。

10.《健康经济学杂志》(JOURNAL OF HEALTH ECONOMICS)

《健康经济学杂志》于1982年创刊,每年出版6期(双月刊),由荷兰爱思唯尔集团出版,旨在刊载与卫生和医疗保健经济学有关的文章。期刊文章主要涉及下列专题:卫生服务的生产和供应、卫生服务的需求和利用、卫生服务筹资、健康的决定因素、健康不良的经济后果、供需双方和其他医疗机构的行为模型、政策干预效果评估、卫生政策的效率和分配问题。

11.《社会选择与福利》(SOCIAL CHOICE AND WELFARE)

《社会选择与福利》于1984年创刊,每年出版8期,由德国施普林格出版社(Springer Verlag)出版,旨在探讨福利经济学、集体选择和战略互动的规范等论题。其主题主要包括:偏好聚合、福利标准、正义和公平的权利、不平等和贫困测量、投票和选举、政治游戏、联盟的形成、公共产品、机制设计、优化税收、成本效益分析、计算社会选择、判断聚合、行为福利经济学、主观幸福感的研究和实验调查、社会选择和投票。所发文章多为跨学科的研究成果,主要涉及经济学、政治学、哲学和数学等学科。在强调理论研究的同时,该期刊也发表该领域的实证研究,反映了理论和实证研究之间的交叉融合。

12.《环境经济学与环境管理杂志》(JOURNAL OF ENVIRONMENTAL ECONOMICS AND MANAGEMENT)

《环境经济学与环境管理杂志》于1974年创刊,每年出版7期,由爱思唯尔集团出版。该杂志刊载有关自然资源和环境问题的理论和实证论文。该刊发表的文章主要包括以下主题:环境政策分析;估值技术的进一步发展以及对新数据集估值技术的新应用;研究环境行为和对法规的反应;分析可耗尽、可再生和不可再生资源和资源政策,特别是渔业、林业和化石燃料的经济学问题;发展中国家的环境问题,例如自然资源退化和污染造成的健康问题;与环境相关的能源经济学主题;与环境相关的农业经济学主题。

13.《经济理论杂志》(JOURNAL OF ECONOMIC THEORY)

《经济理论杂志》由美国康奈尔大学卡尔·谢尔(Karl Shell)教授于1969年创刊,每年出版6期(双月刊),由爱思唯尔集团出版。该期刊旨在发表有关经济理论的原创研究成果,文章主题包括但不限于:机制设计、信息、金融、匹配、决策理论、博弈论、市场设计、政治经济、宏观经济和货币经济理论等。《经济理论杂志》致力于在经济理论的各个领域保持公正和平衡的观点,经验、实验、定量文章都是该期刊所欢迎的。

14.《公共选择》(PUBLIC CHOICE)

《公共选择》杂志由美国乔治·梅森大学教授戈登·塔洛克(Gordon Tullock)在1966年创办,每年出版16期,涉及经济学和政治学的交叉研究。

《公共选择》在促进经济学家和政治科学家之间的交流方面发挥着核心作用,使这两个群体能够解释和学习彼此的观点。该刊的根基在于将经济学方法应用于政治科学家通常处理的问题。

15.《管理科学》(MANAGEMENT SCIENCE)

《管理科学》是历史悠久的管理类顶级期刊之一,于1954年创刊,每年出版12期(月刊),由美国运筹学与管理科学学院主办。该期刊主要发表有关管理实践的科学研究成果,欢迎理论的、经验的、规范性的和描述性的文章。录用范围包括某一领域的基础研究,如计算机科学、经济学、数学、运筹学、政治学、心理学、社会学和统计学,以及反映管理科学专业多样性的多学科研究管理问题的文章。

16.《剑桥经济学杂志》(CAMBRIDGE JOURNAL OF ECONOMICS)

《剑桥经济学杂志》于1977年创刊,每年出版6期(双月刊),由牛津大学出版社出版。该期刊主要关注各种经济和社会问题,诸如失业、通货膨胀、组织生产、分配、阶级冲突、经济非均衡发展、全球化和国际经济一体化等。《剑桥经济学杂志》建立在马克思、凯恩斯、卡莱茨基、琼·罗宾逊和卡尔多等经济学者的传统的基础上,录用非正统经济学和其他社会科学学科的论文。该刊强调现实分析,注重发展批判性观点和政策研究。

17.《社会政策与管理》(SOCIAL POLICY & ADMINISTRATION)

《社会政策与管理》创立于1966年,是社会服务领域历史悠久的期刊。在保持其学术卓越传统的同时,该刊也寻求引发有关时事和争议性问题的辩论。该刊文章主要致力于研究英国、美国、加拿大、澳大利亚和亚太地区的社会政策问题,主要研究内容包括但不限于:社会服务、卫生保健、社会安全、就业、住房以及行政管理与政策等。

18.《比较经济学杂志》(JOURNAL OF COMPARATIVE ECONOMICS)

《比较经济学杂志》的使命是引领比较经济学研究的新方向,每年出版4期(季刊)。1989年以前,比较经济学的核心是对经济制度的比较,特别是对不同形式的社会主义的经济分析。近年来,比较经济学出现了一些新的方向,比如侧重于比较资本主义的经济影响,无论是在法律领域(普通法与大陆法系),还是在政治领域(不同类型的民主和选举制度)或全球的文化、社会规范等。《比较经济学杂志》保持其发表有关中国经济的论文的传统,是研究中欧和苏联经济的重要期刊,同时也对其他新兴市场经济体的理论与实践研究感兴趣。

19.《经济行为与组织杂志》(*JOURNAL OF ECONOMIC BEHAVIOR & ORGANIZATION*)

《经济行为与组织杂志》于1980年创刊,每年出版12期(月刊),由荷兰爱思唯尔集团出版,致力于发表有关经济决策、组织与行为以及经济变迁等方面的理论和实证研究。该期刊旨在探索经济学与其他学科如生物学、心理学、法学、人类学、社会学、金融学、市场学、政治学和数学的相互关系。该期刊在研究方法上不拘一格,既有系统的观察和细致的描述、仿真建模和数学分析,也鼓励实验工作,包括探索性的受控实验室实验等。

20.《美国国家科学院院刊》(*PROCEEDINGS OF THE NATIONAL ACADEMY OF SCIENCES OF THE UNITED STATES OF AMERICA*)

《美国国家科学院院刊》(*PNAS*)于1914年创刊,是美国国家科学院的官方周刊。自1914年创刊至今,*PNAS*提供具有高水平的前沿研究报告、学术评论、学科回顾及前瞻、学术论文等。该刊覆盖生物学、化学、物理学、数学和社会科学等领域。

21.《欧洲经济思想史杂志》(*THE EUROPEAN JOURNAL OF THE HISTORY OF ECONOMIC THOUGHT*)

《欧洲经济思想史杂志》(*EJHET*)于1993年创立,每年出版6期(双月刊),由英国的泰勒-弗朗西斯出版集团出版。《欧洲经济思想史杂志》创立的时间虽然不长,但近年来它迅速确立了自己的地位,成为在经济思想史领域的主要论坛。该杂志在主题和方法论上是多元主义,研究内容包括区域研究、行为科学、传播学、发展研究、商业与工业、人文学科、政治与国际关系、社会科学、城市研究等。

22.《商业伦理学杂志》(*JOURNAL OF BUSINESS ETHICS*)

《商业伦理学杂志》于1982年创刊,每年出版28期,由荷兰沃尔特斯·克鲁维尔出版集团出版。该期刊主要刊载与商业相关的伦理学文章,包括从道德角度分析生产体系、消费、销售、广告、社会经济效益、劳资关系、公共关系以及组织行为等方面问题的论文,同时也发表书评。《商业伦理学杂志》是商业伦理学研究领域的重要刊物。

23.《经济学人》(THE ECONOMIST)

《经济学人》于1843年创刊于英国,是一份由伦敦《经济学人》报纸有限公司出版的英文新闻周报,由詹姆斯·威尔逊(James Wilson,1805—1860)创办,主要包括新闻、政治经济观点和深度分析等。该刊始终保持着独特的格调:不拘一格、叙述朴实、用词准确和忠于事实。杂志内容以政治、军事、经济、商业、教育为主。

二、国内福利经济学部分学术期刊

1.《经济研究》

《经济研究》创办于1955年,每年出版12期(月刊),是综合性经济理论类期刊,由中国社会科学院经济研究所主办,中国社会科学院主管。《经济研究》立足中国现实,坚持学术性、时代性、创新性和前沿性,致力于发表研究中国特色社会主义经济建设事业中重大现实问题的高水平理论研究类文章。

2.《管理世界》

《管理世界》是国务院发展研究中心主管、主办的学术期刊,创刊于1985年,每年出版12期(月刊)。《管理世界》顺应改革开放的时代大潮,为经济学和管理学的学术研究和政策研究服务,多年位居国内管理类学术期刊首位。

3.《经济学动态》

《经济学动态》是由我国著名经济学家孙冶方倡办、中国社会科学院经济研究所主办的学术刊物,于1960年创刊,每年出版12期(月刊)。该刊强调为有创见的经济理论学术论文、针对现实经济发展与改革中出现的热点难点问题提出对策建议的文章以及反映国内外经济理论研究动态的学术会议报道和综述等提供园地,以其动态性、信息性、政策性、实用性、学术性、综合性吸引着广大读者。《经济学动态》设立了经济科学新论、经济热点分析、宏观经济探讨、部门经济、地区经济、财政金融研究、会议综述、学术资料、经济体制改革、企业管理、调查与建议、中外学术交流、外国经济理论、海外经济学博览、世界经济、书刊评介等栏目。

4.《数量经济技术经济研究》

《数量经济技术经济研究》是1984年创办的全国性综合经济理论学术期刊,每年出版12期(月刊),由中国社会科学院主管,数量经济与技术经济研究所主办。该刊立足中国国情,着眼世界学术研究前沿,针对经济社会问题,从数量经济与技术经济两个学科的角度探讨新理论、新方法和新经验,探索国内外发展趋势和动向,及时推介及反映两学科适用于中国经济发展实践的最新研究成果。重视理论研究与实际应用相联系、定性研究与定量分析相结合,注重发表具备原创性和学术价值的学术研究论文。《数量经济技术经济研究》主要内容涉及现实经济问题研究、理论和方法研究、应用研究和评介,包括面向改革开放最前沿、最紧迫的深层次问题的研究,社会主义市场经济理论和方法的研究,超前性的数量经济与技术经济理论和方法的研究等,同时还介绍国内外有关数量经济学、技术经济学的最新发展与动态。

5.《生产力研究》

《生产力研究》创办于1986年,每年出版12期(月刊),是中国生产力学会和山西省生产力学会共同主办的全国性的经济学学术性刊物。主要刊登研究经济理论、经济改革、发展重大问题方面的论文,反映中国生产力经济理论与实践研究的动态和成果。《生产力研究》主要设有经济论坛、三农问题、产业论坛、金融问题、会计与审计、学术动态综述等栏目。

6.《当代财经》

《当代财经》是由江西财经大学主办的财经学术理论刊物。它创刊于1980年,原名《江西财经学院学报》,1988年改名为《当代财经》,每年出版12期(月刊)。《当代财经》强调理论联系实际,突出当代财经的热点、难点、焦点问题。主要栏目有:理论经济、公共经济与管理、现代金融、工商管理、产业与贸易。

7.《商业经济研究》

《商业经济研究》创刊于1982年,每年出版24期(半月刊),是由中国商业联合会主管、中国商业经济学会主办的经济类学术期刊。《商业经济研究》主要设有今日观点、本刊特稿、封面人物、都市商业、专家论坛、时代扫描、财经动态、证券大观园等栏目。

8.《经济纵横》

《经济纵横》是吉林省社会科学院(社科联)主办的经济学综合性学术期刊,创办于 1985 年,每年出版 12 期(月刊)。《经济纵横》重点打造马克思主义政治经济学品牌栏目,宣传推广马克思主义政治经济学创新发展成果,刊发了大量著名经济学家的精品力作,形成了长期关注马克思主义政治经济学创新成果的鲜明特色;同时瞄准经济学发展的前沿,跟踪改革开放中的热点和难点问题,组织开展学术探讨和交流。《经济纵横》主要设有比较与创新、理论探讨、宏观经济、改革开放论坛、区域经济等栏目。

9.《社会福利》

《社会福利》是由民政部主管、民政部社会福利和慈善事业促进司与民政部管理干部学院合办的一份期刊,创刊时间为 1992 年,每年出版 12 期(月刊)。《社会福利》立足民政,面向全国,关注海内外社会福利事业的建设和发展,致力于构建社会公众、政府、专家学者、福利事业工作者、福利机构之间沟通的平台,推进福利文化交流、加强与国际社会福利机构的合作。该刊主要包括特别关注、特别报道、政策鉴览、封面报道、养老服务、残障福利、福利彩票、养护康复、最美基层民政人、老年福利、救助管理、儿童福利、婚姻管理等栏目。

10.《中国人口·资源与环境》

《中国人口·资源与环境》创刊于 1991 年,是科技部主管、由中国可持续发展研究会、山东省可持续发展研究中心、中国 21 世纪议程管理中心、山东师范大学联合主办、以宣传可持续发展为办刊宗旨的国家级政策指导性学术期刊,每年出版 12 期(月刊)。该刊是中国可持续发展研究会的会刊,主要栏目有可持续发展理论研究、区域可持续发展、可持续发展产业、可持续发展能力建设等。

11.《经济问题》

《经济问题》创刊于 1979 年,每年出版 12 期(月刊),是由山西省社会科学院主管、主办的综合性经济理论学术期刊。该刊物旨在研究我国经济改革与经济建设中的有关问题,从理论和实践中探索解决的方法。主要设有理论探索、改革与发展、企业经济、农业经济、国民经济管理与计划、世界经济、山西经济、宏观经济、经济评介、财政与税务等栏目。

12.《经济问题探索》

《经济问题探索》创刊于 1980 年,由云南省发展和改革委员会主管,云南省宏观经济研究院(云南省产业研究院)承办,每年出版 12 期(月刊)。《经济问题探索》致力于发表研究宏观经济调控、经济发展和体制转型过程中出现的各种经济问题的具有原创性意义的高水平理论文章。该刊主要栏目包括宏观经济、区域与城市经济、财政与金融、国际经济与贸易、产业经济等。

第二节　福利经济学学术团体

一、国外福利经济学学术团体与机构

1. 国际经济协会(INTERNATIONAL ECONOMIC ASSOCIATION)

国际经济协会(IEA,也译为国际经济学会)是在联合国教科文组织社会科学部的推动下于 1950 年成立的一个非政府组织,会址在法国巴黎。IEA 的宗旨是通过举办学术会议、实施研究计划以及成果发表等方式,促进世界各地经济学家之间的交流与合作,寻求普及经济学知识的方法,推动经济学的发展。国际经济学会的主要学术活动之一是国际经济学会全球学术大会(World Congress),平均每三年举办一届,被称为经济学研究领域的"奥运会"。IEA 历届全球学术大会和其他圆桌会议活动的会议论文主题,代表了来自世界最前沿的经济研究问题。

2. 计量经济学会(ECONOMETRIC SOCIETY)

计量经济学会(ES)也称世界计量经济学会,成立于 1930 年,由耶鲁大学经济学家欧文·费舍尔(Erving Fisher)和挪威经济学家拉格纳·弗里希(Ragnar Frish)共同发起。该学会旨在促进理论经济学和实证经济学的交

流,推动经济学理论与统计学和数学结合。学会聚集了全球范围内顶尖的经济学家,诺贝尔经济学奖得主中的大多数为该学会的会员。计量经济学会组织的世界大会每五年召开一次,另外,每年还在全球范围内召开多次学术会议。《计量经济学》(*Econometrica*)是计量经济学会主办的刊物。

3. 美国经济学联合会(AMERICAN ECONOMIC ASSOCIATION)

美国经济学联合会(AEA)成立于1885年。该联合会的宗旨,一是鼓励经济研究;二是发行出版物传播经济类研究成果;三是倡导完全自由的学术讨论。该学会不偏向任何派系、观点,也不授意本学会成员对于现实经济问题采取某一特定立场。美国经济学会超过50%的会员来自各类学术机构,15%来自工商企业界,其余大多来自各级政府机构或非营利组织。该学会的刊物有《美国经济评论》《经济文献杂志》《经济展望杂志》等。

4. 皇家经济学会(ROYAL ECONOMIC SOCIETY)

皇家经济学会(RES)是英国研究经济学的职业团体,最初成立于1890年,初期名称为英国经济学协会(British Economic Association);1902年,获得英国皇室特许,改名为皇家经济学会。其宗旨是推动经济学研究。皇家经济学会在英国专业经济学的组织中处于领先地位,它旗下拥有两份学术期刊,一个是于1891年开始发行的《经济杂志》(*The Economic Journal*),另一个是于1998年开始发行的《计量经济学杂志》(*The Econometrics Journal*)。

5. 国际西方经济协会(WESTERN ECONOMIC ASSOCIATION INTERNATIONAL)

国际西方经济协会(WEAI)成立于1922年,是一个非营利性的教育团体,致力于经济分析和研究成果分享。目前,该协会出版两种经济学领域知名期刊,分别是《经济探索》(*Economic Inquiry*)和《当代经济政策》(*Contemporary Economic Policy*),均为季刊。该协会每年举办一次大型年会,每两年举办一次环太平洋地区会议,成员包括来自世界各地的个人、学术机构、商业公司和其他组织。

6. 欧洲政策研究中心(CENTRE FOR EUROPEAN POLICY STUDIES)

欧洲政策研究中心(CEPS)是一个独立研究机构,位于比利时的首都布鲁塞尔,专门研究欧洲事务,于1983年成立。

该中心属于兼职和无党派的机构,主要开展有关中、长期政策问题的经济研究。其研究范围从宏观经济学到贸易政策,从中东欧、俄罗斯的经济改革到欧洲竞争政策,尤其关注欧洲一体化问题;研究领域主要有经济问题、政策问题、发展研究、产业政策、区域研究。

7. 经济合作与发展组织(ORGANIZATION FOR ECONOMIC CO-OPERATION AND DEVELOPMENT)

经济合作与发展组织(简称经合组织)的前身为1948年4月16日西欧十多个国家成立的欧洲经济合作组织。1960年12月14日,加拿大、美国及欧洲经济合作组织的成员国等共20个国家签署《经济合作与发展组织公约》,决定成立经济合作与发展组织。在公约获得规定数目的成员国议会的批准后,《经济合作与发展组织公约》于1961年9月30日在巴黎生效,经济合作与发展组织正式成立。

经合组织的宗旨是:促进成员国经济和社会的发展,推动世界经济增长;帮助成员国政府制定和协调有关政策,以提高各成员国的生活水准,保持财政的相对稳定;鼓励和协调成员国为援助发展中国家做出努力,帮助发展中国家改善经济状况,促进非成员国的经济发展。

经合组织通过在经济增长、金融稳定、贸易和投资、技术创新、企业管理等方面的合作来帮助成员国保持繁荣并且消除贫穷。同时它致力于在经济增长和社会发展的同时保护环境。经合组织的其他目标还包括为所有人创造就业机会、保障社会公正、建设廉洁有效的政府等。

8. 欧洲食品安全局(EUROPEAN FOOD SAFETY AUTHORITY)

欧洲食品安全局(EFSA)于2002年成立,其主要目的是提供独立整合的科学意见,让欧盟决策单位面对与食物直接与间接相关的问题及潜在风险做出适当的决定,从而为欧盟的消费者提供完善的食品安全保护,为消费者信心的重塑提供了实质的保证。

EFSA的工作目标是为欧盟及会员国的有关单位提供食品及饲料的方面的优良信息。EFSA科学委员会和科学小组负责EFSA食品安全评估的工作。委员会和小组成员均是经公开甄选的专家,且具有风险评估的经验和相应的学术工作成果。委员和组员由理事会指派,每三年一任。科学委员会委员的工作主要是:第一,负责提供局长特定领域的风险评估,并提出策略性的建议;第二,协调各会员国内外的专家及研究团体;第三,提供科学小组间事务协调方面的协助。科学委员会的成员由科学小组的主席们加上6位独立的科学家所组成。科学委员会和科学小组的工作由局长之下的"风险评估"和"科学合作"部门协助;另外,科学合作部为处理一些特殊的议题,也直接与会员国的专家们开展资料方面的合作。

9. 联合国粮食及农业组织(FOOD AND AGRICULTURE ORGANIZATION OF THE UNITED NATIONS)

联合国粮食及农业组织(FAO)是联合国成立的第一个专门机构,主要由大会、理事会和秘书处组成。大会是最高权力机构,其职责是确定政策,通过预算和工作计划,向成员国或其他国际组织提供有关粮食问题的建议,审查本组织所属机构的决议和接纳新会员和主席,任命秘书处总干事。理事会隶属于大会,在大会休会期间执行大会所赋予的权力。理事会有一名独立主席和49个理事国组成。其实,粮食及农业组织的成立先于联合国本身。第二次世界大战爆发后,经当时的美国总统罗斯福倡议,45个国家的代表于1943年5月18日至6月3日在美国弗吉尼亚州的温泉城举行了同盟国粮食和农业会议。会议决定建立一个粮食和农业方面的永久性国际组织,并起草了《粮食及农业组织章程》。

联合国粮食及农业组织的宗旨是提高成员国国家人民的营养水平和生活标准,改善食品和农业产品的生产和分配,改进农村人口生活条件,由此对世界经济的增长和保证人类免于饥饿做出贡献。联合国粮食及农业组织的主要任务是为农业发展提供资助和技术咨询的计划,搜集、分析和传播关于营养、粮食和农业方面的信息,向成员国政府提供政策和计划方面的咨询,组织成员国政府讨论世界粮食和农业问题。

联合国粮食及农业组织的学术研究活动包括:(1)每两年召开一次大会,至少举行三次理事会。此外,还有地区性会议及众多的委员会会议。(2)向成员国提供世界粮食形势的分析报告和统计资料,对世界粮食领域的重要政策提出建议;(3)帮助发展中国家研究制定发展农业的总体规划和专业规划,按照规划向多边援助机构和发达国家寻求援助和贷款,并负责实施援助项目,提供国际农产品市场形势分析和贸易量预测报告,促进农产品的国际贸易;(4)通过提供资料、召开各种专业会议、举办培训班、提供专家咨询等形式推广新型、适用的农业技术等。

10. 联合国经济和社会事务部(UNITED NATIONS DEPARTMENT OF INTERNATIONAL ECONOMIC AND SOCIAL AFFAIRS)

联合国经济和社会事务部(简称经社部)是全球经济、社会、环境领域和国家行动间的重要接口。

在联合国发展议程的框架内,经社部工作涉及的问题范围很广,从减贫、人口、两性平等到宏观经济政策、发展筹资、公共部门创新、森林政策、气候变化和可持续发展。经社部与遍及全世界的多种利益相关者交往和接触,包括非政府组织、民间社会、私营部门、研究和学术组织、政府间组织以及联合国系统内的各个伙伴组织。

联合国经济和社会事务部的学术研究活动主要有:第一,分析、制作和汇编内容广泛的发展问题数据和信息;第二,召集国际社会召开会议和首脑会议,以应对经济和社会挑战;第三,为制定发展政策、全球标准和规范提供支持和帮助;第四,监测国际协议的执行情况并为执行工作提供支持和帮助;第五,通过参与各种能力建设倡议的方式,协助各国应对在发展方面面临的挑战。

11. 联合国人口活动基金会(UNITED NATIONS FUND FOR POPULATION ACTIVITIES)

联合国人口活动基金会(简称人口基金)是联合国开发计划署管辖下的信托基金会。1967年创建时称"人口活动信托基金会",1969年改为现名,1972年成为联合国大会的基金会,1979年成为联大的附属机构,由开发计划署的理事会管理,总部设在纽约。1980年以后,人口基金开始向中国提供援助,中国也向该基金会提供了捐款。人口基金直属联合国大会。领导机构是执行局。执行局成员由经社理事会按地区分配原则和主要捐款国、受援国的代表性原则选举产生,任期三年。执行局每年举行三次常会、一次年会。执行局负责审核批准人口基金向发展中国家提供的援助方案,审查批准人口基金的行政、财务预算等。秘书处在执行主任领导下处理日常事务,并在六十多个国家设有办事处。

联合国人口活动基金会的宗旨是:在人口领域中增进知识和能力,以适应全世界在人口活动和计划生育方面的需要;在计划工作方面进行协调,并同各有关方面合作;促进人们了解人口问题与经济、社会和环境等问题的关系,并使各国寻找解决这些问题的办法;促进人们了解计划生育方面的有关人权问题;向发展中国家提供援助;对人口基金资助的各项计划进行协调。

12. 国际社会福利协会(INTERNATIONAL COUNCIL ON SOCIAL WELFARE)

国际社会福利协会(ICSW)是世界各国社会福利团体组成的民间联络组织,原称国际社会工作协会(International Conference of Social Work),1966年在华盛顿举行的第13届大会上决定采用现名。国际社会福利协会的宗旨是促进人类的幸福,工作方法主要是进行有关研究和举办研讨会,探求人类社会发展的趋势及社会变迁带来的影响,谋求保障人类得以幸福生活的策略。国际社会福利协会是联合国教科文组织、联合国儿童基金会、世界卫生组织及国际劳工组织的咨询机构。它与国际社会工作学校联合会、国际社会工作者联盟共同出版《国际社会工作》季刊。

国际社会福利协会的会员共分两类:一是以国家为单位,二是以组织为单位。国际社会福利协会每两年举行一次大会。会议主题大多涉及社会福利方面最为人们关注的问题。参加大会的代表多为各国负责推行社会福利政策的官员和专家。会议代表除参与大会主题讨论外,还报告本国社会福利的发展概况。

二、国内福利经济学学术团体与机构

1. 中国世界经济学会

中国世界经济学会(China Society of World Economics,CSWE)是由中国研究世界经济的个人或单位自愿结成的、非营利性的全国性学术团体,于1980年成立。

自1980年成立开始,中国世界经济学会每年召开一次全国性的学术年会和多个专题学术研讨会。学会的专题论坛主要有世界经济与中国经济形势论坛、国际发展论坛、国际金融论坛、国际贸易论坛、区域经济论坛、两岸经济论坛等。学会关注世界经济重大理论和实际问题的研究,组织国内经济改革和对外开放的调查、学术讨论会,参加国际学术活动,提供咨询服务等。该学会合办或主办的主要刊物是《世界经济》和《国际经济评论》。

2. 中国区域经济学会

中国区域经济学会(Chinese Association for Regional Economics,CARE)是组织研究区域经济理论和实践问题的全国性学术团体,成立于1990年。

中国区域经济学会的学术研究活动以我国区域经济为中心,组织学者对国民经济和社会发展的五年、十年计划以及区域经济发展的重大现实问题开展研究,为政府部门提供关于区域经济发展的智力服务,组织和参加区域经济相关的学术研讨会。该学会合办或主办的刊物主要有《区域经济评论》和《发展研究》。

3. 中国政治经济学学会

中国政治经济学学会(Chinese Association for Political Economy,CAPE)原称中国社会主义经济规律系统研究会,1982年开始筹备,1983年召开第一届年会,并于2018年更名为中国政治经济学学会。该学会由全国各地的科研机构、高等院校、企事业单位从事经济理论研究和实际工作的人员自愿组成,挂靠在中国社会科学院经济研究所。

中国政治经济学学会贯彻理论联系实际的原则,从系统和动态的角度,研究经济规律及其相互关系,提高运用经济规律的自觉性,为经济体制改革和经济发展提供理论支持。该学会在我国改革和发展中的热点、重点问题的基础上,开展理论研究、学术交流、业务培训、书刊编辑、国际会议、咨询服务等学术活动。

4. 中国生态经济学学会

中国生态经济学学会(China Ecological Economics Society,CEES)是从事生态经济科学研究的社会科学工作者和自然科学工作者自愿结成的学术性社会团体,成立于1984年,业务主管部门是中国社会科学院,。

中国生态经济学学会的主要工作包括:组织生态经济学术交流及课题研究;普及生态经济科学知识,传播生态经济领域的科研成果和先进经验;为生态经济问题的相关政策和规划提供咨询服务;开展国际学术交流活动等。中国生态经济学学会合办或主办出版的刊物主要有《生态经济》《中国生态农业学报》和《生态经济学报》。

5. 中国城市经济学会

中国城市经济学会（China Society of Urban Economy，CSUE）于1986年成立，是由从事城市经济工作和教学研究的政府人员、专业人员、专家、学者以及企业家自愿组成的非营利性社会组织，业务主管单位是中国社会科学院。该学会致力于开展城市发展和城市经济前瞻性理论研究，总结城市发展经验，推动产、学、研交流，促进城市可持续发展。

中国城市经济学会通过举办学术论坛开展研究工作，每年组织一次中国城市论坛。该学会的学术研究主要包括城市经济、城市建设、城市管理、城市化进程、产业规划、环境治理、智慧城市等。

6. 中国宏观经济学会

中国宏观经济学会（China Society of Macroeconomics，CSM）的前身是中国计划学会，于1984年成立。为适应社会主义市场经济发展的新形势和原国家计划委员会职能转变以及对外交流的需要，中国计划学会于1993年更名为中国宏观经济学会，业务主管部门为国家发展和改革委员会。

中国宏观经济学会侧重对宏观经济理论、政策和方法的研究，主要学术研究领域有中国经济和社会发展战略、中长期发展规划、产业政策、生产力布局、产业结构调整、财政、金融等。

该学会编印的内部刊物有《学会内部报告》和《学会通讯》。学会在2000年创办了"中国宏观经济信息网"网站。

7. 中国工业经济学会

中国工业经济学会（China Society of Industrial Economics，CSIE）的前身为"中国工业经济管理研究会"，于1978年成立，业务主管单位是中国社会科学院。在恢复高考和高校复课后不久，鉴于工业经济专业各方面相对薄弱，由十几所高等院校倡议，中国社会科学院工业经济研究所牵头，共同发起成立了中国工业经济管理研究会。

中国工业经济学会的业务范围主要是：调查和研究工业经济发展中的理论和实际问题；组织编写工业经济学教材；组织和开展学术会议和人才培训等。中国工业经济学会和东北财经大学产业组织与企业组织研究中心合办的刊物为《产业组织评论》。

8. 中国数量经济学会

中国数量经济学会（Chinese Association of Quantitative Economics，CAQE）于1979创立。该学会是由从事数量经济学研究的人员和单位组成的全国性的非营利性社会学术组织，业务主管部门为中国社会科学院数量经济与技术经济研究所。

该学会自成立以来，主要运用数量经济理论与方法探索和解决中国经济建设中出现的新情况、新问题，主要学术研究领域有数量经济理论与方法、经济增长与宏观经济运行、区域经济、资本市场、数字经济、大数据理论与方法等，重视理论分析与实际应用相结合、定性分析与定量研究相结合。